IMAGENS DO
INCONSCIENTE

Dados Internacionais de Catalogação na Publicação (CIP)
(Câmara Brasileira do Livro, SP, Brasil)

Silveira, Nise da
  Imagens do inconsciente / Nise da Silveira. –
Petrópolis, RJ : Vozes, 2015.

  ISBN 978-85-326-4985-0

  1. Inconsciente 2. Inconsciente (Psicologia)
3. Psicologia I. Título.

15-00979   CDD-154.2

Índices para catálogo sistemático:
1. Inconsciente : Psicologia   154.2

Nise da Silveira

IMAGENS DO
INCONSCIENTE

Com 271 ilustrações

2ª Reimpressão
Novembro/2016

EDITORA
VOZES

Petrópolis

© 2015, Editora Vozes Ltda.
Rua Frei Luís, 100
25689-900 Petrópolis, RJ
www.vozes.com.br
Brasil

Editoração: Maria da Conceição B. de Sousa
Diagramação: Sheilandre Desenv. Gráfico
Capa: HiDesign Estúdio
Ilustração de capa: Fernando Diniz
Créditos de fotografias: Mauro Domingues e Humberto Franceschi

ISBN 978-85-326-4985-0

Este livro, publicado inicialmente em 1981, teve 4 edições pela Editora Alhambra Ltda.

Editado conforme o novo acordo ortográfico.

Este livro foi composto e impresso pela Editora Vozes Ltda.

A meu pai e a minha mãe:
em memória.

Agradecimentos

Alexandre Magalhães da Silveira

Almir Mavignier

Vladimir Magalhães da Silveira

Museu de Imagens do Inconsciente e equipe

Revisão

Luiz Carlos Mello

Marize Parreira

Apoio

Sociedade Amigos do Museu de Imagens do Inconsciente

Presidente: Cícero Mauro Rodrigues Fialho

Sumário

Apresentação

Após sua aposentadoria compulsória, em 1975, Nise da Silveira inicia um período de reflexão sobre sua longa e profícua obra, realizando publicações, filmes, documentários, cursos e exposições. O livro *Imagens do Inconsciente* faz parte deste período, e iniciou-se a partir de um sonho extraordinário de Nise: uma tigresa parindo dois filhotes em uma caverna. Depois de me contar o sonho, ela disse, decidida: "É hora de fazer o livro". Até então, Nise havia mostrado muita hesitação em realizá-lo, apesar do incentivo das pessoas à sua volta.

O sonho de Nise, da tigresa parindo, é uma imagem visceral do seu processo criativo, expressa aqui através de sua identificação com os felinos. A tigresa dá à luz dois filhotes, e dos estudos de Nise sobre a compreensão do processo psicótico através das imagens nasceram dois livros fundamentais: *Imagens do Inconsciente* e *O Mundo das imagens*.

Nise sempre combateu o atraso da psiquiatria e seus violentos tratamentos. Em 1981, foi lançado o livro fundamental de seu trabalho científico, *Imagens do Inconsciente*, síntese de sua rica e revolucionária obra. No dia do lançamento do livro, Nise disse em depoimento: "Tudo o que tinha a gravar gravei no livro. Sou eu que estou ali".

Segundo Marco Lucchesi, "quando Nise da Silveira publicou *Imagens do Inconsciente*, a psiquiatria tradicional foi abatida sem piedade. Foi um marco. Um livro extraordinário, de uma singularidade tal que causou espanto e admiração. Fruto de anos e anos de intensa pesquisa, escrito numa prosa exemplar, as imagens perturbaram, pela rara e estranha beleza. Era uma denúncia total, sem meias palavras. [...] A biografia em lugar do caso. E o psiquiatra assumindo a condição de coautor ou de leitor, atento às vozes de seus antigos hóspedes compulsórios, silenciados por terríveis expedientes".

Durante a elaboração do livro, o texto, à medida que evoluía, era traduzido para o inglês e enviado, juntamente com as fotografias das imagens, para a apreciação de M.-L. von Franz, que elogiava a profundidade do trabalho. Von Franz, em uma carta resposta, escreveu: "É muito reconfortante saber que alguém compreendeu tão bem Jung, do outro lado do mundo. E eu admiro a clareza e a coragem pela qual você [Nise] diz o que deve ser dito".

Como colaborador, participei da preparação do livro. Em 1993, fizemos uma revisão modificando textos e imagens. Foram identificadas as imagens que deveriam ser coloridas, antigo sonho dela e da equipe do Museu de Imagens do Inconsciente, que agora, com muita alegria, vem à luz.

Luiz Carlos Mello
Novembro de 2014.

Prefácio

Este livro contém dados reunidos através de muitos anos de experiência vivida no hospital psiquiátrico. Meu trabalho não se inspirou na psiquiatria atualmente predominante, caracterizada pela escassa atenção que concede aos fenômenos intrapsíquicos em curso durante a psicose. Ao contrário, meu interesse maior desde cedo se dirigiu no sentido de penetrar, pouco que fosse, no mundo interno do esquizofrênico.

Aconteceu que dirigi (1946-1974) a seção de terapêutica ocupacional no Centro Psiquiátrico Pedro II, Rio de Janeiro. O exercício de múltiplas atividades ocupacionais revelava, por inumeráveis indícios, que o mundo interno do psicótico encerra insuspeitadas riquezas e as conserva mesmo depois de longos anos de doença, contrariando conceitos estabelecidos. E, dentre as diversas atividades praticadas na nossa terapêutica ocupacional, aquelas que permitiam menos difícil acesso aos enigmáticos fenômenos internos eram desenho, pintura, modelagem, feitos livremente.

Na escola viva que eram os ateliers de pintura e de modelagem, a escola que eu frequentava cada dia, constantemente levantavam-se problemas. Dificuldades que conduziam a estudos apaixonantes e muitas vezes tornavam necessária a procura de ajuda fora do campo da psiquiatria – na arte, nos mitos, religiões, literatura, onde sempre encontraram formas de expressão as mais profundas emoções humanas.

O mais importante acontecimento ocorrido nas minhas buscas de curiosa dos dinamismos da psique foi o encontro com a psicologia junguiana. Jung oferecia novos instrumentos de trabalho, chaves, rotas para distantes circunavegações. Delírios, alucinações, gestos, estranhíssimas imagens pintadas ou modeladas por esquizofrênicos, tornavam-se menos herméticas se estudadas segundo seu método de investigação. E também não lhe faltava o calor humano de ordinário ausente nos tratados de psiquiatria.

Nos últimos cinco capítulos, tentando aplicar a psicologia junguiana, procurei apreender o fio mítico que dá sentido ao processo psicótico nos casos clínicos estudados. São ensaios incompletos, insatisfatórios, de uma psiquiatria humanística, ciência estreitamente vinculada às demais ciências do homem. Esta psiquiatria, tal como já começa a ser praticada noutros lugares, tem por meta ajudar o doente a entender os conteúdos arcaicos invasores do consciente, originários dos estratos mais profundos da psique, não como realidade concreta segundo lhe está acontecendo na situação psicótica, mas visa guiá-lo através da elaboração difícil e sofrida desse material na qualidade de linguagem simbólica.

Quando este livro era ainda mero projeto impresso, recebi uma carta de minha amiga Alice Marques dos Santos (junho de 1976) contando-me um sonho. Ela folheava um livro escrito por mim, "era um livro grosso encadernado de verde escuro. As páginas do livro eram diversamente coloridas: umas azuis, outras rosa vivo, outras mais claras, brancas". Na realidade, se nos lembrarmos do simbolismo das cores, o sonho de Alice apreende a estrutura de meu trabalho. De fato, à observação clínica atenta junto o esforço do pensamento na medida de minhas possibilidades, aceito as intuições, mas recorro à reflexão que as examina. E a presença da emoção é permanente. Assim, posso abster-me de dar explicações, decerto inúteis, ao leitor particularmente cioso da rigidez científica que por acaso percorra páginas deste livro.

Agradeço a Marie-Louise von Franz, mestra e amiga, o estímulo essencial para decidir-me a publicar esses dados de experiência e estudo.

Agradeço a Luiz Carlos Gonçalves de Mello e a Luciana Ramos Mesquita a colaboração inteligente na investigação sobre as imagens, em discussões, leituras e releituras, buscas bibliográficas, constante paciência. Arnaldo Rocha foi incansável em múltiplas formas de ajuda.

Sou muito grata a Themira Britto, a Rubem Rocha Filho e a Marlene Hori por diversas sugestões oportunas e contribuição para melhor clareza do texto.

Muito recebi também de Narcisa, sobretudo de Mafalda, amigas fiéis.

Lembro com ternura meu primo Léo Vitor, que tanto desejou editar este livro, mas partiu antes que isso pudesse acontecer.

Sou infinitamente grata aos autores das imagens aqui reproduzidas, todas pertencentes ao acervo do Museu de Imagens do Inconsciente.

Nise da Silveira

1
O atelier de pintura
Abstração e angústia/o espaço subvertido

O atelier de pintura era inicialmente apenas um setor de atividade entre vários outros setores da Terapêutica Ocupacional, seção que estava sob minha responsabilidade no Centro Psiquiátrico Pedro II. Mas aconteceu que desenho e pintura espontâneos revelaram-se de tão grande interesse científico e artístico que esse atelier cedo adquiriu posição especial.

Era surpreendente verificar a existência de uma pulsão configuradora de imagens sobrevivendo mesmo quando a personalidade estava desagregada. Apesar de nunca haverem pintado antes da doença, muitos dos frequentadores do atelier, todos esquizofrênicos, manifestavam intensa exaltação da criatividade imaginária, que resultava na produção de pinturas em número incrivelmente abundante, num contraste com a atividade reduzida de seus autores fora do atelier, quando não tinham mais nas mãos os pincéis.

Que acontecia?

Nas palavras de Fernando estaria possivelmente a resposta: "Mudei para o mundo das imagens. Mudou a alma para outra coisa. As imagens tomam a alma da pessoa".

Se "as imagens tomam a alma da pessoa", entende-se a necessidade de destacá-las tanto quanto possível do roldão invasor. Pintar seria agir. Seria um método de ação adequado para defesa contra a inundação pelos conteúdos do inconsciente.

O atelier de pintura me fez compreender que a principal função das atividades na Terapêutica Ocupacional seria criar oportunidade para que as imagens do inconsciente e seus concomitantes motores encontrassem formas de expressão. Numa segunda etapa viriam as preocupações com a ressocialização.

O atelier de pintura não cessa de levantar problemas, questões difíceis que obrigam o médico a refletir, a estudar.

Aquilo que feriu a atenção logo de início foi a alta qualidade de muitas das pinturas, desenhos e modelagens. Eu me surpreendia. E quem ainda ficava mais fascinado era meu jovem colaborador Almir Mavignier. Em 1946, Mavignier, atualmente um dos mais importantes pintores brasileiros, apenas se iniciava na pintura e era funcionário da secretaria do Centro Psiquiátrico. Assim, quando falei ao diretor, Paulo Elejalde, do meu desejo de instalar um atelier de pintura, ele logo se lembrou do jovem pintor mal-adaptado a serviços burocráticos, transferindo-o para a seção de Terapêutica Ocupacional.

Abrimos o atelier de pintura no dia 9 de setembro de 1946. Mavignier tomou-se de verdadeira paixão pelo seu novo trabalho. Nunca pretendeu influenciar os doentes que frequentavam o atelier, respeitava e tratava de pessoa para pessoa aqueles habitantes do hospital psiquiátrico. Ele trabalhou comigo até as vésperas de sua partida para a Europa, em novembro de 1951.

Naqueles idos anos do fim da década de 1940 vinham frequentemente com Mavignier a Engenho de Dentro seus jovens amigos Ivan Serpa e Abraham Palatnik, que mais tarde teriam nomes famosos nas artes brasileiras. Nesse primeiro período organizamos duas exposições: uma, em fevereiro de 1947, no Ministério da Educação, e outra, em outubro de 1949, no Museu de Arte Moderna de São Paulo. Era uma tentativa para entrar em contato com pessoas talvez interessadas pelo apaixonante problema que nos empolgava. Só alguns artistas e alguns críticos de arte responderam a esse apelo. Mário Pedrosa, no *Correio da Manhã* de 07/02/1947, escrevia lucidamente: "Uma das funções mais poderosas da arte – descoberta da psicologia moderna – é a revelação do inconsciente, e este é tão misterioso no normal como no chamado anormal. [...] As imagens do inconsciente são apenas uma linguagem simbólica que o psiquiatra tem por dever decifrar. Mas ninguém impede que essas imagens e sinais sejam, além do mais, harmoniosas, sedutoras, dramáticas, vivas ou belas enfim constituindo em si verdadeiras obras de arte".

Será forçoso reconhecer que os críticos de arte mostraram-se surpreendentemente mais atentos ao fenômeno da produção plástica dos esquizofrênicos que os psiquiatras brasileiros.

Aliás, no mundo inteiro, os psiquiatras em sua grande maioria recusam a aceitação do valor artístico das pinturas e desenhos dos doentes mentais. Mantêm-se irredutíveis, repetindo sempre os velhos chavões "arte psicótica", "arte psicopatológica", arraigados a conceitos pré-formados da psiquiatria, insistentes em procurar nessas pinturas somente reflexos de sintomas e de ruína psíquica.

São exceções H. Prinzhorn e K. Jaspers. H. Prinzhorn escreveu um livro verdadeiramente extraordinário, publicado em 1922: *Bildnerei der Geisteskranken*. Psiquiatra do Hospital de Heidelberg, estuda as obras plásticas de esquizofrênicos, guiando-se unicamente pelo conceito de *configuração* (*Gestaltung*) e mantendo-se independente da psiquiatria e da estética[1].

Embora excessivamente impregnado de patologia, o *Strindberg und Van Gogh*, de K. Jaspers, é também uma exceção. Foi publicado em 1922, ano do aparecimento da grande obra de H. Prinzhorn, acima referida. Os dois livros surgiram em Heidelberg, no clima de apogeu do expressionismo alemão, o que não será por acaso.

K. Jaspers confessa que van Gogh o "atrai", "[...] parece-me que uma íntima fonte da existência abre-se diante de nós por um instante, como se viesse de profundezas ocultas, revelando-se diretamente. Existe aí uma vibração que não podemos suportar por muito tempo e da qual procuramos nos subtrair; [...] esta vibração não nos leva a assimiliar o elemento estrangeiro, mas a transformá-lo numa modalidade outra, mais a nosso alcance. Isso é extremamente excitante, mas não é nosso mundo; surge daí uma interrogação radical, um apelo que se dirige a nossa própria existência. Seu efeito é benéfico, provoca em nós uma transformação"[2].

Fora da área da psiquiatria é que se desenvolveu o movimento contrário à discriminação das expressões de arte não condicionadas por cânones culturais. Este movimento, liderado por Jean Dubuffet, inclui a arte de habitantes dos hospitais psiquiátricos, presidiários, solitários, inadaptados, marginais de toda espécie. Com o objetivo de reunir e proteger as obras desses marginais, Jean Dubuffet fundou em 1945 a *Companhia da Arte Bruta*. Assim ele define

---

1. PRINZHORN, H. *Artistry of the Mentally III*, p. XVII. Nova York: Springer, 1972.

2. JASPERS, K. *Strindberg et van Gogh*. Paris: Ed. Minuit, 1953, p. 273.

a Arte Bruta: "Operação artística inteiramente pura, bruta, reinventada em todas as suas fases pelo autor, a partir somente de seus próprios impulsos"[3].

No Brasil, Mário Pedrosa assumiu posição equivalente a partir do encontro com desenhos e pinturas de internados no Centro Psiquiátrico. "Os artistas de Engenho de Dentro superam qualquer respeito a convenções acadêmicas estabelecidas e a quaisquer rotinas da visão naturalista e fotográfica. Em nenhum deles as receitas de escola são levadas em consideração" (PEDROSA, M. *Correio da Manhã*, 19/03/1950).

A esta arte, que Jean Dubuffet chama Arte Bruta, Mário Pedrosa deu o nome de Arte Virgem.

Conhecedores de arte afirmavam a existência de valores estéticos em obras de esquizofrênicos. Leon Degand, crítico de arte francês, primeiro diretor do Museu de Arte Moderna de São Paulo, veio ao hospital escolher pessoalmente desenhos, pinturas e modelagens, do ponto de vista da qualidade artística, para apresentá-los naquele museu, na exposição *9 Artistas de Engenho de Dentro* (outubro de 1949).

Tudo isso me alegrava profundamente. Mas sempre me mantive discreta quanto a pronunciamentos sobre a qualidade das criações plásticas dos doentes. Isso competia aos conhecedores de arte. O que me cabia era estudar os problemas científicos levantados por essas criações. E certamente era um problema científico a investigar o fato de que certos esquizofrênicos, inclusive alguns ditos "crônicos", exprimissem suas vivências através de formas que os conhecedores de arte admiravam. E, acima de tudo, eu me sentia no dever de ressaltar o aspecto humano desse fenômeno. Foi esse o sentido do prefácio que escrevi para o catálogo da exposição do Museu de Arte Moderna de São Paulo, do qual citarei trechos:

"[...] os loucos são considerados comumente seres embrutecidos e absurdos. Custará admitir que indivíduos assim rotulados em hospícios sejam capazes de realizar alguma coisa comparável às criações de legítimos artistas – que se afirmem justo no domínio da arte, a mais alta atividade humana" [...].

"Antes que se procurasse entendê-los, concluiu-se que tinham a afetividade embotada e a inteligência em ruínas [...] Hoje está demonstrado que mesmo após longos anos de doença a inteligência pode conservar-se intacta e a

---

3. THEVOZ, M. *L'Art Brut*. Genebra: Skira, 1975, p. 11.

sensibilidade vivíssima. E que aqui estão para prova os nossos artistas Emygdio, internado há 23 anos, Raphael, doente desde os 15 anos de idade, ambos sob o diagnóstico de esquizofrenia."

"Os hospitais, porém, continuam seguindo rotina de raízes em concepções já superadas. Cumpre reformá-los."

"Seja a exposição agora apresentada uma mensagem de apelo neste sentido, dirigida a todos que aqui vieram e participaram intimamente do encantamento de formas e de cores criadas por seres humanos encerrados nos tristes lugares que são os hospitais para alienados."

A produção do atelier era muito grande, aumentando cada dia. O agrupamento em séries das pinturas levantava interrogações no campo da psicopatologia. Começou-se a falar em museu, como um órgão que reunisse todo esse volumoso material de importância científica e artística. E assim, foi inaugurado no dia 20 de maio de 1952 o Museu de Imagens do Inconsciente, cujas raízes estavam nos ateliers de pintura e de modelagem de uma modesta seção de Terapêutica Ocupacional. Atualmente este museu é um centro vivo de estudo e pesquisa.

Abstração e angústia

Os psiquiatras interessados na produção plástica dos doentes com diagnóstico de esquizofrenia desde muito tempo notaram nessa produção a quase ausência da figura humana e mesmo das formas orgânicas em geral. Predominavam a abstração, a estilização, o geometrismo. Estas características foram atribuídas a um processo regressivo que iria da desumanização, não figurativismo, estilização, geometrismo, até a dissolução da realidade.

A expressão plástica, nesta sequência, estaria revelando continuado esfriamento da afetividade, desligamento cada vez maior do mundo real.

Mas eu não examinava as pinturas dos doentes que frequentavam nosso atelier sentada no meu gabinete. Eu os via pintar. Via suas faces crispadas, via o ímpeto que movia suas mãos. A impressão que eu tinha era estarem eles vivenciando "estados do ser inumeráveis e cada vez mais perigosos" (A. Artaud). Não me era possível aceitar a opinião estabelecida: pintura não figurativa significaria embotamento da afetividade, tendência à dissolução do real.

Por um feliz acaso encontrei esclarecimento para este desafiante problema no livro do historiador de arte Wilhelm Worringer – *Abstração e Natu-*

reza. Worringer sustenta que o sentimento estético move-se entre dois polos: a necessidade de empatia e a necessidade de abstração. "Do mesmo modo que a necessidade de empatia, como pré-suposição da experiência estética, encontra satisfação na beleza do mundo orgânico, a necessidade de abstração encontra beleza no mundo inorgânico, no cristalino ou, em termos gerais, nas leis abstratas"[4]. Uma ou outra destas tendências básicas será mobilizada segundo as relações do homem com o cosmos[5]. Se estas relações são confiantes, o prazer estético será gozo de si mesmo objetivado, será empatia com o objeto[6].

Mas, se o cosmos infunde medo, se os fenômenos do mundo externo na sua confusa interligação provocam inquietação interior, diz Worringer, é mobilizada a tendência à abstração. A arte virá retirar as coisas desse redemoinho perturbador, virá esvaziá-las de suas manifestações vitais sempre instáveis para submetê-las às leis permanentes que regem o mundo inorgânico. Por meio de processos de abstração, o homem procura "um ponto de tranquilidade e um refúgio"[7].

Jung analisa as ideias de Worringer esclarecendo a dinâmica psicológica das tendências a abstrair ou a empatizar, correlacionando-se às atitudes típicas de introversão e de extroversão[8].

A condição prévia para que a tendência a abstrair entre em atividade seria a situação na qual exista projeção *a priori* inconsciente de forte carga de libido do sujeito para os objetos. Assim potencializados, os objetos tornam-se assustadoramente inquietantes, autônomos, dotados do poder de influenciar o homem. Para defesa contra a ação mágica que os objetos exercem em tais circunstâncias, entra instintivamente em jogo a função de abstrair. A abstração, segundo Jung, consiste na produção de um movimento de refluxo, de introversão da libido que está aderida aos objetos, tendo por consequência a despotencialização desses objetos.

---

4. WORRINGER, W. *Abstración y naturaleza*. México: Fondo de Cultura, 1953, p. 19.

5. Ibid., p. 27.

6. Ibid., p. 19.

7. Ibid., p. 31.

8. JUNG, C.G. *C.W.*, 6, cap. 7.

A tendência a empatizar funciona se o indivíduo nada vê nos objetos que o hostilizem. Ele encarna o cosmos sem temores e deseja uma relação íntima com os objetos do mundo externo. Alcançará esta relação por meio da empatia, isto é, transferindo conteúdos de sua psique para os objetos, animando-os e atraindo-os para si.

"Do mesmo modo que na empatia o indivíduo inconscientemente encontra prazer nos seus próprios sentimentos projetados sobre o objeto, na abstração, sem o saber, está se contemplando a si mesmo quando se aterroriza com a impressão que o objeto faz sobre ele. [...] Empatia e abstração são necessárias para a apreciação do objeto e para a criação estética. Ambas se acham presentes em todo indivíduo, embora desigualmente diferenciadas"[9].

O testemunho de vários artistas modernos confirma Worringer. Paul Klee escreveu em seu *Diário*, no ano de 1915, durante a Primeira Guerra Mundial: "Quanto mais o mundo se torna horrificante (como atualmente) mais a arte se torna abstrata; um mundo em paz suscita uma arte realista"[10].

A série de esculturas equestres de Marino Marini, estudadas por Aniela Jaffé, ilustra a trajetória do artista a partir do realismo para a abstração, movido pelo pânico. Logo depois da Segunda Guerra Mundial, quando ainda era possível ter esperanças, cavalo e cavaleiro achavam-se bem próximos do real e exprimiam firmeza e tranquilidade. Mas nas estátuas posteriores cada vez mais o pânico se apodera do animal, paralisando-o. O cavaleiro desintegra-se, torna-se imagem abstrata. Essas estátuas exprimem, segundo Marini, medo e desespero, pois ele está certo de que estamos no fim do mundo[11].

E quando o mundo parecerá mais hostil do que na vivência de estados do ser, ditos estados psicóticos?

Não se trata de inquietação metafísica de artistas ou de filósofos face ao mundo. Trata-se de alguma coisa muito mais imediata, muito mais viva e atuante.

A experiência no atelier de pintura do hospital psiquiátrico decerto confirma recuo diante da realidade externa vivenciada ameaçadoramente, assim como medo da realidade interna, talvez ainda mais perigosa.

9. Ibid., p. 296.

10. KLEE, P. *Journal*. Paris: Grasset, 1959, p. 300.

11. JAFFÉ, A. "Le symbolisme dans les arts plastiques". *L'homme et ses symboles*. Paris: Robert Lafont, 1964, p. 266.

Se a linguagem proposicional desarticula-se funcionalmente na esquizofrenia, também o discurso em figuras, narrando uma história, será quase impossível e talvez indesejável no sentir do pintor. Uma outra linguagem vem, então, afirmar-se mais ampla, não cingida a quaisquer convenções. Linguagem direta, força psíquica carregada de paixão e de angústia.

Há muitos anos, revendo com um doente de Engenho de Dentro algumas de suas pinturas, ele apontou uma delas, onde linhas quebradas se justapunham bem cerradas umas às outras, e disse que estas linhas significavam inveja e ambição. E acrescentou: "Eu sou ambicioso" (fig. 1).

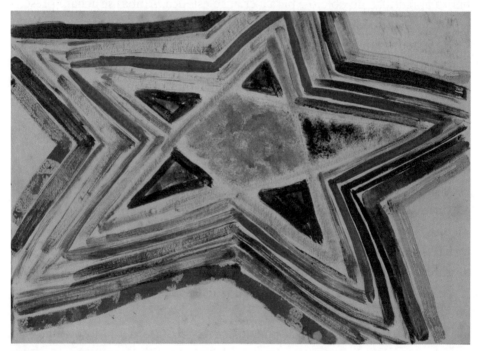

Figura 01
Fernando Diniz, 20/09/1947, guache sobre papel, 23,5 x 32,9cm.

Certamente a linguagem abstrata presta-se a dar forma a segredos pessoais, satisfazendo uma necessidade de expressão sem que outros os devassem. Mas no hospital é raro acontecer essa tradução de linhas para palavras. Não se tenha a ilusão de acreditar que onde forem vistas linhas imbricadas isso signifique ambição. Cedo me convenci da impossibilidade do estabelecimento de códigos. A linguagem abstrata cria-se a si própria a cada instante, ao impulso das forças em movimento no inconsciente. Era uma constatação empírica.

Worringer já havia trazido esclarecimentos decisivos quando eu me debatia em inúteis procuras nos livros dos psiquiatras. Mais tarde, o encontro com o Kandinski trouxe dados talvez ainda mais importantes para o entendimento de numerosas pinturas abstratas surgidas no nosso atelier. Parece-me que muitas dentre essas pinturas acham-se bastante próximas do gênero que Kandinski denominou improvisação. O achado empírico encontrava lugar nas concepções de um mestre de teoria da arte. Escreve Kandinski: "Expressões, em grande parte inconscientes e quase sempre formadas de súbito, originadas de acontecimentos interiores, portanto impressões de *Natureza Interior*. Eu as chamo *Improvisações*"[12].

Vejamos algumas *improvisações* criadas no hospital de Engenho de Dentro. A primeira é do autor das linhas imbricadas, significativas para ele de ambição. Mas desta vez a pintura não foi traduzida em palavras. Exprime indizíveis emoções (fig. 2).

Figura 02
Fernando Diniz, sem data, óleo e guache sobre papel, 23,8 x 32,5cm.

---

12. KANDINSKI, W. *Concerning the Spiritual in Art.* Nova York: Schultz, 1947, p. 77.

Esta pintura é de Fernando, logo que começou suas atividades no atelier. Não raro o tumulto interior era tão intenso que sua pintura se apresentava completamente caótica. Veremos adiante como do caos ele passa ao figurativo e esforça-se tenazmente para construir composições. Entretanto, de quando em vez volta ao caos ou às formas abstratas se emoção, se angústia sobem em ondas mais altas quebrando todas as figuras.

Igual fenômeno ocorre na obra de autores predominantemente figurativistas, por exemplo Adelina e Isaac. É de Adelina a pintura abstrata que torna visíveis as labaredas da libido emergindo das profundezas da psique (fig. 3). E Isaac, que chegou a narrar em imagens seu drama pessoal, surpreendentemente em certos momentos recorre à abstração (fig. 4).

Figura 03
Adelina Gomes, 03/03/1951, óleo sobre papel, 28,3 x 38,4cm.

Não sendo filiados a quaisquer "escolas", nossos pintores passam da abstração ao figurativo e vice-versa de acordo com sua situação face ao mundo externo e suas vivências internas.

Outros permanecem de maneira mais constante na abstração. Walter nunca representou objetos; Quintanilha, de quem jamais ouvi uma só proposição,

Figura 04
Isaac Liberato, 09/10/1958, guache sobre papel, 30,8 x 47,8cm.

mas unicamente sussurros ininteligíveis, raro dá forma a objetos sendo a grande maioria de suas pinturas estranhas improvisações (fig. 5).

Figura 05
Álvaro Quintanilha, 26/09/1949, óleo sobre papel, 29,0 x 43,5cm.

Nossos pintores mesclam muitas vezes ao abstrato as formas definidas dos símbolos, consistentes objetos utilitários, seres fantásticos ou reais, tudo dependendo de suas situações interiores.

Confina com a abstração a tendência instintiva ao lúdico. As formas então vivem sua vida própria, transformam-se de múltiplas maneiras. Este jogo as levará talvez a se desintegrarem em garatujas mais ou menos caóticas, ou talvez aconteça que venha associar-se a essa tendência a jogar com as formas a não menos instintiva tendência para a ordenação, inerente à vida psíquica.

Este fenômeno está representado numa série de pinturas de Carlos, onde as formas, emolduradas para não se dissiparem, através de um jogo de transformações, alcançam por fim a disposição quaternária, reflexo da estrutura básica da psique (figs. 6, 7 e 8).

Figura 06
Carlos Pertuis, 1949, óleo sobre papel, 37,5 x 36,8cm.

A tendência à abstração não se revela unicamente nas improvisações que deixam vislumbrar a incandescência da energia psíquica. Ao aspecto expressionístico da abstração opõe-se seu aspecto geometrizante. Diz G.R. Hocke:

Figura 07
Carlos Pertuis, 1949,
óleo sobre papel,
37,9 x 37,1cm.

Figura 08
Carlos Pertuis, 1949,
óleo sobre papel,
37,0 x 37,4cm.

"À evanescência do contorno dos objetos opõe-se uma tendência a marcá-los e acentuá-los. Reapreende-se nas malhas das formas geométricas a essência das imagens que tendem a dissociar-se"[13]. No atelier do hospital o geometrismo mostrou-se significativo de esforços instintivos para apaziguar tumultos emocionais e busca de refúgio em construções estáveis. A imagem geométrica mais frequentemente encontrada na pintura dos esquizofrênicos é o círculo, em múltiplas variações e irregularidades, tema que será especialmente desenvolvido, dada sua importância, no capítulo seguinte.

Muitos aspectos do geometrismo podem ser estudados no acervo do Museu de Imagens do Inconsciente.

Imagens pintadas por Fernando oferecem a oportunidade extraordinária de surpreendermos a utilização da pintura como meio de defesa quando é grande o tumulto de pensamentos e emoções. À esquerda está um emaranhado vermelho, o caos. Do outro lado está a mão esquerda com a palma voltada pra cima (que ele podia olhar enquanto pintava). E a partir das linhas de sua própria mão ergue no espaço a construção, ainda insegura, de figuras geométricas. Na palma de sua mão Fernando encontrou as linhas, esses elementos

Figura 09
Fernando Diniz, 13/05/1966, guache e lápis de cera sobre cartolina, 36,7 x 55,3cm.

13. HOCKE, G.R. *Labyrinthe de l'Art Fantastique*. Paris: Gonthier, 1967, p. 119.

primeiros. Tomou-as como base para construções geométricas cuja função será opor-se ao caos (fig. 9). Esta pintura faz parte de uma série com variantes muito próximas feitas em dias quase consecutivos durante um período de regressão.

O homem sempre se maravilhou de sua própria mão. Imprimiu-a nas paredes das cavernas pré-históricas em vários lugares do mundo e decerto o homem arcaico atribuía poderes mágicos a este prodigioso instrumento de ação que ele possuía e lhe permitia realizar coisas inacessíveis aos mais fortes e temidos animais.

No *Elogio da Mão*, Henri Focillon diz que "a posse do mundo exige uma espécie de faro tátil. A visão desliza ao longo do universo [...]. A ação da mão define o vazio do espaço e o pleno das coisas que o ocupam. Superfície, volume, densidade, peso, não são fenômenos óticos. É entre os dedos, é no côncavo das mãos que o homem os conheceu primeiro. O espaço, ele o mede não com o olhar, mas com sua mão e seus passos [...]. Sem a mão não existe geometria, pois são necessários barras e redondos para especular as propriedades da extensão"[14].

Ainda de Fernando, noutra fase, geométrico impregnado de dinamismo. Diz o autor: "Isto é um telescópio das estrelas" (fig. 10).

Figura 10
Fernando Diniz, sem data, óleo sobre cartão, 71,0 x 99,8cm.

14. FOCILLON, H. *Vie des forms*. Paris: PUF, 1947, p. 103.

De outro autor, Carlos, pinturas em diferentes momentos, nas quais o geometrismo assume caráter mais rígido.

Quando surgem do inconsciente faces estranhas, é superposta a estas imagens uma estrutura geométrica, rigorosamente centrada, com a função de impedir que venham avassalar o campo do consciente (fig. 11). Outra face ainda

Figura 11
Carlos Pertuis, sem data, grafite sobre papel, 13,2 x 12,0cm.

mais enigmática toma relevo, ressaltando da justaposição de objetos diferentes. Na sua construção participam esses objetos, bem como as figuras geométricas que formam o fundo da pintura e entram também no seu contexto (fig. 12).

Ainda de Carlos são as pinturas seguintes. Dentre seus numerosos trabalhos de tipo geométrico vemos duas construções de complexidade crescente. Os volumes rigorosamente definidos desconhecem as mutáveis manifestações vitais (figs. 13 e 14). E quando o fundo geométrico dessa última pintura esboça

Figura 12
Carlos Pertuis, década de 1950, óleo sobre tela, 45,7 x 37,8cm.

tendência a esvanecer-se, um arco forte contorna no alto a construção como para segurá-la no espaço.

Mas nem sempre será possível conter o espaço dentro de limites. A atração pelo infinito muitas vezes triunfará. É o que acontece nesta cidade de traços curvilíneos que se alongam para mais longe num espaço ilimitado (fig. 15).

Pelo seu despojamento, estas várias pinturas de Carlos bem poderiam corresponder àquelas construções de que fala Klee: "Abandona-se a região do mundo real para ir construir do outro lado numa região distante que possa ao menos existir intacta"[15].

15. KLEE, P. Op. cit., p. 300.

Figura 13
Carlos Pertuis, década de 1950, óleo sobre cartolina, 36,8 x 54,9cm.

Figura 14
Carlos Pertuis, década de 1950, óleo sobre cartolina, 40,3 x 51,7cm.

Figura 15
Carlos Pertuis, Sem data, óleo, grafite e guache sobre papel, 64,4 x 47,7cm.

Não posso me impedir de conectar as considerações feitas acima sobre as imagens geométricas e seus vínculos com as emoções ao geometrismo presente na arte moderna latino-americana. Trata-se, segundo críticos argentinos e brasileiros, de um geometrismo peculiar – *sensível, quente*. Roberto Pontual, no livro que coordenou sob o título *Geometria Sensível*, coloca o problema: "Junção de dois elementos à primeira vista conflitantes – *geometria* supõe cálculo, frieza, determinação, rigor, exercício da razão; *sensível* sugere imprevisibilidade, animação, alternância, indeterminação, prática intuitiva"[16].

Frederico Morais apreendeu a mobilização da "vontade para ordem", da "vontade construtiva" como resposta a situações sociais mais ou menos desestruturadas, onde o homem se sente inseguro, características da América Latina. Seria mesmo um "saudável corretivo" na expressão de Juan Acha, citado por Frederico Morais[17]. O curioso e singular é que não se faz necessário o apelo

16. PONTUAL, R. *Geometria Sensível*. Rio de Janeiro: Jornal do Brasil, 1978, p. 8.

17. Ibid., p. 13ss.

extremo à rigidez das formas imutáveis. Na arte da América Latina o inorgânico e o orgânico, a razão e o sentimento aproximam-se buscando equilíbrio.

O espaço subvertido

As imagens surgidas no atelier do hospital revelam diferentes vivências do espaço – viagens através de espaços desconhecidos, sofridas vivências do bouleversamento do espaço cotidiano, luta tenaz para recuperá-lo. Sobretudo estas duas últimas vivências fazem parte constante das experiências psicóticas, segundo mostram as imagens pintadas.

A psiquiatria tradicional não oferece ajuda para o estudo desses acontecimentos intrapsíquicos.

Na entrevista psiquiátrica, as perguntas referentes à orientação têm curto alcance. Procuram apenas detectar perturbações da orientação relativas à própria pessoa (autopsíquicas), ao corpo (somatopsíquicas) e ao mundo externo (alopsíquicas), pouco cogitando de investigar como o indivíduo estará vivenciando o espaço onde se encontra. Por exemplo: Um jovem, durante episódio psicótico, sentia-se de cabeça para baixo, preso numa gaiola giratória de brinquedo. Perguntar a este indivíduo – como você se chama, onde você está, que dia é hoje, que horas são? – não tem nenhum sentido.

De fato, a semiologia psiquiátrica, no seu labor de fragmentar a vida psíquica para examiná-la aos pedaços, e na preocupação de elaborar nomenclaturas difíceis, mostra-se insuficiente quando se pretende um conhecimento mais profundo do doente. Dizia Iracy Doyle, há mais de vinte anos: "O fundamental é a compreensão do paciente e dos motivos de sua conduta, expressos em linguagem simples, acessível, e com o colorido emocional de que os termos científicos não dispõem"[18].

A psiquiatria tradicional despreza o estudo das vivências do espaço. Entretanto, já Bleuler havia observado que delírios e alucinações influem sobre a orientação no mundo exterior e que, na esquizofrenia, uma orientação falsa, motivada por fatores subjetivos, poderia coexistir com a orientação correta da realidade[19].

Com efeito, o mesmo homem que responde corretamente no consultório médico "sim, doutor, eu me chamo fulano de tal, estou no hospital de Engenho de Dentro", poderá revelar no atelier de pintura a vivência de situações espaciais completamente subvertidas.

Interpretando a esquizofrenia do ponto de vista junguiano, torna-se fácil entender que, se o consciente é invadido por conteúdos do inconsciente

---

18. DOYLE, I. *Introdução à Medicina Psicológica*. Rio de Janeiro: Casa do Estudante do Brasil, 1952, p. 156.

19. BLEULER, E. *Textbook of Psychiatry*. Nova York: Dover, 1951, p. 110.

providos de forte carga energética e efeitos desintegrantes, as coordenadas de orientação no espaço (e no tempo) poderão deslocar-se, criando-se assim a possibilidade de múltiplas visões do mundo. Todo o sistema de coordenadas, "comparável aos fios cruzados de um telescópio"[20] que organiza nossas experiências, fica seriamente perturbado, inclusive a orientação espaço-tempo.

O Dr. John Thompson, espécime raro de psiquiatria segundo Joseph Berke, costumava dizer que seria impossível entrar em contato com um doente se não tivéssemos ideia da maneira como ele vivia o espaço e o tempo, dois parâmetros de primeira importância para que seja entendida a visão da realidade de outra pessoa[21].

Certamente foi com a fenomenologia e a psiquiatria existencial que os problemas relativos ao espaço começaram a ser estudados. E. Minkowski introduziu em psicopatologia a noção de espaço vivido, juntamente com a noção de tempo vivido[22]. As distâncias entre os objetos, por exemplo, não são experienciadas de maneira constante, independentemente das situações subjetivas. Minkowski descreve o *espaço claro*, caracterizado pela nitidez do contorno dos objetos, pela existência de espaço livre entre as coisas. O indivíduo sente diante de si a amplitude da vida. Noutro tipo de espaço vivido, o *espaço escuro*, não se trata de luz física, porém de sensação de estar envolvido, apertado, oprimido por uma obscuridade misteriosa. Apaga-se a distância entre os objetos (distância vivida). O espaço vital estreita-se sem perspectivas[23].

Além da distância física que existe entre o indivíduo e as coisas, diz Merleau-Ponty, há uma distância vivida que o liga às coisas significativas para ele. "O que garante o homem sadio contra o delírio ou a alucinação não é a sua crítica, é a estruturação de seu espaço [...]. O que leva à alucinação é o estreitamento do espaço vivido, o enraizamento das coisas no nosso corpo, a vertiginosa proximidade do objeto"[24].

E Binswanger acentua que a experiência da espacialidade é essencialmente determinada pelo tom afetivo dominante no momento. O espaço adquire qualidades peculiares de acordo com o estado emocional do indivíduo:

20. JUNG, C.G. *C.W.*, 9ii, p. 242.

21. BERKE, J. & BARNES, M. *Un voyage à travers de la folie*. Paris: Seuil, 1973, p. 90.

22. MINKOWSKI, E. *Le temps vécu*. Suisse: Delachaux, 1968.

23. Ibid., cap. VII.

24. MERLEAU-PONTY, M. *Phenomenologie de la perception*. Paris: Gallimard, 1945, p. 331.

sensação de plenitude ou de vazio, de espaço amplo, iluminado, ou estreito, sombrio, opressor[25].

Na faixa dos sintomas neuróticos, as experiências do espaço, por exemplo, a claustrofobia ou a agorafobia, são detalhadamente descritas por aqueles que as vivenciam. O mesmo não acontece com as vivências do espaço na esquizofrenia, por serem tão estranhas e difíceis de exprimir.

Renée, depois de curada, conta no *Diário de uma Esquizofrênica* que um dos principais elementos, sempre presentes nas suas vivências de irrealidade, é a de espaço imenso, sem limites. De súbito um campo de trigo parecia-lhe estender-se infinitamente sob luz branca, cintilante, ou seu próprio pequeno quarto tornava-se às vezes enorme e cada canto de uma claridade ofuscante[26]. Outro exemplo de perturbação da maneira de sentir o espaço na esquizofrenia é o caso de uma cliente de Paul Federn. Ela dizia a seu analista que a sala onde se encontravam estava repleta de cor. As cores não haviam mudado, mas tinham adquirido três dimensões, enchendo a sala de modo que a cor de uma cortina vermelha chegava até ela, como se fosse uma substância vermelha. O interesse que lhe havia despertado uma cortina vermelha tinha se materializado numa substância, em algo que ocupava espaço. A noção "esta cortina me interessa" passava a ser representada de modo muito primitivo pela sensação de que o vermelho a tocava. "O pensamento tornava-se substância." O analista explicou-lhe esse mecanismo e ela o compreendeu. "Em anos subsequentes constatei que meus pacientes psicóticos compreendiam aquilo que eu receio não viver bastante tempo para tornar compreensível a psicólogos e psiquiatras"[27].

A ausência de interesse da psiquiatria pelos problemas do espaço revela-se na arquitetura hospitalar. É uma arquitetura fria, rígida. Dá suporte e reforço ao medo, ao sentimento de estar isolado de tudo.

Veja-se, por exemplo, como um esquizofrênico de Engenho de Dentro, em caminho de volta à realidade, fala sobre o muro do hospital, visto de dentro e

---

25. ELLENBERG, H. Nova York: Basic Book, 1958, p. 110.

26. SECHEHAYE, M.-A. *Jornal d'une Schizophrène*. Paris: PUF, 1950, p. 4, 10.

27. FEDERN, P. *Ego Psychology and the Psychoses*. Nova York: Basic Books, 1960, p. 152-153.

de fora. Conversando com Vicente, jovem pesquisador do Museu de Imagens do Inconsciente, Octávio foi dizendo:

– "O muro é muito bonito para quem passa do lado de fora. É bem-feito, bem-arrumado. Mas para quem está aqui dentro é horrível. O muro não deveria ser assim, deveria ter algumas aberturas.

V – Aberturas?

O – Sim. Você vê a entrada do hospital, é enorme, mas se um de nós quiser passar por ela para ir lá fora não deixam. Olha, é verdade que do lado de dentro deste muro que pega de esquina a esquina, tem banquinhos, árvores, pra nos dias de visita os doentes ficarem lá. Mas mesmo assim todos nós somos controlados. Este muro serve para fechar a nossa vista para o lado de fora [...]. Nós nunca podemos ser considerados gente com o muro deste tapando nossa visão."

A verbalização se faz correta. Entretanto, nos casos graves de esquizofrenia, quando há comoção profunda da vida psíquica, só as imagens pintadas permitem que se vislumbre como o indivíduo está vivenciando o espaço naquele exato momento.

Em local que Emygdio evoca, e dir-se-ia uma paisagem amena, ele se sente encerrado num espaço estreito, um vazio branco, incapaz de comunicar-se com o ambiente (fig. 16).

Figura 16
Emygdio de Barros, 03/04/1972, óleo sobre papel, 36,7 x 55,4cm.

Veja-se seu isolamento diante de grades, pintura em tons cinza, que bem exprimem sentimentos de tristeza e solidão. Hospital psiquiátrico e cárcere confundem-se (fig. 17).

Figura 17
Emygdio de Barros, 01/07/1970, óleo sobre papel, 33,0 x 48,4cm.

Agora esse mesmo homem, de comunicabilidade tão difícil, representa-se num amontoado promíscuo, diante de grades, com muitos outros indivíduos nas mais diversas condições de desordem interna (fig. 18).

Outro testemunho é a pintura de Heitor. Esta imagem nos permite apreender o imenso sentimento de solidão de dois homens num pátio do hospital (fig. 19).

Vejam-se outros aspectos de vivências do espaço. "Nós vivemos entre dois mundos, ou seja, entre dois sistemas de percepção totalmente diferentes: percepção de coisas externas, por meio dos sentidos, e percepção de coisas internas, por meio das imagens do inconsciente"[28].

Mas na condição psicótica, esses dois sistemas de percepção muitas vezes se mesclam, espaço externo e espaço interno se interpenetram. A expressão

---

28. JUNG, C.G. *C.W.*, 10, p. 17.

Figura 18
Emygdio de Barros,
25/03/1970, óleo sobre
papel, 33,4 x 47,5cm.

Figura 19
Heitor Teixeira Rico,
28/12/1972, óleo sobre
tela, 46,0 x 38,0cm.

plástica vai tornar visível este fenômeno psicológico através de imagens do próprio atelier de pintura.

O atelier era lugar agradável, amplo espaço com janelas sempre abertas deixando ver velhas árvores. O recinto do atelier foi muitas vezes espontaneamente escolhido como motivo para pinturas, o que indica quanto este lugar era significativo para seus frequentadores. Ali o mundo externo era ameno. Num ambiente de aceitação e simpatia a livre produção de formas podia desdobrar-se sem a interferência de quem quer que fosse, médico ou monitor.

Veja-se uma série de imagens do atelier, segundo Emygdio. E acompanhe-se como o atelier se torna o cenário participante de lutas entre consciente e inconsciente.

Eis um aspecto do atelier visto através da sensibilidade do autor, bastante próximo da realidade externa (fig. 20).

Figura 20
Emygdio de Barros, 06/03/1967, guache e óleo sobre papel, 37,7 x 55,4cm.

Admire-se a agudeza de sua capacidade de observar: aqui está o atelier, com sua larga janela que deixa ver as árvores do jardim e, à direita, um homem na postura típica de quem está todo voltado para seu próprio mundo interno (fig. 21).

Figura 21
Emygdio de Barros, 08/10/1968, óleo sobre cartolina, 36,8 x 55,0cm.

Lá fora está o mundo externo ensolarado. Mas, contidos do lado de dentro, abaixo da janela, e nos vidros laterais, conteúdos do mundo interno, do inconsciente, borbulham, tentando irromper e invadir o campo do consciente (fig. 22).

Figura 22
Emygdio de Barros,
1948, óleo sobre
tela, 94,0 x 68,0cm.

Se os conteúdos internos entram em intensa atividade, sua forte carga energética subverte a ordem espacial estruturada pelo consciente.

À esquerda, lado do inconsciente, através de uma trama de linhas negras desordenadas, faces estranhas espiam. O próprio solo parece tremer sob a pressão de forças subterrâneas. Somente o piano e uma escultura ainda resistem como objetos da realidade externa (fig. 23).

Figura 23
Emygdio de Barros, 02/01/1974, óleo sobre papel, 36,3 x 55,3cm.

A pintura permite que "o invisível se torne visível" (Paul Klee). Presencia-se aqui a luta entre o ego e o inconsciente, luta que define a esquizofrenia: o ego fraqueja, é derrotado diante do ataque violento do inconsciente. E o mundo externo desorganiza-se como num terremoto (fig. 24).

Todo o atelier está sacudido pela explosão interna. Mas imagens circulares, dispostas em sequência, revelam que forças ordenadoras de defesa foram mobilizadas (fig. 25). Pode-se esperar que o autor dessas pinturas supere a crise. Na realidade assim aconteceu.

S. Giedion vê em toda obra de arte um documento psíquico. E atribui importância particular à maneira como o espaço é estruturado, pois será através da estruturação do espaço que se poderá entender as relações do indivíduo com o meio onde vive e a ideia que o homem faz da ordem cósmica.

Figura 24
Emygdio de Barros, 13/02/1974, guache, óleo e lápis de cor sobre papel, 36,4 x 55,3cm.

Figura 25
Emygdio de Barros, 16/04/1974, óleo sobre cartolina, 36,8 x 55,2cm.

A pintura pré-histórica apresenta-se desordenada. Entretanto, aquilo que para nós se afigura desordenação, resulta, segundo S. Giedion, da concepção do espaço do homem arcaico, de sua visão unitária do mundo, onde são ininterruptas as relações entre todos os seres, entre o sagrado e o profano[29].

Mesmo a noção do espaço que o consciente estrutura para as relações da vida cotidiana no mundo moderno, segundo pesquisas recentes de E. Hall, varia bastante para europeus, americanos, japoneses, árabes. Por exemplo: se você se detém diante de porta aberta do escritório de um alemão, isso significa invadir seu espaço privativo, enquanto introduzindo a cabeça através da porta que estava fechada, do escritório de um americano, você estará ainda do lado de fora, no conceito do americano. As necessidades especiais dos povos são muito diversas. Observe-se a diferença entre os jardins japoneses e os ocidentais. O jardim japonês é planejado com a intenção de proporcionar ao visitante uma multiplicidade de pontos de vista, ao contrário do jardim ocidental que se estende linearmente. As casas dos árabes são mais amplas que as dos americanos do mesmo nível social, a ponto de angustiar o americano que se hospeda na residência de um árabe, devido às dimensões dos espaços interiores e seu despojamento[30].

Na área da arte ocidental verifica-se que os sistemas de perspectivas têm variado muito no correr do tempo. O artista da Idade Média situa os personagens de acordo com sua hierarquia espiritual, enquanto na perspectiva da Renascença deuses e homens são igualmente sujeitos à geometria euclidiana.

As visões cósmicas da física moderna levaram mais longe; bouleversaram a estabilidade das coisas. O espaço não é mais necessariamente euclidiano, como acontecia na Renascença. Para o artista há muitos espaços possíveis. Diz Paul Klee: "A relatividade do visual tornou-se uma evidência e já se concorda em ver nas coisas reais apenas um aspecto particular da totalidade do universo onde existem inumeráveis verdades latentes"[31].

Os pintores modernos, cansados do espaço linear que o academismo havia herdado da Renascença, cansados do espaço prosaico da vida cotidiana,

29. GIEDION, S. *La Naissance de l'Art*. Bruxelas: [s.e.], 1965, cap. VI: La Connaissance.

30. HALL, E. *La Dimension Cachée*. Paris: Seuil, 1971, cap. 12.

31. KLEE, P. *Theorie de l'Art Moderne*. Genebra: Gonthier, 1964, p. 39.

partiram para a exploração de novas experiências espaciais. Bastará lembrar os espaços do sonho de Chagall onde seres e coisas escapam até mesmo às leis universais da gravidade. Ou as gravuras de Escher, fazendo ver a mesma paisagem simultaneamente do alto, em profundeza e à distância, e suas explorações do infinito pela imaginação, admiradas por matemáticos que as utilizam no ensino dessa ciência.

Mas, se o artista tem a possibilidade de partir para a pesquisa de novas dimensões imaginárias, graças ao seu ego intacto traz sempre consigo a passagem de volta ao espaço comum, onde cumpre como todo mundo as rotinas da vida diária.

Entretanto, mesmo para ele essas aventuras não deixam de ter seus perigos e despertar temores. Lèger diz: "Ser livre e apesar disto não perder contato com a realidade, eis o drama desta figura épica, quer seja chamado inventor, artista ou poeta"[32].

As coisas se passam de maneira diferente no hospital psiquiátrico. As vivências do espaço evidentemente estarão ligadas à condição psicótica no seu conjunto, em cada caso individual. Inumeráveis possibilidades podem ocorrer – desde o mergulho no inconsciente, o reino sem espaço, às alterações em graus diferentes da organização do espaço destinado às relações humanas pragmáticas. De qualquer modo a volta será sempre difícil, muitas vezes impossível. Um exemplo dos mais simples dará ideia deste problema psiquiátrico habitualmente negligenciado.

O tumulto de emoções que sacudiu a psique de Fernando desestruturou as demarcações da área espacial construída pelo ego consciente. Tomado de vertigem ele busca o espaço cotidiano, tenta recuperar a realidade. Será uma luta difícil e lenta.

Fernando está prisioneiro no *espaço escuro*. Pouco antes de ser internado, tinha a impressão que na rua os edifícios inclinavam-se sobre ele. Como para esmagá-lo. Na sua pintura, objetos diversos acham-se muito próximos uns dos outros, sem espaço livre entre si. Desfilam em atropelo recordações de infância, conhecimentos escolares, imagens de experiências externas e internas, intrincadas umas às outras (fig. 26). Foi comovedor acompanhar Fernando nos

---

32. READ, H. *Modern Painting*. Londres: Thames & Hudson, 1959, p. 88.

seus esforços para sair dessa condição opressora. Ele utiliza a pintura como instrumento de trabalho a fim de retirar as coisas daquela visão turbilhonante. Confirma assim Conrad Fiedler, na tese de que "na criação da obra de arte o homem engaja-se numa luta com a natureza, não pela sua existência física, mas pela sua existência mental"[33].

Figura 26
Fernando Diniz, 09/12/1950, óleo sobre papel, 100,0 x 70,0cm.

Partindo de Fiedler, Herbert Read defende a teoria de que a arte foi, e ainda é, o instrumento essencial para o desenvolvimento da consciência humana. As artes plásticas seriam tipos de atividades que permitiriam ao homem proceder ao reconhecimento e à fixação das coisas significativas, tanto nas suas experiências externas quanto nas internas[34]. E René Huyghe vê na origem da arte a expressão do esforço para distinguir. Na sua origem, a arte seria um meio de apreensão daquelas coisas e grupos de coisas significativas e úteis para o homem arcaico. Um meio de retirá-las do bombardeio estonteante de sensações óticas[35].

33. READ, H. *Icon and Idea* Cambridge: Harvard University Press, 1955, p. 17.

34. Ibid., p. 17.

35. HUYGHE, R. *L'Art et l'Ame*. Paris: Flammarion, 1960, p. 57.

Fernando recorre ao enquadramento dos objetos para retê-los e retirá-los do fluxo perturbador de sensações e imagens (fig. 27). Mas, para que conseguisse reestruturar o espaço, seria necessário que um tema carregado de afeto polarizasse sua atividade psíquica dissociada.

Figura 27
Fernando Diniz, 01/02/1954, óleo sobre tela, 55,3 x 46,1cm.

Este tema foi a *casa*. Menino pobre, criado junto a sua mãe, modesta costureira, em promíscuos casarões de cômodos, aspirava habitar numa casa somente dele, lugar íntimo e seguro. Esta casa jamais existiu. A casa de Fernando foi uma *casa onírica*. Ele não a sonhou vista de fora. Imaginou-a no interior, onde pudesse levar uma vida aconchegada e secreta.

Pinta diferentes objetos pertencentes a casa. De início, esses objetos apresentavam-se misturados, justapostos uns aos outros, sem manterem qualquer ordem pragmática de relação espacial entre si: sofá, cadeiras, mesa etc. (fig. 28). Ele diz, indicando o ângulo superior direito da tela: "É um cantinho de sala, se estiver grande a gente vai se perder".

Figura 28
Fernando Diniz, 05/02/1953, óleo sobre tela, 38,0 x 45,3cm.

Fernando tenta ordenar essa confusão. Redescobre um dado importante para a estruturação do espaço cotidiano – a linha de base, linha onde as coisas que nela repousam mantêm relações significativas entre si. A linha de base será para Fernando o soalho. Ele se alegra quando pinta os primeiros soalhos de longas tábuas. Reforça-os com espessos rodapés. Toma diferentes objetos do interior da casa e pinta-os, cada um de per si, instalados sobre o soalho firme, representando um valor especial: poltrona, candelabro, piano, aquário (figs. 29, 30, 31 e 32).

Depois de muitos tateamentos, consegue organizar o espaço onde mesa e piano estão situados corretamente. Uma lâmpada, instrumentos de música e um livro aberto acham-se colocados sobre mesas. Veem-se quadros suspen-

Figura 29
Fernando Diniz, 1952, óleo sobre tela, 37,8 x 45,7cm.

Figura 30
Fernando Diniz, 16/07/1953, óleo sobre tela, 50,0 x 60,8cm.

Figura 31
Fernando Diniz, 13/05/1954, óleo sobre aglomerado, 45,6 x 54,7cm.

Figura 32
Fernando Diniz, 26/02/1954, óleo sobre tela, 38,4 x 46,4cm.

sos às paredes. Cada coisa está no lugar esperado num interior da casa burguesa. Fernando diz que esta pintura é seu trabalho "mais importante" (fig. 33). E acrescenta: "Eu primeiro fiz um pedaço de cada canto e depois juntei tudo num quadro só [...]. É como aprender as letras a e i o u. A gente aprende uma por uma para depois juntar e fazer uma palavra. As letras são mais fáceis de juntar do que as imagens. As figuras são mais difíceis para ligar. As letras a gente sabe logo, as figuras nunca se sabe totalmente".

Figura 33
Fernando Diniz, 01/12/1953, óleo sobre tela, 46,0 x 60,3cm.

Embora os objetos, nesta tela, estejam muito próximos uns dos outros, há contudo entre eles algum espaço livre e dispõem-se todos segundo critérios coerentes e pragmáticos. Fernando recupera o *espaço cotidiano*. Ele queria sua casa embelezada por jarros de flores e pratos com frutas (fig. 34). Estes motivos deram origem a longas séries de pinturas, apenas com pequenas variantes, sempre trabalhadas alegremente.

Paralelas modificações clínicas, melhor relacionamento interpessoal, interesse pelos estudos, foram verificados.

Figura 34
Fernando Diniz, 1955, óleo sobre tela, 38,0 x 46,4cm.

Surge algo novo na pintura de Fernando. Primeiro, uma janela aberta (fig. 35). Anteriormente, o mundo externo aparecia apenas em quadros de paisagens nas paredes da sala. Agora o autor revela quanto lhe é difícil esta abertura para o mundo exterior: "– É a janela aberta, vendo a paisagem. Foi um dia de sorte. E tive o jeitinho de fazer uma coisa assim. Foi num dia num ano. Num dia a janela abre, mas dá muito trabalho. Geralmente eu faço a janela fechada. É porque às vezes não dá tempo, eu não estou com vontade, não estou interessado. Eu não posso saber como é que foi".

Depois surge a figura humana, até então ausente na pintura de Fernando. É o pianista (fig. 36). Ele diz: "– Esse quadro é desse ano. A figura só apareceu muito tempo depois. Eu já estava bem treinado e coloquei a figura, pois o piano precisava de alguém".

E Mário Pedrosa sintetiza o drama da existência de Fernando: "– O menino pobre e rejeitado de outrora senta-se ao piano, em plena sala decorada a

Figura 35
Fernando Diniz, 02/02/1955, óleo sobre tela, 32,3 x 40,7cm.

Figura 36
Fernando Diniz, 23/01/1981, óleo sobre tela, 60,5 x 70,4cm.

seu gosto e dedilha os acordes triunfais da arte sobre um velho sonho desfeito e uma realidade ingrata. Pobre e grande Fernando"[36].

Paradoxalmente, Fernando reencontra o espaço da vida diária numa casa sonhada, donde se conclui que o espaço imaginário e o espaço da realidade estão estreitamente interligados. A reconstrução do espaço cotidiano acompanha a reconstrução do ego.

---

36. PEDROSA, M. *Coleção Museus Brasileiros – 2*: Museu de Imagens do Inconsciente. Rio de Janeiro: Funarte, 1980, p. 56.

2

Dissociação/ordenação
O afeto catalisador

Além das interrogações ligadas ao valor artístico de muitos dos desenhos e pinturas produzidos por esquizofrênicos, dos problemas relativos à abstração e ao bouleversamento do espaço, já referidos no capítulo anterior, defrontei-me com outro fenômeno ainda mais surpreendente: a constante tendência ao agrupamento, à simetria, à disposição de elementos díspares em torno de um centro e, sobretudo, o aparecimento de círculos mais ou menos regulares, simultaneamente com as habituais desintegrações de formas, típicas do desenho e da pintura de esquizofrênicos, e às quais os autores davam tão grande ênfase.

Segundo a concepção bleuleriana, dominante na época, a cisão das diferentes funções psíquicas é uma das características mais importantes da esquizofrenia[37]. Seria de esperar, muito logicamente, que as cisões internas se refletissem na produção plástica dos esquizofrênicos pela rutura, pela fragmentação das formas.

Certo, a disjunção, a fragmentação achavam-se frequentemente presentes na pintura dos esquizofrênicos de Engenho de Dentro. Este fenômeno apresentava-se de múltiplas maneiras, desde os desenhos caóticos até os desmembramentos de corpos humanos ou de animais, corpos sem cabeça, sem braços ou pernas, ou de árvores cortadas em pedaços, significando o despedaçamento da personalidade, tradução na linguagem da matéria dos imponderáveis fenômenos de dissociação psíquica (fig. 1 e 2).

---

37. BLEULER, E. *Dementiae Praecox or the Group of Schizophrenias*. Nova York: International University Press, 1950, p. 8.

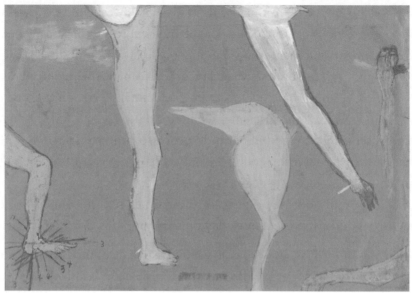

Figura 01
Octávio Ignácio, 15/03/1966, grafite e guache sobre papel, 33,5 x 48,3cm.

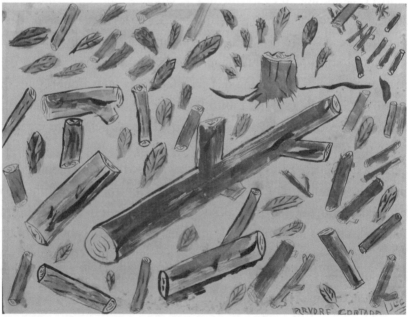

Figura 02
José Luiz Costa, 26/10/1966, guache sobre papel, 28,0 x 36,5cm.

Do estreito ângulo da psiquiatria descritiva, era de esperar que o acesso ao mundo interno do esquizofrênico, por meio da expressão plástica, trouxesse esclarecimentos concernentes aos fenômenos da cisão, da desintegração das funções psíquicas. Do ponto de vista da teoria psicanalítica era de esperar que muito fosse revelado sobre aquele "caos ou caldeira cheia de pulsões em ebulição"[38], isto é, sobre o inconsciente, segundo Freud. Lá estavam fervendo os conteúdos reprimidos sob o império do processo primário, buscando incessantemente satisfação, recorrendo para isso a deformações e disfarces. "A produção plástica dos psicóticos segue as leis do processo primário", diz E. Kries[39]. A tarefa do pesquisador de orientação psicanalítica seria reconhecer os conteúdos reprimidos, representantes das pulsões, por trás dos deslocamentos, das condensações, e da máscara dos símbolos. Mas era forçoso reconhecer que a produção plástica dos psicóticos ia muito além das representações distorcidas e veladas dos conteúdos pessoais reprimidos, e que sua forma de expressão não era obrigatoriamente a linguagem do id freudiano.

As coisas psíquicas são extremamente complexas. Uma pintura quase nunca será o mero reflexo de sintomas, por mais importantes que estes sejam. Outros fatores se manifestam conjuntamente, que será preciso discriminar.

Imagens circulares ou tendendo ao círculo, algumas irregulares, outras de estrutura bastante complexa e harmoniosa, impunham sua presença na produção espontânea dos frequentadores do atelier do hospital psiquiátrico. Tive grande dificuldade em compreendê-las. A analogia era extraordinariamente próxima entre essas imagens e aquelas descritas sob a denominação de *mandala* em textos referentes a religiões orientais.

Faltavam-me conhecimentos sobre as atividades da psique que tomavam forma na imagem da mandala. Assim, custava-me entender que surgissem esses símbolos pintados pelo mesmo autor junto a formas que refletiam a cisão da psique.

Entretanto continuei reunindo imagens do círculo e afins do círculo, pintadas por diferentes autores. Esta coleção depressa subiu a centenas. Uma es-

---

38. FREUD, S. "La división de la personalidad psíquica". *O.C.* 11. Madri: Biblioteca Nueva, 1948, p. 821.

39. KRIES, E. *Psychoanalitic Explorations in Art*. Nova York: IUP, 1952, p. 116.

colha de imagens desse tipo veio constituir o primeiro álbum do acervo do Museu de Imagens do Inconsciente. Ali estava uma documentação reunida empiricamente, mas as dúvidas teóricas permaneciam. Aquelas imagens seriam mesmo mandalas? E, em caso afirmativo, como interpretá-las na pintura de esquizofrênicos? Ousei então escrever uma carta ao próprio C.G. Jung, enviando-lhe algumas fotografias de mandalas (?) brasileiras. Minha carta teve a data de 12 de novembro de 1954 e a resposta, escrita pela secretária e colaboradora de Jung, Sra. Aniela Jaffé, é de 15 de dezembro de 1954.

> O Professor Jung pede-me para agradecer-lhe pelo envio das interessantes fotografias de mandalas desenhadas por esquizofrênicos.
>
> O Professor Jung faz diversas perguntas: que significaram esses desenhos para os doentes, do ponto de vista de seus sentimentos; o que eles quiseram exprimir por meio dessas mandalas? Será que esses desenhos tiveram alguma influência sobre eles?
>
> O Professor Jung observou que os desenhos têm uma regularidade notável, rara na produção dos esquizofrênicos, o que demonstra forte tendência do inconsciente para formar uma compensação à situação de caos do consciente. Ele também notou que o número 4 (ou 8 ou 12 etc.) prevalece.
>
> Suponho que as cores devem dar aos desenhos uma acentuação muito forte. Ficaríamos reconhecidos se pudéssemos ficar com as fotos. Talvez a senhora encontre a possibilidade de responder às perguntas do Professor Jung, o que interessará muito a ele. Seria também interessante saber alguns dados biográficos sobre os pintores.
>
> Queira receber a expressão de nossa alta consideração.
>
> Ass. A. Jaffé

Assim, as imagens do círculo pintadas em Engenho de Dentro eram realmente mandalas. E davam forma a forças do inconsciente que buscavam compensar a dissociação esquizofrênica. Eu me via diante de uma abertura nova para a compreensão da esquizofrenia.

Em abril de 1957 viajei para Zurique, graças a uma bolsa do CNPq, a fim de fazer estudos no Instituto C.G. Jung. Levei pinturas e modelagens de vários autores para apresentá-las na exposição de produções plásticas de esquizofrênicos que se realizaria paralelamente ao II Congresso Internacional de Psiquiatria, a reunir-se em Zurique, setembro 1 a 7, daquele mesmo ano.

O diretor do Centro Psiquiátrico na época, Dr. Humberto Mathias Costa, deu o maior apoio a essa iniciativa e tive a entusiasta colaboração dos doutores Maria Stela Braga e Pierre Le Gallais para o estudo e organização do material a ser enviado.

A contribuição do Centro Psiquiátrico do Rio de Janeiro teve por título geral *A esquizofrenia em imagens*. Distribuiu-se em cinco amplas salas do pavimento térreo da Eidgenössische Technische Hochschule, cedido para sede do congresso, e foi montada pelo artista brasileiro Almir Mavignier, meu antigo colaborador.

A exposição enviada pelo Centro Psiquiátrico do Rio de Janeiro foi aberta por C.G. Jung, na manhã de 2 de setembro. Ele visitou toda a exposição, detendo-se particularmente na sala onde se encontravam as mandalas pintadas por doentes brasileiros, fazendo sobre o assunto comentários e interpretações. Nessa ocasião, uma foto batida por Mavignier fixou Jung, a mão sobre uma mandala, apontando-a com o indicador (fig. 3).

Figura 03
Almir Mavignier, fotografia (Detalhe), arquivo Nise da Silveira.

Este é um gesto que por assim dizer resume a psicologia junguiana: apontar para o centro, o self, simbolizado pela mandala. "O self é o princípio e arquétipo da orientação e do sentido: nisso reside sua função curativa"[40].

Somente a partir de 1957, quando já havia reunido uma grande coleção de mandalas, comecei a estudar seu riquíssimo simbolismo e ainda hoje estou longe de alcançá-lo completamente.

Desde que meu ponto de partida foi o encontro de variações da mandala na pintura de esquizofrênicos, naturalmente suas funções ordenadoras e curativas ocuparam o primeiro plano de meu interesse.

O livro no qual Jung expõe suas concepções sobre este tema, inteiramente novo para a psiquiatria, apareceu na edição inglesa das *Obras Completas*, em 1959. O seguinte texto, que se encontra naquele livro, é muito esclarecedor:

"A palavra sânscrita mandala significa *círculo*, no sentido ordinário dessa palavra. Na esfera das práticas religiosas e em psicologia refere-se a imagens circulares que são desenhadas, pintadas, modeladas e dançadas. [...] Como fenômeno psicológico aparecem espontaneamente em sonhos, em certas situações de conflito e em casos de esquizofrenia. Frequentemente contém uma quaternidade, ou múltiplo de quatro sob a forma de cruz, estrela, quadrado ou octógono etc. [...] Sua ocorrência espontânea na produção de indivíduos contemporâneos, permite à pesquisa psicológica fazer investigações sobre sua significação funcional. Em regra a mandala ocorre em situações de dissociação ou desorientação psíquica, por exemplo, em crianças entre os oito e onze anos cujos pais acham-se próximos do divórcio e em adultos que como resultado de uma neurose e seu tratamento confrontaram-se com o problema dos opostos na natureza humana e sentem-se por isso desorientados, e ainda em esquizofrênicos cuja visão do mundo tornou-se confusa devido à invasão de conteúdos incompreensíveis emergentes do inconsciente. Em tais casos é fácil verificar como o molde rigoroso imposto pela imagem circular, através da construção de um ponto central, com o qual todas as coisas vêm relacionar-se, ou por um arranjo concêntrico da multiplicidade desordenada de elementos contraditórios e irreconciliáveis, compensa a desordem e confusão do estado psíquico. Isso é evidentemente uma tentativa de *autocura* que não se origina

---

40. JUNG, C.G. *Memories, Dreams, Reflections*. Nova York: Pantheon Books, 1963, p. 199.

da reflexão consciente, mas de um impulso instintivo. Aqui, segundo a pesquisa pelo método comparativo demonstra, é feito uso de um esquema fundamental, de um arquétipo que, por assim dizer, manifesta-se em toda parte sem de maneira nenhuma dever sua existência individual à tradição, tanto quanto os instintos que não necessitam ser transmitidos pela tradição"[41].

Com efeito, as imagens que mais fortemente sugerem ordenação – as formas circulares – estão presentes nas manifestações expressivas do homem desde os tempos mais remotos. Na arte pré-histórica as formas circulares aparecem sob múltiplos aspectos: bolas de calcário, cuidadosamente trabalhadas; escavações circulares sobre pedra, em tamanhos variados; perfurações circulares sobre bastões e instrumentos rituais; pontuações vermelhas ou negras, de dimensões diferentes, sobre rocha ou sobre o corpo de animais configurados nas paredes de cavernas. "O círculo, designado por Platão a mais perfeita das formas, exerceu seu domínio mágico desde os tempos primordiais"[42].

Aliás H. Prinzhorn, num livro publicado em 1922 (somente traduzido para o inglês em 1972), já havia assinalado nos desenhos e pinturas de esquizofrênicos, ao lado de garatujas desordenadas, a existência de uma força ordenadora. Esta tendência à ordem, diz Prinzhorn, tem caráter compulsivo e está vinculada, bem como a tendência ao jogo, à necessidade de expressão que é um impulso obscuro, involuntário, fundamental, inerente à psique[43].

Convém acentuar, citando Jung, terem as mandalas estrutura matemática e serem os números os mais primitivos elementos de ordem na mente humana. "Os números, mais que qualquer outra coisa, ajudam a estabelecer ordem no caos das aparências. São instrumentos para criar ordem ou apreender um arranjo regular ou ordenação já existente, mas ainda desconhecido." E continuando: "É digno de atenção o fato de que as imagens da totalidade espontaneamente produzidas pelo inconsciente, os símbolos do self sob forma de mandala, também têm estrutura matemática. Em regra são quaternidades ou seus múltiplos. Essas estruturas não só exprimem ordem, elas também criam ordem"[44].

---

41. JUNG, C.G. *C.W.*, 9, p. 387-388.

42. GIEDION, S. *La naissance de l'art*. Bruxelas: La Connaissance, 1965, p. 100-136.

43. PRINZHORN, H. *Artistry of Mentally III*. Nova York: Springer, 1972, p. 15-21.

44. JUNG, C.G. *C.W.*, 8, p. 456.

Poderão aparecer, frisa M.-L. von Franz, simplesmente como automanifestações primárias do inconsciente, representando a estrutura básica quaternária da psique. Essas mandalas indiferenciadas configuram habitualmente quatro princípios da mesma natureza. Quanto mais se aproximam do consciente mais se diferenciam mostrando os quatro polos da estrutura quaternária cada vez mais diferentes um do outro[45].

O estudo das mandalas não é uma especulação teórica. Depois que comecei a entender suas significações, ajudaram-me enormemente na compreensão dos casos clínicos. A primeira indicação que trazem ao psiquiatra refere-se à intensidade das forças instintivas cuja função é compensar a desordem psíquica. Essas forças, expressas na mandala, "ligam e submetem os poderes sem lei pertencentes ao mundo da escuridão e configuram ou criam uma ordem que transforma o caos em cosmos"[46].

Como todo sistema vivo, a psique se defende quando seu equilíbrio se perturba. As imagens circulares, ou próximas ao círculo, dão forma aos movimentos instintivos de defesa da psique, aparecendo de ordinário logo no período agudo do surto esquizofrênico, desde que o doente tenha oportunidade

Figura 04
Fernando Pedrosa, 22/05/1970, guache sobre papel, 32,7 x 48,2cm.

---

45. von FRANZ, M.-L. *Inferior Function* – Lecture I, p. 3.
46. JUNG, C.G. *C.W.*, 9ii, p. 32.

de desenhar e pintar livremente num ambiente acolhedor. Isso não indicará que, desde logo, a ordem psíquica seja restabelecida. As imagens circulares exprimem tentativas, esboços, projetos de renovação. No nosso atelier predominam esses projetos configurados em mandalas incompletas e indiferenciadas.

Vejam-se os movimentos iniciais instintivos de busca de ordenação sob forma primária, em imagens pintadas por um esquizofrênico:

A imagem da personalidade em dissolução, tal como ele próprio se retrata. Escreve EU à esquerda, em cor branca, contrastando com a violência das cores utilizadas para representar sua face convulsa (fig. 4). Dias depois, por meio de duas linhas cruzadas, divide o papel em quatro partes. No alto está a face, já menos convulsa, delimitada pelas linhas do ângulo superior resultante do cruzamento das duas linhas. Os três outros ângulos estão preenchidos por traços desordenados (fig. 5). Um elementar sistema de coordenadas é instintivamen-

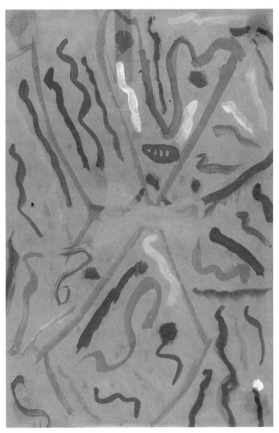

Figura 05
Fernando Pedrosa, 26/05/1970, guache sobre papel, 48,3 x 32,7cm.

te utilizado para dividir e organizar a multiplicidade caótica[47]. Numa terceira pintura, seis dias depois, há no centro da imagem uma cruz de quatro braços iguais que se alargam nas extremidades (cruz-de-malta). Em torno, acham-se dispostos doze círculos alternadamente claros e escuros e ligados entre si por uma linha irregular, porém contínua. De quase todos os círculos partem linhas em direção ao centro. Destaca-se um círculo de cor diferente, tendo uma cruz no interior, do qual parte linha que, em movimento de espiral, vem ter ao centro (fig. 6). Nesta imagem, esboça-se a tentativa de conectar o ego, representado pelo círculo que tem uma cruz no interior, à grande cruz central que representaria o centro ordenador da psique, o self.

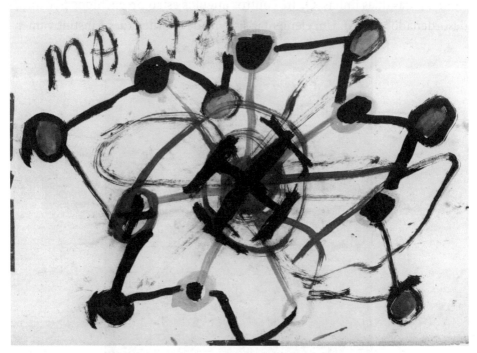

Figura 06
Fernando Pedrosa, 02/06/1970, guache sobre papel, 33,5 x 46,3cm.

Outro esquizofrênico, lavrador de meia-idade, retrata uma situação psíquica de tumulto emocional. Dentre linhas emaranhadas destaca-se uma face em cor verde cercada por linha amarela. Oposto à face, vê-se círculo verde cujo centro é um pequeno círculo amarelo (fig. 7). A correlação do ego tumultuado

---

47. Ibid., p. 242.

representado pela face, ainda mantida com o centro do círculo (self), revela-se pela disposição oposta das mesmas cores entre ambos. Várias outras pinturas representam árvores de ramos sem folhas e elementos díspares em desordem. Depois surge uma árvore no centro do papel com oito ramos amarelos, cercada por quadrados preenchidos por cores diversas ou vazios, que parecem ter a função de delimitar o espaço em torno da árvore, protegendo-a (fig. 8). A úl-

Figura 07
Elisio Canal, 08/10/1962, guache e grafite sobre papel, 33,0 x 48,0cm.

Figura 08
Elisio Canal, 26/09/1962, guache sobre papel, 32,9 x 48,6cm.

tima pintura configura árvore vermelha de estrutura quaternária, cada um de seus quatro ramos terminando numa flor. Semicírculos providos de elementos pontudos, semelhantes a folhas, protegem o espaço ocupado pela árvore. Em três ângulos da pintura, fora do espaço protegido, vê-se uma pequena árvore tendo de cada lado um arbusto. Essas estruturas ternárias exigiam a completação que se realizou na árvore central (fig. 9). Se na figura 7 o self é representa-

Figura 09
Elisio Canal, 12/10/1962, guache sobre papel, 34,0 x 47,8cm.

do num corte transversal, aqui assume a forma de árvore. "Se a mandala [diz Jung] simboliza o self visto num corte transversal, a árvore representaria o self visto de perfil, configurado como um processo de crescimento"[48]. Poucos dias depois de feita esta pintura, seu autor obteve alta.

Frequentemente a mandala surge como fenômeno psicológico primário que apenas reflete a estrutura quaternária básica da psique em imagens compostas de quatro elementos semelhantes ou múltiplos de quatro também se-

48. Ibid., 13, p. 253.

melhantes (fig. 10), ou em forma de cruz (fig. 11), de estrela (fig. 12) etc. Mas será sempre útil estudar cada mandala com atenção. Desde que comecem a diferenciar-se, seus detalhes formais podem trazer indicações clínicas de grande importância, pois estarão dando expressão à situação psíquica de seu autor no momento em que ele as configura.

Figura 10
Octávio Ignácio, 22/12/1969, lápis de cor e lápis de cera sobre papel, 31,0 x 46,0cm.

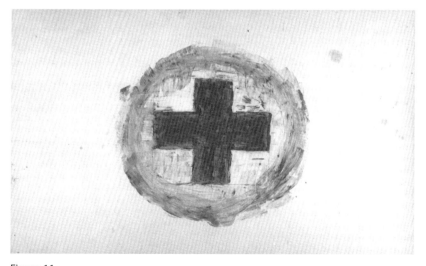

Figura 11
Octávio Ignácio, 06/08/1971, gache sobre papel, 36,0 x 55,0cm.

Figura 12
Carlos Pertuis, 1948, óleo sobre papel, 46,6 x 40,7cm.

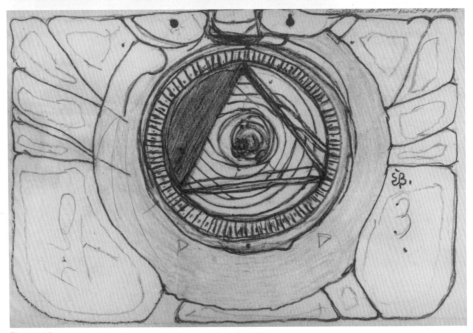

Figura 13
Emygdio de Barros, 23/07/1974, grafite e lápis de cor sobre papel, 21,9 x 32,6cm.

Compreende-se que na esquizofrenia apareçam mandalas *perturbadas*[49]. Mandalas que não se baseiam no quatro, mas no três (fig. 13) ou no cinco (fig. 14); mandalas abertas (fig. 15); mandalas nas quais os dois semicírculos tocam-se pela periferia em vez de fecharem-se (fig. 16).

Figura 14
Adelina Gomes, 29/08/1966, óleo sobre papel, 36,6 x 55,2cm.

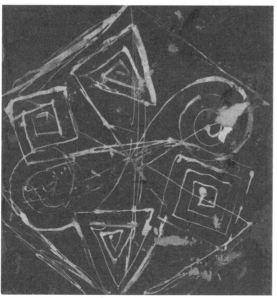

Figura 15
Fernando Diniz, 1959, guache
sobre papel, 29,3 x 28,0cm.

49. Ibid., 12, p. 184.

Figura 16
Fernando Diniz, sem
data, guache sobre
papel, 32,7 x 23,5cm.

São ainda frequentes na esquizofrenia as mandalas providas de pontas no seu contorno, espécie de autoproteção contra ameaças do mundo externo ou defesa para impedir que forças dissociativas e conteúdos perigosos do mundo interno se apoderem de todo o espaço psíquico (fig. 17).

A procura de um ponto central nas tentativas instintivas de reconstrução da personalidade cindida faz-se de maneiras variadas. Algumas vezes a busca do centro é um complicado percurso labiríntico (fig. 18) ou um caminho em forma de espiral (fig. 19).

Surpreenderá que apareçam mandalas bastante harmoniosas e complexas pintadas por esquizofrênicos. A configuração de mandalas harmoniosas dentro de um "molde rigoroso" denotará intensa mobilização de forças autocurati-

Figura 17
Carlos Pertuis, sem data, guache
sobre papel, 49,6 x 38,5cm.

Figura 18
Fernando Diniz, 07/03/1957, óleo sobre papel, 48,3 x 33,2cm.

vas para compensar a desordem interna (fig. 20), fenômeno que não será para desprezar em relação ao prognóstico. Algumas vezes a estrutura da mandala torna-se complexa pela introdução de elementos significativos que refletem etapas do processo de renovação da personalidade. Um exemplo é a mandala pintada por uma mulher que apresenta notáveis melhoras clínicas. A flor vermelha indica que afetos intensos tendem a organizar-se em torno de um centro. Mas a perigosa serpente de duas cabeças ronda na periferia ainda não incorporada ao círculo (fig. 21).

Figura 19
Fernando Diniz, sem data, guache e óleo sobre papel, 56,0 x 37,8cm.

O afeto catalisador

As imagens circulares apresentadas mostram que na esquizofrenia não estão mortas as forças inconscientes de defesa em luta para compensar a dissociação do consciente. Essas forças emergem de maneira espontânea, sob várias formas, e muitas vezes mergulham de novo no inconsciente, perdendo-se, pois são enormes as dificuldades que se opõem à ordenação do tumulto que é a psique do indivíduo na condição esquizofrênica.

Mas, apesar de tudo, qualquer um poderá observar que as tentativas de ordenação interna, bem como as simultâneas tentativas de volta ao mundo externo, tornam-se mais firmes e duradouras se no ambiente onde vive o doente ele encontra o suporte do afeto.

O hospital psiquiátrico é frio, é feio. A estrutura das enfermarias, os métodos de tratamento usados desagradavam-me excessivamente. Mas, na posição que eu ocupava dentro da hierarquia médica, não havia para mim possibilidade de ali introduzir as inovações que me pareciam tão evidentemente necessárias. Dediquei-me então, desde 1946, à Terapêutica Ocupacional na intenção de produzir mudanças no ambiente hospitalar, pequenas que fossem, por intermédio da terapêutica ativa.

A terapêutica ocupacional era um território vazio onde eu teria relativa liberdade para agir. Lidando com atividades manuais e expressivas, processando-se sobretudo em nível não verbal, compreende-se que esse tipo de tratamento não goze de prestígio na nossa cultura tão deslumbrada pelas elucubrações do pensamento racional e tão fascinada pelo verbo.

Figura 20
Carlos Pertuis, 25/07/1958, óleo sobre tela, 60,5 x 49,0cm.

Figura 21
Adelina Gomes, 19/09/1966, óleo e guache sobre papel, 36,1 x 53,7cm.

Qual seria o lugar da terapêutica ocupacional no meio do arsenal constituído pelos choques elétricos que determinam convulsões; pelo coma insulínico; pela psicocirurgia; pelos psicotrópicos administrados em doses brutais até "impregnarem" o indivíduo? Um método que utilizava como agentes terapêuticos pintura, modelagem, música, trabalhos artesanais, logicamente seria julgado ingênuo e quase inócuo. Valeria quando muito para distrair os internados ou para torná-los produtivos em relação à economia dos hospitais.

Mas a terapêutica ocupacional que eu estava introduzindo não era o mesmo método praticado correntemente.

Uma de minhas primeiras preocupações foi de natureza teórica, isto é, a busca de fundamentação científica onde firmar a estrutura de meu trabalho. Preliminarmente procurei discriminar como a terapêutica ocupacional poderia ser entendida dos diferentes pontos de vista psiquiátricos: kraepeliniano, bleuleriano, segundo H. Simon, K. Schneider, P. Sivadon, ou na ótica da psicologia de Freud e, um pouco mais tarde, na de Jung. Meu objetivo era fazer da seção de terapêutica ocupacional um campo de pesquisa onde diferentes linhas de pensamento se encontrassem e se pusessem à prova. Essa ideia fracassou completamente.

Nem na teoria nem na prática meu plano de trabalho encontrou ressonância favorável. Minha orientação quebrava velhos preconceitos, e era demasiado ambiciosa, ao pretender que a terapêutica ocupacional fosse aceita, se corretamente conduzida, como um legítimo método terapêutico e não apenas uma prática auxiliar e subalterna.

Um passo indispensável para sairmos do nível empírico de trabalho seria cuidar da formação de monitores. Organizei alguns cursos de terapêutica ocupacional, cursos de emergência, que correspondessem a nossas necessidades imediatas. E, sobretudo, regularmente eram feitas com os monitores reuniões destinadas à avaliação psicológica das atividades e seu papel terapêutico em cada caso clínico.

Os resultados excederam as melhores expectativas apesar do grau de instrução desigual dos funcionários que haviam sido designados para servir na nova seção. Os conhecimentos técnicos não constituem tudo em qualquer profissão. A pessoa humana de cada um, a sensibilidade, a intuição, são qualidades preciosas. Lembro um exemplo:

Em fins de 1947, o monitor Hernani Loback, que tinha a seu cargo a oficina de encadernação, trouxe do Hospital Gustavo Riedel um doente sem autorização escrita do psiquiatra que o tinha a seus cuidados. Repreendi Hernani. E ele me respondeu que há vários dias vinha notando no *canto dos olhos* daquele doente o desejo de o acompanhar, quando trazia do pátio outros internados providos de autorização médica para frequentarem a terapêutica ocupacional. Naturalmente esse doente foi aceito. A sensibilidade para captar desejos no *canto dos olhos* de esquizofrênicos é muito mais importante que conhecimentos técnicos. Se as duas coisas estiverem juntas evidentemente será o ideal.

E o que aconteceu a este homem que falou ao monitor pela linguagem do canto dos olhos? Seu psiquiatra disse-me que não valeria a pena encaminhá-lo para qualquer atividade, pois ele já estava internado há 23 anos. Um crônico, muito deteriorado. Entretanto Emygdio frequentou a oficina de encadernação, onde rapidamente aprendeu a encadernar (antes da internação era mecânico torneiro), e logo preferiu o atelier de pintura. Pintou telas que ultrapassaram o âmbito da psiquiatria e constituem hoje reconhecido patrimônio artístico nacional.

Figura 22
Fernando Diniz, 17/07/1953, óleo sobre tela, 37,8 x 46,2cm.

Certa vez, revendo com Fernando séries de suas pinturas que representam interiores de uma casa, ele me disse apontando a última pintura da série, bruscamente interrompida: "Neste dia um ácido derramou-se na minha vida" (fig. 22).

– Por quê? Que aconteceu?

– Porque depois deste dia, durante muito tempo, Dona Elza não foi me buscar para a pintura.

Muito tempo correspondia ao tempo vivido por Fernando durante os 30 dias das férias de Dona Elza, na ocasião monitora do atelier de pintura.

Este fato impressionou-me profundamente e desde então fiquei ainda mais atenta ao relacionamento dos doentes com os monitores. Repetidas observações demonstraram que dificilmente qualquer tratamento será eficaz se o doente não tiver a seu lado alguém que represente um ponto de apoio sobre o qual ele faça investimento afetivo.

Relatando experiências com grupos de esquizofrênicos, L. Applby escreve: "A auxiliar de psiquiatria foi a figura terapêutica crucial nessas experiências". E continua: "A auxiliar de psiquiatria oferece aos pacientes um elemento consistente e estável – ela própria", acentuando que "para obter um ponto de referência estável é necessário incrementar estreito relacionamento pessoal entre ambos"[50]. Em qualquer oficina de terapêutica ocupacional este ponto de referência é a monitora ou o monitor.

Costumo dizer que o monitor, num atelier ou oficina, funciona como uma espécie de catalisador. A química fala-nos de substâncias cuja presença acelera a velocidade das reações: enzimas, platina coloidal, *paladium*. Admite-se mesmo que reatores e catalisadores formem um complexo crítico ou um quase-composto. Em oposição ao agente catalisador está o agente inibidor, que impede a reação, por exemplo, a acetanilide. Entre o pessoal que tem contato com o doente: médicos, enfermeiros, monitores de terapêutica ocupacional, há também os catalisadores e os inibidores. Sem dúvida o mesmo indivíduo poderá funcionar como catalisador para uma pessoa e inibidor para outra.

Um estudo sobre a capacidade de aprendizagem do esquizofrênico crônico teve de ser interrompido quando o monitor da oficina de encadernação,

50. APPLBY, L. *Chronic Schizophrenia*. USA: Free Press, 1960, p. 230-231.

onde estava sendo feita a pesquisa, entrou em licença prolongada por motivo de saúde. A encadernação pareceu-me adequada para a investigação da capacidade de aprendizagem num nível bastante alto. Com efeito, a encadernação de um livro requer compreensão das diversas etapas que devem ser seguidas em sequência ordenada para chegar-se ao resultado final, bem como exige atenção e concentração no trabalho. Três esquizofrênicos internados há mais de vinte anos, e quatro outros, com mais de cinco anos de doença, aprenderam facilmente a técnica de encadernar. O afastamento do monitor perturbou a experiência. O excelente relacionamento existente entre os doentes e o monitor antigo não se estabeleceu com seu substituto. Todos se desinteressaram daquela atividade, exceção de um deles, que depois da alta continuou trabalhando no ofício aprendido no hospital. É que, neste caso, o ego já se havia fortalecido bastante. Quanto mais grave a condição esquizofrênica, maior será a necessidade que tem o indivíduo de encontrar um ponto de referência e apoio. Tanto melhor se esta primeira forma de contato for se tornando uma relação de amizade.

Eis um exemplo bem demonstrativo de função catalítica desempenhada por uma monitora:

Depois de já se haver reaproximado do mundo real, segundo acompanhamos na série da *casa* (cap. 1), Fernando regrediu por motivos adversos – morte da mãe e suas consequências. Mergulha no *espaço escuro*. Durante longo período suas pinturas foram garatujas caóticas. Dificilmente agora ele escaparia dos sub-rótulos de "estado de deterioração" ou de "demenciação" que viriam complementar o diagnóstico de esquizofrenia, tanto mais que essa regressão ocorreu quando Fernando já tinha mais de quinze anos de internamento. Sem dúvida tratava-se de um *crônico* na terminologia tradicional.

Mas impressionava-me em Fernando a fixa crispação de angústia de sua face. Tentei então a experiência de colocar uma monitora com a função exclusiva de permanecer a seu lado no atelier. A monitora não intervinha, não opinava sobre as pinturas. Apenas ficava ali, silenciosa, numa atitude de interesse e simpatia por qualquer coisa que ele fizesse, mesmo suas espessas garatujas (fig. 23).

Um mês depois de iniciada a experiência, Fernando começa a retirar do caos um novo mundo. As primeiras formas são pequenos círculos e hexágonos que na pintura seguinte definem-se como cerejas (figs. 24 e 25). Cada

Figura 23
Fernando Diniz, 10/05/1968, lápis de cera sobre papel, 34,5 x 50,0cm.

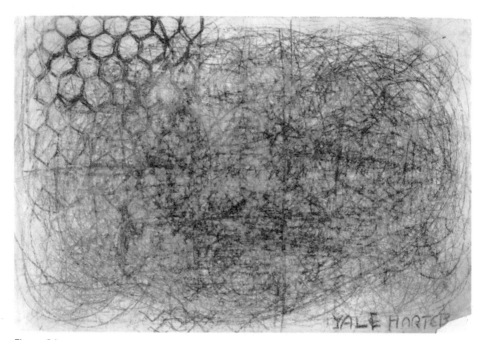

Figura 24
Fernando Diniz, 10/05/1968, lápis de cera sobre papel, 33,3 x 48,5cm.

dia, quando chega do tumulto anônimo da enfermaria, a primeira pintura é sempre caótica. Mas agora os traços são lançados com violência, traduzindo grande carga emocional.

Mais alguns dias ainda e dentro do caos surge, no ângulo superior esquerdo do papel coberto de garatujas, uma forma surpreendente: "O penteado da japonesa" (fig. 26). Segue-se pintura que representa duas japonesas quase imbricadas entre si, com sombrinha e leque (fig. 27). Logo aparecem destacados diversos elementos associados ao Japão – lanternas coloridas, bambus (fig. 28). A imagem da mulher multipli-

Figura 25
Fernando Diniz, 10/05/1968, lápis de cera sobre papel, 48,3 x 33,6cm.

Figura 26
Fernando Diniz, 13/06/1969, óleo sobre papel, 32,5 x 48,8cm.

Figura 27
Fernando Diniz, 30/07/1968, óleo sobre papel, 33,2 x 48,5cm.

ca-se em quatro japonesas que tendem a esvanecer-se em formas abstratas (fig. 29). Mais tarde, depois de muitas tentativas, é enfim configurada uma única japonesa, com crisântemos decorando seu vestido. À direita, um carro, ramo de cerejeira e montanha ao longe (fig. 30).

Toda a série da japonesa caracteriza-se pela delicadeza do desenho e leveza das cores, em contraste com a maneira habitual de Fernando pintar – pinceladas espessas e cores fortes. Esta temática parecia estranha. Mas logo se esclareceu quando Fernando disse

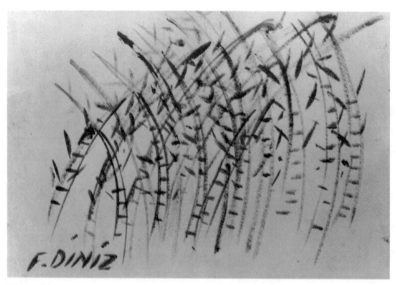

Figura 28
Fernando Diniz, 21/06/1968, óleo sobre papel, 33,3 x 47,8cm.

à monitora que ela parecia uma japonesa. E, de fato, olhos levemente rasgados, Aparecida tem distantes semelhanças com o tipo japonês, logo apreendidas por Fernando. Distantes, mas suficientes para ajudá-lo a transpor ao outro lado do mundo, o Japão, a inacessível mulher amada que estava tão perto.

O relacionamento com a monitora levou Fernando a contato muito melhor com o ambiente.

Não só catalisou a coordenação de funções psíquicas e construção de sínteses em torno do tema da japo-

Figura 29
Fernando Diniz, 02/08/1968, guache e óleo sobre papel, 47,3 x 33,5cm.

Figura 30
Fernando Diniz, 13/06/1969, guache e óleo sobre papel, 34,0 x 47,3cm.

nesa, como religou-o ao mundo externo. Nesse período pintou uma série de paisagens ao ar livre, que refletem bem de perto o mundo real. Veja-se na fig. 31 uma dessas paisagens e faça-se seu confronto com o caos da fig. 26.

A volta à realidade depende em primeiro lugar de um relacionamento confiante com alguém, relacionamento que se estenderá aos poucos a contatos com outras pessoas e com o ambiente.

Figura 31
Fernando Diniz, 23/05/1969, óleo sobre tela, 49,5 x 71,0cm.

Raphael é um caso muito mais grave. Foi internado em 1932, aos 19 anos. Diagnóstico: esquizofrenia, forma hebefrênica. Começa a frequentar o atelier em 1946. De início apenas traça pequenas linhas cruzadas que logo se ampliam em coloridos desenhos abstratos e em figuras. Volta repetidamente ao traçado de linhas ou com elas recobre os desenhos já feitos. Alguns meses depois, de súbito, para enorme surpresa de todos, seu desenho atinge alta qualidade artística (fig. 32). Nessa ocasião Raphael havia encontrado apoio afetivo em Almir Mavignier, sempre presente enquanto ele desenhava. Mas Mavignier partiu para a Europa. O monitor, em serviço no atelier, apesar de seus esforços, não conseguiu atrair Raphael. Ele entra em declínio. Seu desenho reduz-se

a pequenos traços repetidos (fig. 33). O desligamento da realidade é cada vez maior. A pulsão criadora parece extinta. A escuridão seria mesmo total na sua mente? Pequenos sinais, batcr de pálpebras, gestos levíssimos de suas mãos permitiam supor que talvez houvesse ainda brasas vivas lá muito dentro.

Tentei então uma experiência. Convidei a desenhista Martha Pires Ferreira para vir ao hospital trabalhar com Raphael. Havia algo comum entre a expressão artística de Martha e alguns desenhos anteriores de Raphael. A primeira sessão foi em novembro de 1969. Não me surpreendi que depressa eles se entendessem.

Figura 32
Raphael Domingues, 1949, nanquim sobre papel, 47,5 x30,5cm.

Figura 33
Raphael Domingues, 1946, guache sobre papel, 23,1 x 32,4cm.

Destaco algumas observações de Martha:

"Normalmente permaneço em silêncio ao lado dele. Certo dia, querendo forçar uma comunicação maior com Raphael, pedi que ele escrevesse *borboleta* – ele escreveu BORBOLETA. Eu, na minha total estupidez e ignorância, pedi que escrevesse *ave*, ele escreveu BOBA. Raphael me deu uma lição incrível. Me desconcertou completamente (14/04/70)."

"Entro na sala. Raphael me vê, caminha ao meu encontro (o que é raro) e diz – 'que bonito' –, tira o colar do meu pescoço e o coloca no dele. Conversa comigo frases inexplicáveis, fantasias. Gosta que eu o escute com atenção. Põe-se a desenhar. Peço que assine o trabalho, ele escreve AMIGO (14/07/70)" (fig. 34).

Figura 34
Raphael Domingues, 14/07/1970, esferográfica sobre papel, 15,5 x 21,8cm.

"Desenhou meu rosto com um sol na cabeça e outro fora (fig. 35). Para não ter qualquer dúvida que o rosto era meu, escreve embaixo – MARTINICA, 16/10/1973)"[51].

---

51. PIRES FERREIRA, M. "Meu contato humano com Raphael". *Quatérnio* n. 4, 1975, p. 43-56. Rio de Janeiro.

Esses pequenos trechos são extraordinariamente reveladores. O primeiro mostra que Raphael não aceita ser tratado como criança. Sentido crítico, ironia, estão presentes. A palavra *amigo*, como assinatura de um desenho, o retrato de Martha, o sol na cabeça, o apelido Martinica, dizem infinitamente de uma afetividade viva que se revela com a mais sutil delicadeza.

Que validez terá o tão arraigado conceito de *demência* na esquizofrenia, ruína da inteligência, embotamento da afetividade?

Numa experiência de 30 anos jamais encontrei em qualquer esquizofrênico o famoso "embotamento afetivo". Decerto não se poderia esperar manifestações exuberantes de afetividade convencional da parte de pessoas que estão vivenciando desconhecidos estados do ser em espaço e tempo diferentes de nossos parâmetros, o campo do consciente avassalado por estranhíssimos conteúdos emergentes da profundeza da psique.

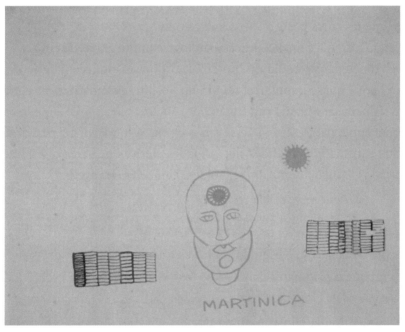

Figura 35
Raphael Domingues, 16/10/1973, guache e hidrocor sobre papel, 27,9 x 36,5cm.

O esquizofrênico dificilmente consegue comunicar-se com o *outro*, falham os meios habituais de transmitir suas experiências. E é um fato que o *outro* também recua diante desse ser enigmático. Será preciso que esse *outro* esteja seriamente movido pelo interesse de penetrar no mundo hermético do esquizofrênico. Será preciso constância, paciência e um ambiente livre de qualquer coação, para que relações de amizade e de compreensão possam ser criadas. Sem a ponte desse relacionamento a cura será quase impossível.

Houve essa feliz relação entre Renée e sua terapeuta. Assim lê-se no *Diário de uma esquizofrênica*: "É curioso, eu podia perder a realidade de um momento para outro se Mamãe [a terapeuta] se zangava comigo e me aborrecia, o que era raro. Mas esses pequenos incidentes sobrevieram vezes bastante para que eu me convencesse de que a realidade íntegra dependia absolutamente de meu bom contato com Mamãe. Ela era a fonte, a origem de minha percepção normal da realidade. Bastava que ela mudasse de atitude comigo para que a realidade viva se transformasse num cenário de irreal deserto"[52].

O afeto foi fator constante na nossa seção de terapêutica ocupacional, não só na pintura, mas também na encadernação, marcenaria, jardinagem, costura, tapeçaria etc. Infelizmente, nesses setores de atividade, os doentes permaneciam apenas curta parte de seus longos dias.

A esquizofrenia é uma condição patológica muito grave, de cura quase impossível, repetem os psiquiatras, porém de ordinário esquecem de acrescentar que também é quase impossível reunir, no hospital psiquiátrico, as condições favoráveis para ser tentado um tratamento eficaz.

Nessa apologia do afeto, não sejamos demasiado ingênuos, pensando que será fácil satisfazer as grandes necessidades afetivas de seres que foram tão machucados, e socialmente tão rejeitados. Um deles escreveu:

> De que serve colher rosas,
> Se não tenho a quem ofertá-las.

A convivência com o esquizofrênico ensina muitas coisas surpreendentes. Seria bom que o psiquiatra concedesse tempo e atenção para escutá-lo. Estude-se esta lição de Octávio:

"A esquizofrenia consiste numa doença em que o coração fica sofrendo mais do que os outros órgãos. Então ele fica maior e estoura."

"Sabe-se muita teoria sobre esquizofrenia. Tem muitos livros escritos sobre esquizofrenia. Mas esse diagnóstico não mostra que a pessoa é esquizo-

---

52. SECHEHAYE, M.A. *Journal d'une Schizophrène*. Paris: PUF, 1950, p. 88-89.

frênica. Esse diagnóstico é dado pelas vistas dos psiquiatras. E o que a pessoa sente na esquizofrenia não é decifrado porque não se pode decifrar o espírito."

Excelentes catalisadores são os coterapeutas não humanos.

Desde a adoção da pequena cadela Caralâmpia (1955) por um doente que frequentava uma de nossas oficinas, verifiquei as vantagens da presença de animais no hospital psiquiátrico. Sobretudo o cão reúne qualidades que o fazem muito apto a tornar-se um ponto de referência estável no mundo externo. Nunca provoca frustrações, dá incondicional afeto sem nada pedir em troca, traz calor e alegria ao frio ambiente hospitalar. Os gatos têm um modo de amar diferente. Discretos, esquivos, talvez sejam muito afins com os esquizofrênicos na sua maneira peculiar de querer bem.

Seguem-se exemplos retirados do volumoso dossier da seção de terapêutica ocupacional sobre a relação afetiva dos esquizofrênicos com animais.

"Os cães falam tudo, aprendem tudo [diz Abelardo]. Só é uma pena que para eles estejam fechadas as portas da escola do sorriso." Cuidou carinhosamente da gata Shelton, do cão Tomatinho, da cadela Bolinha e do seu preferido cão Wolf (esses nomes foram escolhidos por ele). Wolf desapareceu durante alguns dias. Abelardo procurou-o com ansiedade por toda parte. E quando Wolf voltou "disse" a Abelardo que tinha ido a "Aruanda, terra de seus ancestrais, onde aprendeu muitas coisas". Às vezes Abelardo queixa-se de Wolf porque o cão não ataca seus perseguidores (os perseguidores de seus delírios que para ele têm concreta realidade). Um amigo é para dar a vida pelo amigo e Wolf apenas ladra para assustar os inimigos implacáveis.

Por iniciativa própria, Abelardo construiu uma pequena casa de madeira, ao lado da porta do atelier de modelagem, para servir de abrigo ao cão sem dono que por acaso vagabundeie pelos terrenos do hospital em noites frias. Esta casa de cachorro foi representada em diversas telas pintadas ao ar livre, no morro onde fica o atelier de modelagem, sinal que feriu a atenção e a sensibilidade de outros doentes (fig. 36). Abelardo, temido na enfermaria pela sua irritabilidade e grande força física, dedica-se a levar alimentos a cães e gatos abandonados dos quais somente ele conhece os esconderijos.

No caso de Djanira os sintomas predominantes são negativismo e mutismo irredutível. Séries de eletrochoques não modificaram a situação. Transcrevo trechos do relatório de Ruth Loureiro, responsável pelo setor de música.

Figura 36
Fernando Diniz, 30/04/1971, óleo sobre tela, 47,0 x 73,0cm.

"Tendo conhecimento que Djanira era pianista, convidamo-la para vir à Terapêutica Ocupacional. Inúmeras vezes ela recusou o convite até que um dia, com postura muito rígida, contrafeita, levantou-se e conseguimos trazê-la.

Semanas depois começava a tocar piano, fazendo-o com muita força, parecendo *descarregar* suas emoções. As relações pessoais continuavam difíceis, porém Djanira conheceu os bichos da Terapêutica Ocupacional e logo travou relações com eles. Cuidava dos gatos e cachorros com grande carinho. Também já aceitava os monitores [...]. Foi então que compôs sua primeira música, um *samba-canino*, conforme assinalou por escrito e ao qual intitulou: *Cachorrinho, vem cá*. Escreveu versos para a música:

> Cachorrinho, vem cá
> Venha ver o som deste piano como está

Deste modo reclamava contra o estado de desafinação do nosso piano. Assim, foi através de sua relação com o bicho que Djanira conseguiu compor, criar.

O mutismo continuava, porém o relacionamento com outras internadas e monitores ia melhorando dia a dia. Em 26 de julho de 1961 a monitora do atelier de pintura registrou: "A paciente *que não falava* até a presente data foi surpreendida junto a uma gatinha, dizendo *bonitinha... bonitinha mesmo*. Quando se viu descoberta fugiu imediatamente do local. Djanira era muito apegada a esta gata, chamada Cravina. Com ela dividia seus alimentos e, enquanto pintava, tinha sempre Cravina sobre a carteira ou ao colo".

Dra. Alice Marques dos Santos, quando diretora do Hospital Odilon Galotti, teve na cadela Pelúcia uma eficiente auxiliar. Joana era uma doente de contato difícil, mas aconteceu que se ligou de amizade com Pelúcia. E depois estendeu seu carinho a outros cães e gatos. Quando melhorou, Dra. Alice conseguiu colocá-la, na qualidade de ajudante não remunerada, numa clínica veterinária próxima ao hospital. Joana saía todas as manhãs para o trabalho muito compenetrada de seus novos deveres. O diretor da clínica considerava-a uma de suas auxiliares mais dedicadas no trato com os animais. Alguns meses mais tarde Joana obtinha alta.

José Luís, outro internado do Hospital Odilon Galotti, gostava de pássaros. Levantou a ideia da construção de um viveiro na comunidade da seção Olavo Rocha daquele hospital e, com a ajuda de outros internados, construiu amplo viveiro que aos poucos foi se enchendo de pássaros. Ele limpava o viveiro e dava alimento aos pássaros todos os dias. Mas, se amava os pássaros, detestava os cães. Um dia chegou mesmo a atirar pela janela um pequeno cão que alguém levara de presente para a comunidade.

Nem sempre, portanto, são de amor as relações do doente com os animais. Estes recebem também projeções de certos conteúdos do inconsciente que os tornam alvo de ódio ou temor excessivo.

Octávio tinha a convicção de que o pássaro *bem-te-vi* denunciava suas pulsões homossexuais, cantando nas árvores: "Bem te vi". Fabricava atiradeiras e seu desejo era exterminar esses pássaros.

Darcy tinha grande medo de cães e gatos. Via-os emitindo fogo dos olhos e de todo o contorno do corpo. Havia "um gato voraz que metia as unhas e os dentes e comia todinha a carne da pessoa, só ficava a alma sofrendo". De outra feita disse: "O diabo é invisível, mas aqui tem uma coisa que representa ele – o cachorro e o cavalo".

Inteiramente opostos eram os sentimentos de Carlos em relação aos animais. Sem nenhum exagero, pode-se dizer que os terapeutas de Carlos foram os cães Sultão e Sertanejo. A posição de coterapeutas coube ao médico e aos monitores.

A expressão verbal de Carlos era praticamente ininteligível. As palavras fluíam em abundância, frequentemente pronunciadas com veemência, mas não se ordenavam em proposições de significação apreensível. O grande número de neologismos tornava ainda mais difícil a compreensão de sua linguagem. O caminho para entendimento com Carlos fez-se por intermédio do animal.

Do relatório da monitora Elza Tavares, em 10 de março de 1961: "Carlos, chegando perto de um de nossos cães, o Sultão, abaixou-se e, de cócoras, falou carinhosamente e com nitidez: 'Você é muito bonito e valente. Tens uma orelhinha cortada, isto é prova de bravura, eu também sou valente, sou *nonai*'. E durante longo tempo acarinhou o focinho do cão". Estava decifrado um dos neologismos muito empregados por Carlos: *Nonai* significava *valente*.

O relacionamento afetivo de Carlos com Sultão foi acompanhado por mim e pelos monitores. O doente, durante anos absorvido no seu mundo interno, agora cuidava da alimentação de Sultão, banhava-o, penteava-o. Mas aconteceu o pior: no dia 16 de setembro de 1961 Sultão foi morto por envenenamento. Com a perda daquele ponto de referência no mundo externo, investido de muito afeto, Carlos regrediu, tornou-se ainda mais inacessível. Que confiança lhe poderiam merecer os seres humanos?

Só dois anos depois Carlos ligou-se a outro cão: Sertanejo (fig. 37). Os monitores informavam-me que em assuntos referentes aos animais Carlos exprimia-se em frases gramaticalmente construídas. O psicólogo Paulo Roberto relata: "Carlos continua fazendo de Sertanejo seu confidente. Disse-nos que conversa com o Sertanejo como as demais pessoas falam quando conversam no telefone. Colabora espontaneamente com a monitora Nazareth na limpeza do local onde dormem os animais e dando banhos nos cães aos sábados".

Figura 37
José da Silva Paixão, década de 1960, óleo sobre tela, 55,0 x 46,0cm.

No dia 27 de agosto de 1965, logo que cheguei ao hospital, Carlos me disse: "Quero dinheiro para despesas de Sertanejo". Perguntei espantada: "Que despesas?", e Carlos respondeu: "Água oxigenada, mercúrio cromo, gaze". Sertanejo havia ferido uma das patas. Carlos fez as compras na farmácia próxima, trouxe o troco certo do dinheiro que lhe dei, e com perícia fez o curativo na pata de Sertanejo.

Desde que existia polarização intensa de afeto dirigida pelo desejo de socorrer o amigo, tornava-se possível retomar a linguagem verbal ordinária nem que fosse por momentos. Sob a ação do afeto, os laços frouxos do pensamento apertaram-se, permitindo comunicação com a exata pessoa que poderia ajudar.

Carlos e Sertanejo eram amigos inseparáveis. O cão, sem coleira e guia, acompanhava Carlos em longas caminhadas pelos arredores do hospital, à igreja da paróquia, ao cemitério.

No universo de Carlos é perfeitamente natural que Sertanejo visite a Virgem Maria. O homem da Idade da Pedra gravava animais que, estudados em perspectiva mítica, têm a função de ligar a terra ao céu[53]. Agora cabia a Sertanejo esta missão.

Um dia (18/01/68), quando Carlos entregou sua pintura à monitora, disse: "Sertanejo foi até o céu falar com Nossa Senhora". A pintura representa um cão em movimento de escalada, as patas anteriores estendidas para adiante. O cão esforça-se para ascender em direção a uma imagem situada no alto (céu). Esta imagem configura um peixe, traçado tenuemente, que traz no corpo as letras N. Snr. (fig. 38). A representação de Nossa Senhora sob a forma de peixe parece estranha. Entretanto não é a primeira vez que a Grande Mãe assume esse aspecto, total ou parcialmente representada como peixe ou provida de cauda semelhante à das sereias. Atargatis, Artemis, Aphaia, Dictynna, Britomartis[54]. Atargatis, grande mãe síria, era inicialmente representada sob forma de peixe. Ela teve um filho que se chamou Ichthys. Atargatis e seu filho foram identificados à Constelação de Peixes[55].

Não há, pois, incoerência histórica em Sertanejo ir ao céu falar com a grande mãe Maria, revestida da forma de sua longínqua ancestral, mãe de um

---

53. HOLM, E. *L'Art pariétal de L'Afrique Australe em l'Âge de Pierre.* Paris: Albin Michel, 1960, p. 149.

54. NEUMANN, E. *The Great Mother.* Londres: Routledge & Kegan Paul, 1955, p. 276.

55. JUNG, C.O. *C.W.,* 9ii, p. 104.

filho chamado Ichthys, tal como ela mesma foi mãe de um filho, Jesus, cognominado o Peixe.

Figura 38
Carlos Pertuis, 18/01/1968, óleo e guache sobre papel, 33,2 x 48,2cm.

Não é novidade que uma ligação profunda possa estabelecer-se entre o louco e o cão. Machado de Assis narra em *Quincas Borba* a história de um cão que amou dois loucos. Quincas Borba, o homem, deu o próprio nome a seu cão, tanto o amava. E legou sua grande fortuna a um amigo, desde que este tomasse conta do cão e lhe desse cuidados, "como se fosse a ele próprio testador". Rubião, o herdeiro, recebeu a herança, instalou-se no Rio de Janeiro, acompanhado de Quincas Borba, o cão. Foi explorado, roubado pelos amigos humanos. Volta louco e na miséria para Barbacena, sua cidade natal, junto com o fiel amigo. E ambos morrem. Primeiro Rubião, depois o cão, que "ganiu infinitamente, fugiu desvairado em busca do dono e amanheceu morto na rua três dias depois".

E Machado deixa em suspenso se o título do livro refere-se a Quincas Borba, o homem, ou a Quincas Borba, o cão (cap. 201).

Não se esperaria encontrar a sensível inteligência de Machado de Assis em todo mundo.

Assim, nossa pesquisa sobre o relacionamento afetivo do esquizofrênico com o animal teve de atravessar dificuldades e sofrimentos.

A maioria não apreendia seu sentido. Eram frequentes os comentários malévolos e mesmo grosseiros. Pior que isso foram os atentados contra os animais. Em janeiro de 1960 um administrador ordenou que os cães fossem removidos para o serviço de capturas de animais do Estado onde seriam eletrocutados. Desta vez foi possível salvá-los. Mas em setembro de 1961 nove cães foram mortos por envenenamento no recinto fechado onde permaneciam à noite.

Havendo tomado conhecimento desse fato, por intermédio da escritora Lia Cavalcanti, o psicanalista americano Boris Levinson escreveu-lhe: "Sem dúvida, para muitos dos pacientes, os animais eram seu único elo de vida *(lifeline)*, sua ponte para a saúde mental". A expressão *lifeline,* do Dr. Levinson, define com admirável exatidão o relacionamento entre o esquizofrênico e o cão.

Nos Estados Unidos, além do Dr. Boris Levinson, de Nova York[56], pesquisa também nesse campo o Professor Samuel Corson, da Universidade do Estado de Ohio[57]. Ambos mostraram vivo interesse pelos coterapeutas de Engenho de Dentro.

Parece-me merecer observação atenta a maneira como se processa o relacionamento do homem (doente ou não) com o animal. Este relacionamento reflete a problemática entre o homem que se esforça para firmar-se na condição humana, e o animal existente nele próprio. Relacionamento difícil, de luta, sacrifício, confronto, amizade, desenvolvido ordinariamente numa trama complexa de projeções e identificações.

Em representações antigas de Mithra matando o touro, a arte oferece exemplo impressionante de sacrifício da instintividade pelo herói. "O animal equivale a uma parte do herói. Sacrificando o animal, o herói renuncia aos próprios instintos. Sua participação interna no ato sacrifical tem perfeita expressão na fisionomia angustiada extática de Mithra matando o touro"[58].

Esta temática aparece em representações plásticas de esquizofrênicos, revelando que o impulso ao sacrifício poderá originar-se de luta de opostos no interior do inconsciente.

---

56. LEVINSON, B. *Pets and Human Development.* USA: Thomas, 1972.

57. CORSON, S. et al. *Pet-Facilitated Psychotherapy.* USA: Ohio State University, 1974.

58. JUNG, C.G. *C.W.,* 5, p. 427.

Sacrifício do bode, pintura de um homem (fig. 39). O bode é identificado aos excessos sexuais, à luxúria. Vítima animal e sacrificador são aspectos do próprio indivíduo.

Figura 39
Octávio Ignácio, 03/06/1970, lápis de cera e grafite sobre papel, 31,0 x 45,0cm.

Sacrifício do boi, por mulheres, pintura de uma mulher (fig. 40). Sacrificadoras e vítima estão pintadas do mesmo vermelho vivo, indicando que o ritual será sangrento e que vítima e imoladoras se identificam. Religiões antigas realizavam sacrifícios semelhantes em honra da Grande Mãe.

A sabedoria egípcia "aceita o homem sem rejeitar o animal. Nas representações de deuses semi-humanos, a teologia egípcia dá o primeiro grande exemplo de conciliação do inconciliável. E os artistas realizaram a tarefa que esta concepção impunha com uma virtuosidade admirável"[59].

Estamos longe de atingir este nível de evolução alcançado pela civilização egípcia. O cristianismo, na ânsia de depurar o espírito das componentes animais intrínsecas ao homem, provoca incessantes sofrimentos para o próprio homem e aceita o massacre dos animais, sem sobressaltos conscientes de culpa. Mas o desprezo pelo animal no mundo externo tem outra face na

59. MORENZ, S. La Religion Egyptienne. Paris: Payot, 1962, p. 43.

Figura 40
Adelina Gomes, 20/05/1953, óleo sobre tela, 38,2 x 45,6cm.

profundeza do mundo interno, que pode ser vista sob a lupa amplificadora da patologia.

A psiquiatria clássica descreveu o fenômeno da transformação em animal. Bleuler refere o caso de um catatônico que se dizia rã e outro, cão. Nos dois casos, diz Bleuler, "a significação do delírio é óbvia: depreciação da personalidade"[60]. Segundo a experiência de Bleuler, a presença de animais em alucinações e delírios tem frequente conotação sexual. E frisa que esses animais são *sentidos* no interior do corpo mais do que vistos alucinatoriamente[61].

Renée (*Diário de uma esquizofrênica*) vivencia com terror a metamorfose em animal: "Cada vez mais eu me sentia culpada, e criminosa, e meu castigo consistia na transformação de minhas mãos em patas de gato. Eu tinha um medo atroz de minhas mãos e sentia que dentro em pouco me transformaria

60. BLEULER, E. *Dementia Praecox.* Nova York: IUP, 1950, p. 124.

61. Ibid., p. 104.

num gato faminto, rondando nos cemitérios e obrigada a devorar restos de cadáveres em decomposição"[62].

Muito mais que palavras faladas aos tropeços no consultório, na hipótese de serem proferidas dada a dificuldade de verbalização de tais experiências e o habitual pouco interesse do psiquiatra em ouvi-las, as imagens pintadas revelam quão profundamente pode o indivíduo vivenciar em si próprio a forte presença do animal. Eis uma imagem pintada por uma mulher. O corpo ainda é humano, mas a cabeça é de gato (fig. 41).

Figura 41
Adelina Gomes, década de 1970, óleo sobre papel, 50,0 x 30,0cm.

Também acontecem projeções, identificações, simbolizações, envolvendo o mundo vegetal.

Na prática da terapêutica ocupacional, a jardinagem é indicada por seus benéficos efeitos somáticos e psíquicos. Mas o importante será que o jardineiro ame seu trabalho, ame suas plantas. O princípio que rege a jardinagem como atividade terapêutica é o estabelecimento de uma relação afetiva entre o homem e as plantas. Elas ali estão, dependentes dele, crescendo e florescendo com sua ajuda. Vi muitos doentes preocupados porque aos sábados e domingos não podiam vir regá-las. À semelhança do que ocorre com o animal, o relacionamento com a planta poderá tornar-se um ponto de apoio e de partida para a retomada de contato com o mundo real. Assim, já aconteceu que uma roseira funcionasse como coterapeuta.

---

62. SECHEHAYE, M.A. *Journal d'une Schizophrène.* Paris: PUF, 1950, p. 63.

Carlos amava não somente os animais, amava também as plantas.

Certo dia o surpreendi revolvendo uma lata de lixo.

– Que é que você está fazendo, Carlos? Você está sujando as mãos.

Ele resmungou, irritado, palavras ininteligíveis. Logo verifiquei que Carlos catava, entre os detritos, sementes de laranja e as separava cuidadosamente.

Continuei a observá-lo, agora em silêncio. Então ele se voltou para mim e disse com a mais clara nitidez, em voz alta e veemente:

– Sementes jogadas na lata do lixo! As sementes são pra ser plantadas!

3
A psicologia da esquizofrenia segundo C.G. Jung

A psiquiatria foi o ponto de partida de C.G. Jung. E permaneceu objeto constante de suas cogitações. Com efeito, aos 32 anos publicou um livro com o significativo título de *A Psicologia da Demência Precoce* (1907) e um de seus últimos trabalhos foi apreciação em conjunto sobre a *Esquizofrenia* (1957), quando contava 82 anos. Entre estes dois marcos capitais distribuem-se numerosos estudos referentes à esquizofrenia, que se acham reunidos no 3º volume de suas *Obras Completas*[63].

Jung concluiu o curso médico na Universidade da Basileia, em 1900. No mesmo ano, dia 10 de dezembro, vem ocupar o posto de segundo assistente no hospital psiquiátrico de Zurique, o famoso Burghölzli, cujo diretor era Eugen Bleuler. Já em 1902 era promovido a primeiro assistente e, em 1905, assumia o cargo de chefe de clínica, posição imediatamente abaixo de Bleuler na hierarquia hospitalar. Jung tinha então 30 anos.

Todos sabem que o Burghölzli de Zurique, no início do século, foi o lugar onde se processou extraordinária renovação da psiquiatria. Nessa época, Bleuler estava elaborando as novas ideias que viriam substituir o conceito kraepeliniano de demência precoce pelo conceito de esquizofrenia.

No prefácio de sua monografia *Dementia Praecox ou o grupo das esquizofrenias* (1911), Bleuler escreve: "Desejo agradecer a meus colaboradores no Burghölzli, dos quais menciono apenas Riklin, Abraham, e particularmente Jung"[64].

---

63. JUNG, C.G. *C.W.*, 3.

64. BLEULER, E. *Dementia Praecox or the Group of Schizophrenias*. Nova York: IUP, 1950, p. 2.

Bleuler não se contentava com a descrição dos sintomas. Quis dar à psiquiatria uma base psicológica, do mesmo modo que a medicina interna tinha seus fundamentos na fisiologia, no normal funcionamento dos órgãos do corpo. Com esta intenção recorreu ao *associacionismo*, teoria que então dominava a psicologia. De acordo com o pensamento que prevalecia na época, Bleuler escreve: "Toda a existência psíquica do passado e do presente com todas as suas experiências e lutas reflete-se na atividade associativa"[65]. Compreende-se, portanto, que as pesquisas referentes às associações de ideias fossem muito importantes no Burghölzli. O jovem Jung lançou-se com entusiasmo nesse campo de experimentação. Shatzki, no prefácio à tradução inglesa do *Manual de Psiquiatria de Bleuler*, diz: "Com a ajuda de Jung, Bleuler descobriu que o distúrbio comum (presente nas diversas formas clínicas da demência precoce) é a dissociação psíquica, daí o nome de esquizofrenia"[66].

Mas Jung jamais seria o mero executante de um teste já estabelecido pela psicologia clássica, com o objetivo de investigar as conexões entre as ideias (conexões por contiguidade, semelhança, contraste, assonância etc.).

Durante o curso da experiência aconteciam vários imprevistos: o tempo de reação variava, o examinando hesitava, ria, corava, transpirava. Essas perturbações, que haviam sido desprezadas pelos psicólogos anteriores como ocorrências incômodas, atraíram particularmente a atenção de Jung. Ele havia lido a *Interpretação dos sonhos*, de Freud, publicado em 1900. Seu espírito estava alerta. Apreendeu o que acontecia: as perturbações manifestadas no curso das experiências de associações indicavam que a palavra indutora havia atingido algum conteúdo afetivo oculto no íntimo do examinando, isto é, no inconsciente. Esses conteúdos seriam "complexos de ideias dotadas de forte carga afetiva". Jung denominou-os "complexos afetivos" ou, simplesmente, "complexos". No decorrer dos anos 1905 e 1906 Jung escreveu vários trabalhos sobre suas pesquisas nesse campo, inclusive *Psicanálise e experiências associativas*, no qual ilustra a conexão da psicanálise com as experiências associativas por meio de exemplos práticos[67]. Ficava demonstrada a possibilidade do in-

---

65. Apud BRILL, A.A. *Freud's Contribution to Psychiatry*. Nova York: Norton, 1944, p. 31.

66. BLEULER, E. *Textbook of Psychiatry*. Nova York: Dover: 1951, p. XIV.

67. JUNG, C.G. *C.W.*, 2, p. 288.

consciente ser explorado experimentalmente. Esta foi a primeira contribuição de Jung à psiquiatria.

Em 1907 aparece o livro *Psicologia da Demência Precoce*[68], onde se unem observação clínica e experimentação. Nesta obra é defendida pela primeira vez a tese de que, na demência precoce (esquizofrenia), todos os sintomas poderão ser compreendidos psicologicamente. Apesar de absurdos, incongruentes, os delírios encerram significações e também os neologismos, gestos, estereotipias, não são vazios de sentido.

Jung introduziu na psiquiatria as ideias de Freud referentes à interpretação dos sonhos, atos falhos e sintomas neuróticos. Aplicou-as à decifração dos desconexos delírios dos esquizofrênicos. "O método de Freud da análise e da interpretação dos sonhos trouxe-me grande luz para compreender as formas de expressão esquizofrênicas"[69].

Shakespeare já sabia que os delírios têm sentido. Aludindo aos desvairados discursos de *Hamlet*, Polonius diz: "Desvario sim, mas tem seu método" (*Hamlet*, ato II, cena ii). Mas naturalmente os homens de ciência nunca escutam os poetas. E no começo do século resistiam, como ainda hoje, na maioria, resistem em admitir base psicológica para as psicoses.

Jung assumiu a tarefa nada fácil de abrir os caminhos da psiquiatria interpretativa. Na primeira fase de seu trabalho usou, ao lado da observação clínica, o método experimental das associações. A princípio a pesquisa associativa parecia impraticável com os esquizofrênicos. Mas Jung não se deu por vencido. Recorreu a um estratagema: passou a empregar como palavras indutoras precisamente os neologismos e as estereotipias verbais dos doentes. Graças a este hábil recurso e a um labor infinitamente paciente, conseguiu encontrar a significação de expressões delirantes tais como: eu sou a Lorelei, eu sou a chave-mestra, eu sou o monopólio etc., num caso de esquizofrenia paranoide (caso Babette). A.A. Brill, freudiano ortodoxo, tradutor da edição inglesa de *Psicologia da Demência Precoce,* classifica este livro "pedra angular da moderna psiquiatria interpretativa"[70].

---

68. JUNG, C.G. *C.W.*, 3, p. 3.

69. JUNG, C.G. *Memories. Dreams, Reflections*. Nova York: Pantheon Books, 1963, p. 146.

70. JUNG, C.G. *The Psychology of Dementia Praecox*. USA: [s.e.], 1936 [Trad. e introdução de A.A. Brill] [Nervous and Mental Monographs].

No *Conteúdo das psicoses* (1908), Jung continua focalizando a esquizo-frenia do ponto de vista psicológico. As experiências associativas não ha-viam apreendido somente fenômenos de dissociação do pensamento, haviam também – e principalmente – permitido desvendar o conteúdo afetivo das ideias delirantes.

Bleuler aceitou os achados de Jung, chegando a afirmar: "Encontramos por trás de muitos dos sintomas individuais, desejos e medos, impulsos e os obstáculos para realizá-los"[71]. "A principal diferença entre nós [diz Jung] resi-de na questão de admitir se os distúrbios psicológicos devem ser considerados primários ou secundários em relação a fatores orgânicos"[72].

Já em *Psicologia da Demência Precoce e Conteúdo das psicoses* ressaltam características marcantes do pensamento junguiano quanto à vida psíquica em geral. Se Jung dá o máximo de esforço para desvendar as significações encerradas nos desafiantes sintomas da esquizofrenia, não o faz só por curio-sidade científica. Ao mesmo tempo acentua que as múltiplas manifestações da doença se originam de atividades psíquicas comuns a todos os seres humanos, apenas liberadas de freios e formuladas sob forma simbólica na loucura.

Na última página de *Conteúdo das psicoses* escreve: "Nós, pessoas sadias, com os dois pés na realidade, vemos somente a ruína do doente *neste* mundo, mas não enxergamos as riquezas da face da psique voltada para o outro lado". E adiante, continua: "Embora estejamos ainda longe de conseguir explicar to-dos os entrincamentos daquele mundo obscuro, podemos afirmar com segu-rança completa que na demência precoce não existe sintoma algum sem base psicológica, sem significação. Mesmo as coisas mais absurdas são símbolos de pensamentos não só compreensíveis em termos humanos, mas que habitam também o íntimo de todos nós. Na loucura nada se descobre de novo e des-conhecido: estamos olhando os fundamentos de nosso próprio ser, a matriz dos problemas nos quais nos achamos todos engajados"[73]. Se esta posição fos-se aceita pela psiquiatria, evidentemente daí decorreriam mudanças totais na relação médico-psicótico e o tratamento psiquiátrico tomaria novos rumos.

---

71. BLEULER, E. *Dementia Praecox or the group of Schizophrenias*. Nova York: IUP, 1950, p. 392.

72. JUNG, C.G. *C.W.*, 3, p. 155.

73. Ibid., p. 178.

Logo nos seus primeiros escritos Jung levanta questões que desenvolverá em trabalhos posteriores e até hoje permanecem atuais:

a) *A questão sempre discutida da causa da esquizofrenia:* desde o princípio do século Jung inclinou-se pela gênese psicológica dessa doença. Eis um texto publicado em 1907: "Quanto mais examinamos os sintomas mais se torna patente que foi a partir de um forte afeto que os distúrbios iniciais se desenvolveram"[74]. Entretanto tem dúvidas em afirmar que a causa psicológica seja única e absoluta[75]. Seria admissível a presença de uma toxina resultante de fenômenos de desintegração orgânica provocados pelo impacto de emoções[76]. O problema não permite solução unilateral, pois tanto é possível a existência de um processo subjacente de natureza tóxica, quanto é clara em muitos casos a motivação psicológica[77]. No seu último trabalho sobre a esquizofrenia (1957), escreve: "Agora, depois de longa experiência clínica, decido sustentar o ponto de vista de que a causa psicológica é mais provável que a causa tóxica"[78].

Intensas, avassaladoras cargas afetivas seriam os fatores causais. "O afeto nem sempre transparece no exterior sob forma dramática, mas de preferência segue interiormente curso invisível ao observador"[79]. No seu caminho oculto vai abrindo fendas, vai tomando posse do consciente, desestruturando a personalidade.

b) *A importância das funções do ego* foi ressaltada desde 1907. Graves perturbações da capacidade de síntese do ego caracterizam a demência precoce (esquizofrenia). "Desmonta-se a hierarquia psíquica e poderosos complexos autônomos escapam ao controle do ego"[80]. Em texto de 1939, diz: "O verdadeiro distúrbio começa com a desintegração da personalidade e desinvestimento do complexo do ego de sua habitual supremacia"[81].

---

74. Ibid., p. 97.

75. Ibid., p. 245.

76. Ibid., p. 253.

77. Ibid., p. 255.

78. Ibid., p. 264.

79. Ibid., p. 268.

80. Ibid., p. 74.

81. Ibid., p. 240.

Nas neuroses, a unidade do ego mantém-se pelo menos parcialmente, enquanto na esquizofrenia o ego fragmenta-se como "um espelho partido em estilhaços"[82]. A personalidade consciente, centrada no ego, sucumbe ao assalto das forças do inconsciente.

Pode-se perguntar se a dissociação da personalidade é motivada pela fraqueza do ego ou pela excessiva impetuosidade do ataque dos conteúdos que emergem do inconsciente. "Concordo em distinguir dois grupos de esquizofrenia: um, com fraco consciente, e outro com forte inconsciente"[83]. A última hipótese, diz Jung, é a mais provável[84].

Seja devido a pressões externas ou internas, ou a ambas simultaneamente, o afogamento do consciente pela irrupção do inconsciente resulta no colapso do ego. E é este fenômeno que caracteriza a esquizofrenia.

c) *A questão do tratamento psicológico da esquizofrenia*: "Há cerca de cinquenta anos [escrito em 1957] fiquei convencido, através da experiência clínica, que os distúrbios esquizofrênicos podem ser tratados e curados por meios psicológicos"[85].

A psicoterapia das psicoses é posta em dúvida ainda hoje, ou mesmo negada pela grande maioria dos psiquiatras. Basta lembrar que Freud traça limites bem demarcados entre as neuroses de transferência (histeria, neurose obsessiva) e as neuroses narcisistas (esquizofrenia, paranoia, melancolia). A característica das neuroses narcisistas, ou seja, das psicoses, é a retração da libido que abandona os objetos e volta-se para o ego. Em tais condições não se estabelece a transferência e, portanto, as neuroses narcisistas seriam muito pouco acessíveis à terapia analítica. Só muito mais tarde, se não me engano na década dos 30, aparecem os pioneiros do tratamento psicanalítico dos psicóticos.

Quando Jung deixou o hospital psiquiátrico Burghölzli em 1909, "receava perder contato com a esquizofrenia. Mas, ao contrário, foi somente então que, apesar de minhas apreensões e para minha grande surpresa, entrei em real

---

82. Ibid., p. 235.
83. Ibid., p. 244.
84. Ibid., p. 261.
85. Ibid., p. 258.

contato com essa doença"[86]. Jung encontrou na clínica privada número inesperado de formas latentes de esquizofrenia. Nesses casos não se tratava apenas de condições esquizoides, "mas de genuínas psicoses que ainda não haviam solapado definitivamente a atividade compensatória do consciente"[87].

A atitude de Jung era tratar os casos de esquizofrenia como se fossem psicógenos e curáveis por meios exclusivamente psicológicos. "Quando você realiza um trabalho pioneiro, terá de ser capaz de dar crédito a suas próprias intuições e segui-las mesmo correndo o risco de errar. Fazer um diagnóstico exato e menear a cabeça gravemente face a um mau prognóstico é o aspecto menos importante da arte médica. Isso poderá mesmo paralisar seu entusiasmo e em psicoterapia o entusiasmo é o segredo do sucesso"[88].

Quanto a seu método psicoterápico com os psicóticos, Jung não indica roteiros nem regras técnicas. Esse difícil trabalho terá de ser criado a cada instante, em cada caso, de acordo com as situações que se apresentem.

O aprofundamento da observação clínica revelou que não eram unicamente representações ligadas à história pessoal, carregadas da densidade de desejos, decepções e esperanças que constituíam o conteúdo dos delírios e alucinações dos esquizofrênicos. Jung se perguntava "de qual estrato psíquico originavam-se as ideias imensamente impressionantes encontradas na esquizofrenia"[89].

Desde o início de seu trabalho no Burghölzli este fenômeno polarizou sua atenção. Um esquizofrênico lhe perguntou se não estava vendo o pênis do sol mover-se de um lado para o outro. Jovem catatônica desenvolvia, no seu delírio, o tema mítico da vida na lua, onde ela desempenhava o papel de salvador feminino para o povo lunar. Rapaz via no fundo de um rio a imagem alucinatória de pares de estrelas que seriam pares de amantes enlaçados, descendo às águas.

Partindo dessas e de muitas outras observações psiquiátricas, Jung chegou à formulação do conceito de inconsciente coletivo. "Foi a frequente reversão, na esquizofrenia, a formas arcaicas de representação, que me fez primeiro pen-

---

86. Ibid.

87. Ibid.

88. Ibid., p. 248.

89. JUNG, C.G. *Letters*. Vol. I. Londres: Routledge & Kegan Paul, 1973, p. 562.

sar na existência de um inconsciente não apenas constituído de elementos originariamente conscientes, que tivessem sido perdidos, porém possuindo um estrato mais profundo, de caráter universal, estruturado por conteúdos tais como os motivos mitológicos típicos da imaginação de todos os homens"[90].

Jung constantemente acentua que é a problemática pessoal a causa reativadora das respostas arcaicas correspondentes a situações semelhantes já vividas pela humanidade, condensadas nos motivos mitológicos. Esses motivos ou temas apresentam-se na esquizofrenia fragmentariamente. "Há um aparente caos de visões, vozes e figurações incoerentes, todos de natureza assustadoramente estranha e incompreensível"[91]. Baseado no lidar com os doentes, detalha os acontecimentos intrapsíquicos que caracterizam a psicose. Os indivíduos ficam possuídos por pensamentos monstruosos, o mundo parece totalmente transformado, as pessoas que os cercam apresentam faces horríveis e distorcidas. Sentem-se sob a influência de enfeitiçamentos, pois tudo isso lhes parece provir do exterior, ao contrário dos conteúdos do inconsciente pessoal que são sentidos como pertencentes ao próprio indivíduo[92]. Os conteúdos do inconsciente coletivo possuem extraordinária carga energética de efeitos desintegrativos. A colisão de arquétipos opostos faz "recomeçar a guerra dos deuses, a guerra dos Titãs"[93].

Não se espere, portanto, encontrar os temas míticos tais como os admiramos depois de polidos nas narrações de sacerdotes e poetas. Será preciso estar de antenas ligadas para reconhecê-los. Isso exigirá do pesquisador leituras mais amplas, além dos tratados de psiquiatria. Será preciso conhecer mitologia, história das religiões, história da civilização e da filosofia, psicologia dos primitivos. "Tudo isso faz hoje parte do equipamento do psicoterapeuta"[94].

No dia 14 de junho de 1957 tive a feliz oportunidade de ser recebida por C.G. Jung na sua residência de Kusnacht. Sentada diante do mestre no seu gabinete de trabalho, junto à larga janela com vista sobre o lago, falei-lhe do

---

90. JUNG, C.G. *C.W.,* 3, p. 261.

91. Ibid., p. 235-236.

92. Ibid., 8, p. 311-312.

93. von FRANZ, M.-L. *Creation Myths.* [s.l.]: Spring, 1972, p. 108.

94. JUNG, C.G. *C.W.,* 3, p. 267.

desejo de aprofundar meu trabalho no hospital psiquiátrico, de minhas dificuldades de autodidata. Ele me ouvia muito atento. Perguntou-me de repente:

– Você estuda mitologia?

Não, eu não estudava mitologia.

– Pois se você não conhecer mitologia nunca entenderá os delírios de seus doentes, nem penetrará na significação das imagens que eles desenhem ou pintem. Os mitos são manifestações originais da estrutura básica da psique. Por isso seu estudo deveria ser matéria fundamental para a prática psiquiátrica.

De volta ao trabalho no hospital de Engenho de Dentro, para minha grande surpresa, defrontei-me logo com o caso clínico de uma mulher que estava revivendo o tema mítico da ninfa grega Dafne (cap. 7).

A partir daí verifiquei pela experiência quanto Jung tinha razão. A mitologia não era estudo para diletantismo de eruditos. Era um instrumento de trabalho de uso cotidiano indispensável na prática psiquiátrica.

Jung desejou intensamente ver suas ideias aplicadas à psiquiatria. Não teve esta satisfação. Mesmo a literatura junguiana, tão rica em profundos estudos sobre diversos assuntos psicológicos e em trabalhos referentes à neurose, deixou o campo da psiquiatria quase inexplorado.

Assim, foi com muito calor que Jung acolheu o livro de John Weir Perry – *The Self in psychotic process* – onde é estudado um caso de esquizofrenia que, através das fantasias e pinturas da doente, revela um processo significativo em evolução no inconsciente[95].

Jung escreveu o prefácio para este livro. Começa relembrando suas dificuldades quando jovem: "Desde os primeiros anos de trabalho no hospital psiquiátrico, compreendi que a coisa que me fazia falta era uma verdadeira *psicopatologia*, uma ciência que mostrasse aquilo que estava acontecendo na psique durante a psicose"[96]. Esta ciência, que permite acesso ao mundo interno do psicótico em extensão e profundeza, foi de fato criada por Jung. Mas a psiquiatria não a aceitou ou não a entendeu. Salvo raras explorações da feno-

---

95. PERRY, J.W. *The Self in Psychotic Process*. [s.l.]: University of California Press, 1953.

96. JUNG, C.G. *Letters*. Vol. 11. Nova Jersey: Princeton University Press, 1975, p. 107-108.

menologia e da análise existencial, a psiquiatria continuou a mover-se na escala reduzida de variantes do organicismo, dentro do espírito de nossa época.

O livro de Perry era uma exceção. O manuscrito do prefácio para este livro foi enviado junto com uma carta ainda mais reveladora de quanto Jung valorizava as pesquisas psiquiátricas. "O estudo de casos semelhantes é realmente indispensável e eu vivamente espero que seu trabalho seja o começo de numerosas outras pesquisas. A psiquiatria necessita muito do estudo de material clínico semelhante, que também seria de alto valor para o psicólogo, pois nós todos conhecemos diversos casos isolados, mas não temos uma visão geral que permita a compreensão psicológica da esquizofrenia. Penso que seria uma boa ideia iniciar a pesquisa de casos clínicos em vários lugares com numerosos colaboradores, coisa que sempre me faltou na Europa. Você poderia lançar uma revista dedicada exclusivamente à psicologia da esquizofrenia a fim de publicar pesquisas sobre casos clínicos. Isso seria trabalho muito meritório e poderia constituir a base para uma verdadeira psicopatologia, ciência que ainda não foi criada"[97].

Não sei se esta revista sonhada por Jung jamais existiu. Mas Perry continuou suas pesquisas na área da clínica psiquiátrica. Em 1974 publicou o livro *The Far Side of Madness,* e, em 1976, *Roots of renewal in myth and Madness*, importantes obras sobre a psicologia da esquizofrenia, do ponto de vista junguiano[98].

A atenção concedida por Jung às fotos de mandalas que lhe enviei em 1954, segundo foi contado no capítulo anterior, sua aquiescência em abrir a exposição de imagens pintadas por esquizofrênicos brasileiros, sua demorada visita a esta exposição (II Congresso Internacional de Psiquiatria, Zurique, 1957), são provas confirmadoras de seu permanente interesse pela psiquiatria.

No hospital de Engenho de Dentro podem ser comprovadas as afirmações de C.G. Jung, acima referidas, sobre a esquizofrenia.

De fato, na história clínica de todos os doentes mencionados neste livro foi encontrada a presença de intensos afetos como ponto de partida para os distúrbios iniciais: – seja o impacto de violentas emoções que atinjam o indivíduo

---

97. Ibid., p. 107-108.

98. PERRY, J.W. *The Far Side of Madness.* Nova Jersey: Prentice Hall, 1974. • *Roots of renewal in myth and Madness*. Londres: Jossey-Bass, 1976.

como um raio; – seja a vivência de situações existenciais extremas, o sentir--se acuado face à opressão do mundo externo, ansiedade e humilhação por sentir-se incapaz para assumir responsabilidades que lhe são impostas, conflito entre exigências sociais e pulsões internas; – seja a tensão intrapsíquica originada pela ruminação de sentimentos de frustração, de ter sido preterido por outro, bem assim o remoer de problemas que representem questões vitais para o indivíduo. A onda montante de afetos quando atinge clímax intolerável, sobretudo quando irrompe em indivíduos profundamente feridos na imagem que fazem de si mesmos, acaba por provocar fenômenos graves de cisão psíquica.

Igualmente o estudo desses casos clínicos mostrou que o verdadeiro distúrbio na esquizofrenia reside no colapso do ego e na invasão do campo do consciente pelos conteúdos do inconsciente. Este fenômeno varia em graus diferentes segundo seja o ego mais fraco ou o inconsciente mais forte. É o que as imagens reunidas neste livro confirmam. Na pintura de Fernando, por exemplo, raramente se manifestam conteúdos vindos dos profundos estratos do inconsciente, mas são patentes os fenômenos de fraqueza do ego, evidenciados na perda da capacidade para configurações estruturadas de acordo com as usuais relações entre os objetos (cf. cap. 1).

O mais frequente nas psicoses, porém, é que se revele a força do inconsciente. Assim, nas imagens pintadas pelos demais autores estudados neste livro, a invasão do campo do consciente por conteúdos do inconsciente coletivo, como compensação ou respostas arcaicas ao drama vivido no presente pelo indivíduo, impõe-se incontestável. Os motivos míticos constituem quase toda a temática de seus delírios e das imagens pintadas que por assim dizer os tornam visíveis.

Jung afirma que a esquizofrenia poderá ser tratada e mesmo curada por meios psicológicos. Mas logo acrescenta que não usa roteiros preestabelecidos nem regras técnicas no seu trabalho psicoterápico. Diante de tal ampla abertura poder-se-á perguntar: Por que a terapêutica ocupacional, adequadamente orientada, não teria um papel a desempenhar, no tratamento de esquizofrênicos como modalidade de psicoterapia? Este método, se utilizado com intenção psicoterápica, seria mesmo o mais viável para aplicação individualizada nos hospitais públicos sempre superpovoados. Por este caminho, a experiência em Engenho de Dentro demonstra as possibilidades da terapêutica ocupacional tanto no campo da pesquisa quanto na prática do tratamento psicológico.

Não conheço na literatura junguiana estudos especiais sobre terapêutica ocupacional. Jung apenas se refere de passagem à terapêutica ocupacional, em escritos psiquiátricos, assinalando que a terapêutica ativa modifica favoravelmente o ambiente hospitalar e é útil mesmo em casos muito graves. "Os resultados da terapêutica ocupacional nos hospitais psiquiátricos evidenciam que mesmo casos considerados perdidos podem ser enormemente melhorados"[99].

Entretanto a psicoterapia de Jung está intimamente impregnada de atividade. E parece-me que a terapêutica ocupacional aí encontrará inspiração para um trabalho mais profundo e mais eficaz que em qualquer outra teoria psicológica.

Se o ego não tiver sofrido sérias danificações (casos menos graves de esquizofrenia, neurose), a teoria junguiana das quatro funções de orientação do consciente no mundo exterior poderá ter larga aplicação em terapêutica ocupacional. Essas funções (sensação, pensamento, sentimento e intuição) serão introvertidas ou extrovertidas segundo o tipo psicológico do indivíduo. De ordinário uma só dessas funções, a função principal, é constantemente exercitada. Utilizá-la é mais fácil para o indivíduo e assim cada vez mais essa função diferencia-se em detrimento das três outras. A função inferior, tanto mais desprezada, mais se esquiva ao manuseio do consciente; suas reações intempestivas manifestam-se em comportamentos inadequados.

Segundo Jung, graus de atividade muito diferentes dessas funções podem originar perturbações neuróticas. Há mesmo o perigo, quando uma delas permanece sempre não utilizada, que se ponha autonomamente em movimento e venha a perder-se no inconsciente, despertando anormal atividade de seus conteúdos[100].

O exercício de atividades ocupacionais, escolhidas intencionalmente, viria solicitar o uso de cada uma das quatro funções e especialmente estimularia a função inferior, conforme o tipo psicológico.

É óbvio que esse critério de indicações ocupacionais seria aplicável apenas a doentes que mantivessem relativamente o ego bem conservado.

Um dos conceitos básicos da psicologia junguiana é ver estreita correspondência entre as disposições herdadas para configurar imagens (arquétipos) e

---

99. JUNG, C.G. *C.W.*, 3, p. 248.

100. JUNG, C.G. *L'Homme à la Decouverte de son Âme*. Genebra: Mont Blanc, 1950, p. 89.

as disposições herdadas para a ação (instintos). "A prova mais demonstrativa dessa afirmação é encontrada na psicopatologia dos distúrbios mentais que se caracterizam pela irrupção do inconsciente coletivo. É o que acontece na esquizofrenia, em cujos sintomas podemos observar frequentemente a emergência de impulsos arcaicos em conjunção com inegáveis imagens mitológicas"[101].

É principalmente no ensaio *Sobre a natureza da psique* que Jung estuda em maior profundeza a correlação entre arquétipos e instintos, pois, diz ele, não há instintos amorfos, cada instinto desenvolvendo sua ação de acordo com a imagem típica que lhe corresponde. Esses esquemas de funcionamento são muito evidentes nos animais. No homem as coisas se complicam, dada a intervenção da consciência.

Jung descreve o recurso que utilizou para apreender essas imagens-instinto. Tomando como ponto de partida uma imagem de sonho ou fantasia, solicitava seu analisando a desenvolver livremente o tema trazido pela imagem. Isso poderia ser feito de maneiras diversas, pela dramatização, diálogo, escrita, visualização, dança, pintura, desenho, modelagem. Através desse método, onde se conjugam *imagem e ação*, Jung descobriu o desdobramento de um processo inconsciente – o processo de individuação, que é o próprio eixo de sua psicologia[102].

Evidentemente, quando se trata de psicóticos tudo se apresenta mais complicado. Imagens e correspondentes impulsos arcaicos invadem o consciente de maneira abrupta e caótica. Entretanto, apesar de se apresentarem em estado bruto, fragmentadas, desordenadas, não diferem na essência daqueles conteúdos sobre os quais o indivíduo normal ou o neurótico são capazes de um trabalho de confrontação. Baseada na experiência, não direi que o psicótico seja inexoravelmente incapaz de alguma forma de trabalho sobre o material arcaico invasor. Séries de pinturas pertencentes ao acervo do Museu de Imagens do Inconsciente dão testemunho dessa possibilidade.

A psicoterapia junguiana tem por meta não só a dissolução de conflitos interpessoais, mas favorecer o desenvolvimento das "sementes criativas" inerentes ao indivíduo doente. E é justamente em atividades feitas com as mãos

---

101. JUNG, C.O. *C.W.*, 8, p. 138.
102. Ibid., p. 201-202.

que, com bastante frequência, se revela a vida dessas "sementes criativas". Jung escreve: "Se houver alto grau de crispação do consciente, muitas vezes só as mãos são capazes de fantasia"[103].

Parece-me que a psicoterapia concede ainda muito pouco valor à ação orientada com objetivo terapêutico. Despreza um belo campo de pesquisa.

Aplicando à terapêutica ocupacional as descobertas de Jung abrem-se novas perspectivas para este método. O exercício de atividades poderá enriquecer-se de importante significação. Compreender-se-á o valor terapêutico que virá adquirir, na esquizofrenia, a proposta, ao doente, de atividades já vivenciadas e utilizadas pelo homem primitivo para exprimir suas violentas emoções.

Em vez dos impulsos arcaicos exteriorizarem-se desabridamente, lhe ofereceremos o declive que a espécie humana sulcou durante milênios para exprimi-los: dança, representações mímicas, pintura, modelagem, música. Será o mais simples e o mais eficaz.

A comunicação com o esquizofrênico, nos casos graves, terá um mínimo de probabilidades de êxito se for iniciada no nível verbal de nossas ordinárias relações interpessoais. Isso só ocorrerá quando o processo de cura já se achar bastante adiantado. Será preciso partir do nível não verbal. É aí que se insere a terapêutica ocupacional, oferecendo atividades que permitam a expressão de vivências não verbalizáveis por aquele que se acha mergulhado na profundeza do inconsciente, isto é, no mundo arcaico de pensamentos, emoções e impulsos fora do alcance das elaborações da razão e da palavra.

103. Ibid., 13, p. 17.

4
Mundo externo/mundo interno
Penetração no mundo interno

O encontro da psiquiatria com as ciências sociais é fenômeno característico de nossa época. Área somente frequentada por médicos especialistas, atualmente abre-se em várias direções.

Na história da psiquiatria, o século XIX foi marcado pelo esforço para inserir a loucura na moldura do modelo médico. A preocupação era classificar formas clínicas e descrevê-las minuciosamente.

Um salto dado na segunda metade do século XX foi a contestação de que a *doença mental* possa encaixar-se no modelo médico, que ocorra dentro do organismo. A loucura acontece *entre* os homens, isto é, na sociedade. O louco é o inadaptado à ordem social vigente. E a psiquiatria é acusada de defender a ordem burguesa contra homens que têm uma diferente visão do mundo.

Este enfoque levou a consequências extremas. Quando a inteligência descobre um pedaço de verdade, apega-se a ele de maneira exclusiva, parecendo mesmo que esse é o modo específico de trabalhar da função pensamento se outros instrumentos de busca não vêm juntar-se às suas luzes.

Segundo o novo ponto de vista, a psiquiatria, por assim dizer, dissolve-se no social. Vêm então ocupar o primeiro plano de interesse as pesquisas referentes à família, aos grupos, à sociedade. E sem dúvida seus resultados evidenciam quanto é frequente que o indivíduo se sinta acossado de tal maneira no mundo externo que somente encontre como saída a porta da loucura. Esta porta, porém, se abre para o mundo intrapsíquico. A saída de volta será difícil, e tanto mais difícil devido à não aceitação do mundo interno onde ele agora se debate, não só pelos psiquiatras tradicionais, mas também pela maioria daqueles que os contestam. Laing e outros poucos são exceções.

Por que o pesquisador se deterá apenas no estudo dos acontecimentos cada vez mais agressivamente evidentes dessa nossa época tão conturbada que empurram o indivíduo para a loucura?

Por que se contentará com o registro de sintomas imediatamente acessíveis, isto é, dos fenômenos de desadaptação, de dissociação, de desagregação da personalidade consciente?

Por que desprezará a investigação em profundeza do obscuro mundo intrapsíquico e não tentará descobrir "as riquezas daquele lado da psique que está voltado para longe de nós?"[104]

Antonin Artaud, por exemplo, teve experiência pessoal de internação em hospital psiquiátrico (1937-1946). E sabia que a sociedade impele o indivíduo para a loucura muito antes de que a antipsiquiatria defendesse esta tese. Poucos meses depois de deixar o hospital de Rodez (maio de 1946), visita a exposição de van Gogh apresentada em Paris (janeiro-março de 1947). O encontro de Artaud com van Gogh foi um impacto violento. Escrevendo sobre este seu irmão no gênio e no sofrimento (fevereiro de 1947), Artaud afirma com a veemência que o caracteriza: "[...] não é o homem, mas o mundo que se tornou anormal [...] e a consciência doente tem o maior interesse em não sair de sua doença". "E é assim que uma sociedade tarada inventou a psiquiatria para se defender das investigações de certos indivíduos de lucidez superior, cujas faculdades de percuciência a incomodavam"[105].

Segundo Artaud, van Gogh não se suicidou – *foi suicidado*. O título do ensaio de Artaud sobre van Gogh é precisamente: *Van Gogh, o suicidado da sociedade (1947)*.

Mas Artaud também conhecia o outro lado, as vivências intrapsíquicas da loucura. Bastará lembrar aqui trechos de sua *Carta aos médicos chefes dos asilos de loucos*:

"Quantos dentre os senhores consideram o sonho do demente precoce, as imagens que o avassalam algo mais que uma salada de palavras?" E adiante:

104. JUNG, C.G. *C.W.*, 3, p. 178.
105. ARTAUD, A. *O.C.* 13, p. 13.

"Quando tentarem, sem possuir vocabulário adequado, conversar com estes homens, possam reconhecer que sobre eles os senhores só têm a única superioridade da força"[106].

Decerto o que sobretudo intensamente interessa Jung é a penetração no mundo interno do homem, o confronto com as imagens que a energia psíquica aí configura, a decifração das formas simbólicas.

Mas de maneira alguma isso quer dizer que Jung veja a psique como um sistema encapsulado, seja nas suas camadas pessoais de superfície, seja nos seus estratos mais profundos.

Assim, já em 1909 pesquisava o fenômeno psicológico da constelação familiar, usando o instrumento de experimentação acessível na época – os testes de associação. Aplicou-os em grande número de famílias, encontrando que o tipo de associação e reação é peculiarmente paralelo entre certos membros da família, por exemplo, pai e mãe, ou dois irmãos, ou mãe e filho, quase idênticos no tempo de reação[107].

Entretanto, as investigações de Jung quanto à significação do social vão muito além dessas pesquisas experimentais de superfície.

É curioso que, tendo partido do estudo do indivíduo, na área da psiquiatria, e sem nenhuma preocupação de ordem sociológica (econômica, política), Jung haja chegado empiricamente ao conceito da estruturação da psique a partir de vivências sociais. A exploração em profundeza do mundo interno levou-o à descoberta de disposições inatas para a configuração de imagens e ideias análogas ou semelhantes, carregadas de emoções experimentadas pela humanidade através dos milênios (arquétipos).

As camadas mais profundas do inconsciente dever-se-iam ter estruturado simultânea e inextrincavelmente com as experiências sociais primárias comuns a todos os homens, daí a denominação de inconsciente coletivo que Jung dá a esses estratos básicos da psique.

Enquanto geralmente a psicologia começa com a noção de indivíduo para depois chegar à sociedade, Jung inverte este enfoque, afirma Ira Progroff. "O

---

106. Ibid., 1, 220.
107. JUNG, C.G. *C.W.*, 2, p. 166.

homem é social por sua natureza intrínseca, ele (Jung) diz. A psique humana não pode funcionar sem a cultura e o indivíduo não é possível sem a sociedade. Partindo dessa afirmação básica, Jung livra-se das principais ciladas tão frequentes quando a sociedade é encarada de um ponto de vista psicológico. Ele não traz para o estudo da sociedade interpretações baseadas na análise do homem como um ser individual. Ao contrário, toma como princípio fundamental que toda análise deve partir do fato primário da natureza social do homem"[108].

Do sedimento denso das experiências, imaginações e emoções coletivas é que se destaca vagarosamente o indivíduo único. Impulso instintivo impele cada ser a diferenciar-se do lastro comum de sua espécie. É um processo natural de crescimento também vivido por vegetais e animais. No homem, porém, do inconsciente emerge o consciente em grau e qualidade que talvez lhe sejam peculiares. E o tornam capaz de tomar conhecimento desse processo em desenvolvimento de acordo com o plano específico cujas linhas traz esboçadas desde o nascimento, "doloroso rascunho de si mesmo", nas palavras de Guimarães Rosa.

O fato de Jung haver investigado os labirintos do inconsciente como ninguém ainda tinha feito poderá levar o estudioso desatento à ideia errônea de que o consciente é pouco valorizado na psicologia junguiana. Seria grave engano. Quanto mais profundamente Jung penetrava nas distantes regiões do inconsciente coletivo, mais lhe parecia essencial a função da consciência. Este conceito está presente em toda a sua obra, encontrando-se resumido em belos trechos das *Memórias*.

Narra sua estadia na África (1925), entre os elgonis. Os elgonis adoravam o sol nascente. Neste momento, e só neste momento, o sol é deus. Voltando do coração da África onde habitavam os elgonis, descendo o curso do Nilo até o Egito, defrontou-se na porta sul com a escultura de quatro beduínos venerando o nascer do sol. Foi então que entendeu plenamente o mito de Hórus, símbolo da luz do sol nascente. Este mito, diz Jung, configurou-se depois que o homem, emergindo das obscuridades originais, vivencia a experiência essencial da tomada de consciência[109].

---

108. PROGOFF, I. *Jung's Psychology and its social meaning*. Londres: Kegan Paul, 1953, p. 161.

109. JUNG, C.G. *Memories*, p. 266-274.

Ainda nas *Memórias* conta um sonho de juventude onde se via à noite, em meio a nevoeiro espesso, caminhando devagar contra uma ventania de tempestade e tendo nas mãos pequena lâmpada que a cada instante parecia ir apagar-se. Seguia-o uma enorme e terrificante figura negra. Mesmo no sonho ele sabia que era decisivo proteger a pequena luz, apesar da escuridão, do vento e dos perigos. "Esta pequena chama era minha consciência, a única luz que eu possuo. A compreensão que posso ter das coisas é o único tesouro que possuo, e o maior. Embora infinitamente pequena e frágil, comparada aos poderes da escuridão, é entretanto uma luz, minha única luz"[110].

O confronto com o inconsciente, a tomada de consciência de seus conteúdos é tema constante da psicologia junguiana.

O estudo dos conceitos de neurose e de psicose permite a compreensão dos movimentos *inter* e *intra* psíquicos segundo a psicologia junguiana.

"A neurose [...] não provém de algum recanto escuro do inconsciente, conforme numerosos psicoterapeutas se esforçam por demonstrar ainda em nossos dias; provém da vida, da vida vivida durante anos e décadas por um ser total e mergulha suas raízes tanto na vida individual quanto na vida de todo um grupo, família e mesmo sociedade"[111]. Este texto de Jung é de 1930. Seis anos mais tarde escreve: "Vida privada, etiologias privadas, neuroses privadas, tornam-se quase ficções no mundo de hoje"[112]. E ainda: "A neurose está intimamente ligada aos problemas de nosso tempo. Representa, por assim dizer, uma tentativa malograda do indivíduo para resolver em si próprio o problema geral"[113].

Do ponto de vista da adaptação do indivíduo à sociedade, Jung distingue três grupos de neuroses:

1) Neurose dos seres coletivos, cuja individualidade acha-se insuficientemente desenvolvida. Identificam-se com o desempenho de um papel social. Mas ninguém pode renunciar impunemente a suas genuínas características para aderir à face a máscara pré-fabricada de um ator. A terapêutica trabalharia no sentido da desmassificação dessas pessoas.

---

110. Ibid., p. 88.

111. JUNG, C.G. *C.W.*, 10, p. 159.

112. Ibid., 9, p. 48.

113. JUNG, C.G. *Ame et Vie*, p. 118.

Essa situação corresponderia ao conceito de alienação, segundo Sartre. Tratar-se-ia de pessoas que "são apenas o efeito global dos mecanismos de grupo que obscurecem tudo quanto realmente fazem e por isso mesmo tudo que elas são"[114].

2) Neurose dos seres demasiado individualistas, egoístas, que não conseguem boa convivência com os outros homens e têm dificuldades em lidar com as exigências da vida social. Esses seriam ajudados a encontrar uma posição de membros úteis da sociedade.

3) Há aqueles que realizam adequadamente suas tarefas sociais e mesmo destacam-se no meio onde vivem. Apesar disso reina um persistente mal-estar nas relações desses indivíduos com a sociedade. Em tais casos é muito possível que a neurose signifique imperiosa necessidade de desenvolvimento da personalidade. Se o meio social levanta obstáculos demasiado pesados, cerceamentos estranguladores das necessidades desse crescimento que deveria ser o primeiro dos direitos do homem, a psique poderá responder com sintomas ditos neuróticos, ainda que se trate de pessoa socialmente "realizada" aos olhos da coletividade.

"Nada será mais útil e necessário do que ser um homem normal. Mas na noção de 'homem normal' como no conceito de adaptação está implícita a restrição a uma média que só se afigura desejável àquele que tem dificuldade em lidar com as exigências cotidianas, ao homem, por exemplo, que por neurose é incapaz de uma existência normal. Ser 'normal' é a meta ideal dos fracassados, de todos que se acham ainda abaixo do nível geral de adaptação. Mas, para as pessoas cujas possibilidades vão além da média, para aqueles que nunca encontraram dificuldades em obter sucesso e cumprir sua parte nas tarefas do mundo, a compulsão moral a ser unicamente normal representa o suplício do leito de Procusto, um tédio insuportável, um inferno estéril e sem esperança. Consequentemente, existem tantos neuróticos que estão doentes por terem sido apenas normais quantos neuróticos que ficaram doentes por não terem atingido a normalidade"[115].

---

114. COOPER, D. *Psychiatrie et Antipsychiatrie*. Paris: Seuil, 1967, p. 67.

115. JUNG, C.G. *C.W.*, 16, p. 70.

Quando, sob condições sociais adversas, um grande número de pessoas neurotiza-se, poder-se-ia afirmar que um arquétipo, correlato com a situação externa, foi constelado. Então fenômenos intrapsíquicos muitas vezes desencadeiam-se com tanta força, que vêm produzir efeitos devastadores no mundo externo.

Um exemplo é o nacional-socialismo segundo a análise feita por Jung em 1936. Fatores econômicos e políticos eram insuficientes para explicar todos os espantosos acontecimentos que, a partir de 1934, estavam ocorrendo na Alemanha. É que um elemento intrapsíquico de natureza irracional, uma profunda componente da alma alemã havia sido reativada. Jung personifica esta componente na figura de Wotan, deus arcaico germânico. Revivificado, este fator do inconsciente coletivo apoderou-se do povo alemão. Wotan é o deus das ventanias, das tempestades, é "um ciclone que anula e varre para longe a zona calma onde reina a cultura"[116].

Mundo externo hostil, desagregação da família, falta de amor na infância, condições miseráveis de vida, frustrações repetidas, humilhações, opressão da vida instintiva, de aspirações culturais e espirituais, apertando o indivíduo num anel de ferro, provocam intensas emoções e tentativas malogradas de defesa. A psique não consegue fazer face a todos esses ataques, juntos ou separados, e acaba incapaz de preservar sua integridade. Racha-se, cinde-se. As emoções, que não encontraram forma adequada de expressão, introvertem-se, rasgando sulcos subterrâneos até alcançar a estrutura básica da psique. Essa estrutura, descoberta de Jung, é um tecido vivo de unidades energéticas encerrando disposições inatas para configurar imagens e para ações instintivas (arquétipos). "Quando ocorre situação que corresponde a um dado arquétipo, este arquétipo é ativado e uma compulsão manifesta-se com a força de um impulso instintivo"[117].

Se em qualquer circunstância será praticamente impossível que um só núcleo energético seja mobilizado, nas psicoses é enorme a repercussão sobre toda a rede estrutural básica da psique. Distantes unidades dessa rede serão revivificadas, dificultando muito a apreensão das conexões com os estímulos

116. Ibid., 10, p. 186.

117. Ibid., 9, p. 48.

afetivos iniciais. A falência do ego não permite controle nem sínteses. E, em tumulto, imagens arquetípicas invadem todo o espaço intrapsíquico. Fernando conseguiu verbalizar a vivência dessa invasão: "As imagens tomam a alma da pessoa".

Assim, na esquizofrenia, o mundo de imagens avassala o campo da consciência tendo por consequência a perda da adaptação e do contato com a realidade. A libido está investida no mundo interno, em tão larga extensão e profundeza que "o sonho torna-se para esses pacientes mais real que a realidade externa"[118].

Decerto, mundo externo e mundo interno não se acham separados por fronteiras intransponíveis. Esses dois mundos interpenetram-se em graus diferentes. Isso ocorre a cada instante na vida cotidiana e torna-se particularmente manifesto nas obras de arte, plásticas e literárias.

Um indivíduo poderá mesmo viver paralelamente nos dois planos ou o mundo externo empalidece e distancia-se. A libido o abandona introvertendo-se, vindo animar o "sonho".

Na intenção de atrair nossos doentes do "sonho" para a realidade externa, uma vez por semana, a monitora do atelier de pintura os conduzia a um pequeno morro situado no terreno que cerca o hospital. Ali a natureza é muito bela e árvores acolhedoras dão sombra e frescura. Nesse lugar vários esquizofrênicos espontaneamente pintaram telas inspiradas na paisagem que os cercava, algumas bem próximas da realidade externa acrescida de contribuições subjetivas maiores ou menores. Outros começavam reproduzindo um elemento da natureza, árvore, casa, mas logo desgarravam para o mundo interno, atraídos pelo ímã de suas imagens. Outros mantinham-se alheios à natureza, totalmente voltados para si próprios.

A pintura de Carlos ao ar livre, tanto quanto no atelier, refletia sempre as imagens internas. Certo dia coloquei-me a seu lado e pedi-lhe para pintar a árvore que estava bem próxima de nós. Ele concordou, e silenciosamente reproduziu-a de maneira bastante fiel. Mas logo passou a pintar navios.

– "Carlos, onde você está vendo navios aqui neste morro?", disse eu.

Respondeu-me como se estivesse diante do óbvio:

---

118. Ibid., 4, p. 120.

– "Ora, ora, navios navegando entre as estrelas".

Retirei-me em silêncio.

Na terapêutica ocupacional os monitores procuram estimular as aproximações dos esquizofrênicos com a realidade externa, mas sem forçar esses contatos de modo algum. Nunca foi utilizado no atelier de pintura o método de propor modelos para cópia, elogiado por alguns autores, mas que me parece contraproducente. Não será tão simples a volta à realidade externa. É necessária a convergência de várias condições para que isso possa acontecer.

Deixando de lado a psiquiatria organicista em suas diversas modalidades que situam a loucura dentro do modelo médico clássico, distinguem-se duas posições principais para encarar a condição psicótica:

a) O movimento conhecido pelo nome de antipsiquiatria, que contesta seja a esquizofrenia uma doença enquadrável de acordo com o modelo médico. A esquizofrenia seria uma doença social, resultante do aprisionamento do indivíduo nas malhas de relações interpessoais opressoras, e na invalidação pela sociedade daqueles que não se acomodam passivamente a suas normas.

A reação inicial do indivíduo, face à família e à sociedade determinante de sua reclusão em uma instituição psiquiátrica, é sadia, é uma tentativa de defesa. Ele é cada vez mais empurrado para fora da realidade externa e isso o leva a fugir para o mundo interno. Essa fuga torna-se então um estado patológico, uma doença. Portanto, segundo esse ponto de vista, toda ênfase recai sobre os acontecimentos interpsíquicos na família e na sociedade.

b) Outra posição, também divergente do modelo médico tradicional, ao contrário dá relevo maior na esquizofrenia aos fenômenos intrapsíquicos. Certamente considera importantes as difíceis situações interpessoais que o indivíduo vivencia na família e na sociedade. E, sobretudo, valoriza a intensidade dos abalos emocionais provocados por essas problemáticas na profundeza da psique. Os conteúdos do inconsciente coletivo assim reativados são sempre "material sadio"[119]. Sua mobilização, por mais tumultuada que seja, visa compensar a situação externa adversa, encontrar saída para impasses intoleráveis, embora sob formas arcaicas. Essa é a posição da psicologia junguiana.

---

119. Ibid., 12, p. 33.

Partindo desses conceitos e a eles juntando suas observações de psiquiatra, J.W. Perry elabora sua compreensão da esquizofrenia.

Na sua opinião, "as extensas investigações interpessoais que prevalecem hoje trazem apenas esclarecimento sobre os acontecimentos que levaram o indivíduo à psicose e as condições que poderiam, no ambiente, favorecer seu bem-estar pessoal e a volta ao equilíbrio psíquico. A abordagem intrapsíquica, ao contrário, informa-o sobre o que está acontecendo com ele na condição psicótica. Eu penso que esse espaço interno onde o indivíduo se debate, por mais inconsistente que possa parecer, é um prodigioso cosmos cheio de potencialidades para o enriquecimento e aprofundamento de sua existência emocional"[120].

A doença, sustenta Perry, acha-se na situação pré-psicótica quando se intensificam no indivíduo os sentimentos de não ser amado, de ser culpado, de sentir-se marginalizado. Desencadeia-se então o tumulto inicial do episódio psicótico. A energia psíquica é atraída para o nível arquetípico onde um processo de alta carga energética entra em atividade, tentativa exacerbada da psique para dissolver antigos estados psíquicos e dar origem a uma renovação total[121].

Não parece a Perry justificável chamar "doença" a este processo de renovação que se manifesta no episódio agudo. Trata-se antes de caminho da natureza para alcançar um nível de desenvolvimento mais alto. O que acontece é que "a loucura é talvez necessária, mas chega com uma força avassaladora"[122].

Convém frisar que estas duas posições não se acham radicalmente afastadas, salvo para aqueles que não aceitam a existência do inconsciente.

Laing, líder de investigações interpessoais, escreve: "Decerto Jung, mais que qualquer outro, conseguiu vincular experiências psicóticas modernas a experiências humanas em outras épocas e lugares. Não há dúvida sobre esses paralelos"[123]. E claramente valoriza as experiências internas que ocorrem na psicose como um processo autocurativo. "Talvez nenhuma época na história da humanidade tenha a tal ponto perdido contato com esse processo curativo natural, que envolve algumas das pessoas a quem chamamos esquizofrênicas.

---

120. PERRY, J.W. *The Far side of madness*. Nova Jersey: Prentice Hall, 1974, p. 2.

121. Ibid., p. 11.

122. Ibid.

123. LAING, R.D. *The Self and Others*. Londres: Tavistock, 1961, p. 65.

Nenhuma época a desvalorizou de tal modo, nenhuma lhe impôs tais proibições e obstáculos. Em vez do manicômio, uma espécie de fábrica para o conserto de panes humanas, precisamos de um local onde as pessoas que viajaram mais longe e, por conseguinte, talvez estejam mais perdidas que os psiquiatras e outras pessoas sadias, encontrem seu caminho mais profundamente no espaço e no tempo interiores e possam regressar"[124].

Perry relata sua experiência no tratamento de jovens esquizofrênicos adultos, em hospital psiquiátrico na Califórnia. Sendo um psiquiatra da linha junguiana, sua primeira preocupação foi a procura de conexão entre a problemática pessoal de seus doentes no ambiente onde viviam e as imagens coletivas emergentes nos seus delírios e alucinações.

Para surpresa de Perry, essas imagens pareciam derivar dos rituais arcaicos de renovação e reativação da imagem do pai superlativo. Os paralelos que se impunham eram "as imagens da revolução urbana, sob o domínio do Grande Pai, o Rei do Universo, em combate cósmico e casamento sagrado"[125].

Na era histórica da revolução urbana, posterior de milênios à revolução neolítica centrada na figura materna, a figura principal é a do pai.

Mito e rituais concernentes à realeza sagrada atingem o apogeu na era da formação das cidades (revolução urbana). Depois foram perdendo a vitalidade na medida em que os indivíduos adquiriam maior segurança e aperciam-se de suas próprias possibilidades. Surge então a era da democratização, centrada sobre o indivíduo. Os atributos da realeza são interiorizados, passando a pertencer a todos. É dado um grande salto em relação à etapa em que o mito se corporificava na figura do rei[126].

O processo revolucionário inicia-se na atmosfera das pulsões de *poder* e, no curso do tempo, vem tomando rumo em direção a Eros. Ideais de fraternidade, imagens de uma *nova sociedade* emergem cada vez mais fortes.

Perry encontrou nos delírios dos jovens esquizofrênicos simbolismo muito rico coincidente com os símbolos do processo arquetípico de renovação. Este processo emerge como um caminho da natureza. Não deverá ser inter-

---

124. LAING, R.D. *A Política da Experiência e a Ave do Paraíso*. Petrópolis: Vozes, [s.d.], p. 95.

125. PERRY, J.W. *The Far side of Madness*. Nova Jersey: Prentice Hall, 1974, p. 49.

126. Ibid., p. 48.

pretado como manifestação patológica. O perigo será a identificação do ego com a imagem arquetípica do herói. A conduta terapêutica visará traduzi-la em termos de experiência interna[127], fonte de energia a ser utilizada na restauração da própria psique e da sociedade onde vive o indivíduo[128].

Por que em jovens contemporâneos seriam reativadas as imagens da renovação do *reino,* isto é, da renovação da sociedade?

A civilização ocidental, com toda a sua parafernália técnica, está ruindo à semelhança do que aconteceu ao Império Romano, noutro período e nível da história. Energias mobilizam-se no sentido da construção de algo novo. E abrem passagem no comportamento ainda confuso e desordenado dos jovens.

Os clientes de Perry seriam exemplos extremos de tentativas, em nível inconsciente, para superar as prerrogativas do poder que regem a consciência coletiva no mundo atual. A situação no mundo externo provoca respostas compensadoras no mundo interno. E a adequação dessas respostas, embora se faça em linguagem arcaica, não é tão disparatada quanto possa parecer à primeira vista. Diz Jung: "A psique doente é uma psique humana e, apesar das perturbações que possa sofrer, participa inconscientemente da vida psíquica total da humanidade"[129].

As ideias expressas pelos clientes de Perry estariam prenunciando a passagem das pulsões de poder para eros, próxima etapa da evolução histórica? Perry, talvez porque viva no pedaço de mundo chamado Califórnia, parece admiti-lo. Como habitante do Terceiro Mundo, sou menos otimista. Embora apresente muitos sinais de deterioração, vejo o poder do sistema capitalista ainda muito forte e estreitamente vinculado à violência. Basta citar os atos violentos utilizados pelos órgãos repressores do sistema contra os movimentos que se opõem ao seu domínio. Violências que atingem, sobretudo no Terceiro Mundo, a prática da tortura como método comum de atuação. A influência de eros em larga escala ainda não se faz sentir.

A atual conjuntura, onde se chocam de perto intoleráveis contradições, provoca respostas opostas entre si, mesmo quando visam a construção de uma nova sociedade.

---

127. Ibid., p. 66.
128. Ibid., p. 67.
129. JUNG, C.G. *C.W.,* 4, p. 340.

Uma dessas respostas é caminho que se norteia pelo sentimento, tal como o movimento dos *hippies*, entre os quais grupos apelam para a concepção do socialista utópico Charles Fourier (1772-1837). No seu livro *O novo mundo amoroso*, escreve Fourier: "Comecemos por procurar um final mais seguro que esta pretensa razão que nos perdeu [...]. Mas existe uma paixão que conserva sua nobreza primitiva e mantém entre os mortais o fogo sagrado, os caracteres da divindade. Esta paixão é o amor"[130].

Outro caminho norteia-se pela razão. É o seguido pelos socialistas e comunistas, que visam a construção de uma sociedade justa, planejada segundo bases científicas, em cujo trabalho de estruturação o sentimento não encontra lugar. As manifestações do sentimento seriam provas de fraqueza inadmissíveis num verdadeiro revolucionário.

A revolução social em nível econômico é uma exigência evidente. Mas conduzi-la unilateralmente através de métodos racionais, de acordo com o socialismo científico, não alcançará o objetivo da construção de uma nova sociedade onde o homem possa sentir-se feliz. O ser humano é complexo. Além da justa distribuição em nível econômico terá sempre outras necessidades.

Uma saída, reunindo esses dois caminhos, foi apontada pelo herói da revolução cubana Che Guevara. Sem voltar a Fourier, nem envolver-se em indiferenciadas efusões afetivas, Che Guevara afirma: "Hay que endurecerse pero sin perder la ternura jamás". E em escritos políticos dirigidos aos jovens revolucionários lhes recomenda insistentemente o afinamento da sensibilidade[131].

Trabalhando com a razão e o sentimento (que lhe traz o julgamento de valores), o homem terá melhores possibilidades de progredir na busca de um novo tipo de sociedade adequado à sua complexa natureza, que venha por fim substituir o atual modelo inumano de uma sociedade dividida em classes.

Penetração no mundo interno

Não basta investigar se a dissociação da psique foi motivada por hostis fatores sociais, dificuldades no relacionamento interpessoal, conflitos intrapsíquicos. Impõe-se ao médico e ao psicólogo a tarefa de tentar entender

---

130. FOURIER, C. *Le Noveau Monde Amoreux*. Paris: Anthropos, 1967, p. 2.

131. CHE GUEVARA, E. *Textes Politiques*. Paris: Maspero, 1971, p. 118.

as mudanças do comportamento desse ser agora cindido e as imagens e ideias "imensamente impressionantes" que vêm povoar seu mundo interno.

Mas como penetrar no estranho mundo do esquizofrênico?

Os processos psíquicos que se desenvolvem no "outro" não nos são acessíveis diretamente. Comunicamo-nos através da palavra, da mímica e das reações psicomotoras, da realização de atos, das várias modalidades de expressão plástica. Quando se trata de esquizofrênicos a comunicação torna-se ainda mais improvável. Teríamos de escutar com o máximo interesse seus discursos estranhos e desconexos, difíceis de reter. Torna-se penosa, às vezes impossível, a comunicação com o esquizofrênico por intermédio da palavra. Teríamos então de estar extremamente atentos aos seus gestos, à sua mímica e reações psicomotoras, mas estas formas de expressão, sem dúvida importantes, são muito fugidias. Mais consistência encontramos na prática das atividades ocupacionais, observando *a maneira como* são realizadas. Através desse método muita coisa será revelada em nível não verbal. Entretanto, talvez o caminho menos difícil para penetração no mundo do esquizofrênico seja recorrer à expressão plástica. Nas imagens pintadas teremos, por assim dizer, autorretratos da situação psíquica, imagens muitas vezes fragmentadas, extravagantes, mas que ficam aprisionadas sobre tela ou papel. Poderemos sempre voltar a estudá-las.

Muito se terá o que aprender num atelier de pintura ou de modelagem que funcione em condições favoráveis dentro do hospital psiquiátrico. Minha escola foi nesses ateliers.

Sem dúvida cresce o interesse pela expressão plástica dos psicóticos utilizada para esclarecimento diagnóstico, controle da evolução de casos clínicos, meio para a compreensão da psicodinâmica dos sintomas. Mas a maioria das publicações refere-se à descoberta de conteúdos reprimidos, à interpretação de símbolos, pela técnica redutiva de Freud.

Freud escreveu em 1910 um ensaio intitulado *Uma recordação de infância de Leonardo da Vinci*, onde estuda a tela "A Virgem, o Menino Jesus e Sant'Ana", concluindo que as imagens deste quadro resumem a história psicológica de Leonardo, desprezando a longa incursão que ele mesmo fez no campo da mitologia egípcia. Este trabalho tornou-se um modelo clássico para numerosas pesquisas psicanalíticas, que visam sempre descobrir, sob o disfarce das imagens, problemas emocionais da infância. O importante, dentro dessa linha, será decifrar aquilo que a imagem está mascarando. Assim, as formas pontudas, quaisquer que sejam, representam o órgão genital masculino; as formas côncavas, as cavidades, ocultam alusões ao órgão genital da mulher etc. O próprio Freud, honestamente, classifica seu método de interpretação de símbolos extraordinariamente monótono. Lê-se na *Introdução à psicanálise*: "[...] as interpretações dos símbolos são extraordinariamente monótonas. É um fato que decepciona todos aqueles que têm a oportunidade de o constatar, mas não está em nossas mãos remediá-lo"[132].

Isso acontece quando se trata de conteúdos do inconsciente pessoal. Se o método redutivo for aplicado a conteúdos de origem mais profunda, então os resultados serão muito pobres.

Decerto a psicologia junguiana não se desinteressa das imagens de caráter pessoal. Estas, porém, não apresentam maiores problemas. A anamnese recolherá o material necessário para uma interpretação satisfatória. Mas os símbolos coletivos (arquetípicos) são mais difíceis de abordar. Frequentemente revestem-se de características arcaicas. Parecem-nos demasiado estranhos e distantes. Como estudá-los? Jung indica o método que utiliza: "Tentei situar o simbolismo sobre a única base científica possível – a pesquisa comparada"[133].

Essas imagens não constituem raridades. Acham-se presentes nos sonhos de adultos e crianças, obras de arte, visões, alucinações e delírios. Mas, diz Jung, ficarão perdidas para a pesquisa, a menos que se encontrem para elas *paralelos mitológicos*. A menos que sejam identificados os temas míticos (mitologemas) encerrados nessas imagens, e que sejam, paralelamente, identificados os temas míticos registrados na história da humanidade, sob forma similar e similar significação funcional. Este método nada tem de extraordinário. É semelhante às pesquisas da anatomia comparada, geralmente aceitas. Do mesmo modo que o corpo humano resulta de uma evolução histórica, diz Jung, a psique não poderia deixar de ter uma história. "Se o biologista tem necessidade da anatomia comparada, o psicólogo não poderá dispensar uma anatomia comparada da psique"[134].

A diferença entre os achados das duas ciências reside em que as pesquisas de paralelismo histórico, na área da psicologia, têm importância tanto teórica

---

132. FREUD, S. *O.C.* II, p. 135. Madri: Biblioteca Nueva, 1948.

133. JUNG, C.G. *C.W.*, 17, p. 106.

134. JUNG, C.G. *L'Homme et ses symbols*. Paris: Pont Royal, 1964, p. 67.

quanto prática[135]. Isso porque a tarefa do terapeuta será estabelecer conexões entre as imagens que emergem do inconsciente e a situação emocional que está sendo vivida pelo indivíduo.

Outro dado importante para a pesquisa, de acordo com Jung, é que as pinturas sejam estudadas em séries. Isoladas, parecem sempre indecifráveis. E, de fato, é difícil apreender a significação de uma única imagem. Será necessário o estudo comparado de muitas pinturas para compreendê-las. Com surpresa verificar-se-á então que nos permitem acompanhar com bastante clareza o desdobramento de processos intrapsíquicos, e mesmo de nelas detectar fragmentos de temas míticos que possuam relação significativa com os casos clínicos em estudo[136].

Se uma série for desfalcada de uma só imagem, seja ela simples garatuja, sua compreensão ficará dificultada, tal como a perda de um hieróglifo poderá tornar ainda mais enigmática a leitura de um texto de antiga escrita egípcia.

Pinturas, do mesmo modo que sonhos, se examinadas em séries, revelam a repetição de motivos e a existência de uma continuidade no fluxo de imagens do inconsciente[137].

O pesquisador encontrará nos arquivos do Museu de Imagens do Inconsciente longas séries de pinturas, datadas e reunidas, segundo os respectivos autores. Poderá acompanhar essas sequências de imagens e verificar, por si próprio, que elas encerram significações que se tornam apreensíveis na perspectiva do desdobramento de longas sequências de imagens.

Eis aqui exemplo demonstrativo do desenvolvimento de processos psíquicos através de duas séries de imagens. Tornam-se visualizáveis fenômenos internos inapreensíveis de outra maneira.

Octávio Ignacio, o autor dessas séries de desenhos, nasceu em 1916 no Estado de Minas Gerais. Instrução primária, operário serralheiro, casado. Tem um filho.

Sua primeira internação no Centro Psiquiátrico Pedro II ocorreu em fevereiro de 1950. Seguiram-se onze reinternações, sempre motivadas por crises de intensa excitação psicomotora.

---

135. JUNG, C.G. C.W., 13, p. 75, n. 4.

136. Ibid., 15, p. 136.

137. Ibid., 16, p. 11.

Octávio começou a frequentar o atelier de pintura da Seção de Terapêutica Ocupacional e de Reabilitação, em regime de externato, a partir de fevereiro de 1966. Uma única reinternação (dezembro de 1966) ocorreu depois que ele pratica as atividades expressivas do desenho e da pintura.

Pulsões homossexuais, intensos desejos irrompem. Octávio denomina essas explosões que motivaram várias vezes seu internamento "danças de índio" e "ensaios de carnaval". Com efeito, forças primárias e poderosas desencadeiam-se entrando em conflito com forças inibidoras que, no próprio inconsciente, opõem-se aos instintos desenfreados. Um drama desenrola-se no inconsciente.

Um caso de clínica psiquiátrica como muitos outros. Mas Octávio teve a possibilidade de desenhar e pintar. Na linguagem arcaica das imagens simbólicas deu forma às tumultuosas emoções que abalavam sua psique, bem assim às tentativas instintivas para saída do impasse em que se encontrava.

Uma tentativa seria o sacrifício das forças instintivas representadas pelo animal no homem. "A imolação do animal significa a imolação da natureza animal, isto é, da libido instintiva"[138].

Acompanhando as imagens e correspondentes comentários verbais do autor, ver-se-á como aqui aconteceu o sacrifício do animal, do cavalo. O sacrifício do cavalo poderia levar até à castração, à imolação da vida instintiva total, à morte. Seria a repetição do tema mítico de Attis.

"O homem pode ser muitas vezes calculista, para ele achar que o bicho é obediente ou não. Aí é o lugar de sacrifício do cavalo" (fig. 1).

"Muitas vezes a pessoa perde uma perna e tem a mesma agilidade como se tivesse as duas. A pessoa não perde a essência, passa a viver a biologia do animal" (fig. 2).

O autor não quis comentar esta imagem, na qual o cavalo tem uma perna amputada à semelhança do homem na imagem anterior (fig. 3). "Parece haver uma similaridade entre cavalo e cavaleiro, uma íntima conexão que os leva a sofrer o mesmo destino"[139].

"Como é que esqueceram que o Cristo tem a própria descendência dos animais. A gente sente na nossa carne o próprio valor do animal" (fig. 4).

---

138. Ibid., 5, p. 423.

139. Ibid., p. 274-275.

Figura 01
Octávio Ignácio, 22/04/1969, lápis de cera sobre papel, 33,1 x 47,9cm.

Figura 02
Octávio Ignácio, 14/10/1974, lápis de cera e grafite sobre papel, 48,0 x 33,0cm.

Na perspectiva junguiana, o impulso ao sacrifício nasce no próprio inconsciente. É um processo natural resultante da colisão entre os apetites instintivos e forças opostas, igualmente instintivas, que restringem a impetuosidade desses apetites. "Da mesma raiz que produz os instintos cegos, selvagens, brotam também as leis naturais e formas culturais que domam e quebram seu poder primordial"[140]. Neste processo de sacrifício, "o ego consciente experiencia na maioria dos casos essa colisão de opostos passivamente, pois em geral não chega a tomar consciência desses

140. Ibid., 10, p. 21.

movimentos da libido na profundeza da psique nem deles participa de maneira consciente"[141].

Figura 03
Octávio Ignácio, 08/12/1971, grafite sobre papel, 26,5 x 34,8cm.

A objetivação por meio do desenho de imagens que encarnam a luta entre opostos tornará menos passiva a condição do ego, ainda mesmo quando se trate do ego rachado de um esquizofrênico. Os desenhos de Octávio, sobretudo o n. 4, dão matéria para muitas reflexões.

O sacrifício máximo, a crucificação, simboliza o dilaceramento entre os opostos natureza/espírito, tão enfatizado pelo cristianismo. É extremamente curioso que as forças psíquicas apontem, na crucificação do cavalo, para a necessidade de aproximação entre esses opostos. As palavras de Octávio não dão lugar a dúvidas: "Como é que esqueceram que o Cristo tem a própria descendência do animal". Mesmo no ser de espiritualidade mais alta estaria presente a natureza animal. Os opostos natureza/espírito não mais se apresentam irreconciliáveis.

Em seus instintivos movimentos de circunvolução, o processo psíquico realiza uma transposição de nível. Agora o caminho será a aproximação entre o

---

141. Ibid., 5, p. 424.

homem e o cavalo. Esta aproximação não se fará sem dificuldades, segundo mostram imagens e textos do autor.

"Numa fase em que a pessoa
está atrasada, doente, pode haver o domínio do cavalo" (fig. 5).

"É a posição que deveria ser.
O sujeito tem que dominar o
animal pelo espírito e não pela
força" (fig. 6).

"O homem nunca pode ser
mais forte que o cavalo. Não
que o cavalo não seja domesti-
cado. Mas numa guerra ou bata-
lha o cavalo mostra a força que
ele tem sobre o homem. Então
o homem tem que conversar e
criar o cavalo para que eles se
tornem amigos, pois o homem
tem sempre um cavalo" (fig. 7).

Figura 04
Octávio Ignácio, sem data, grafite sobre papel,
53,8 x 35,4cm.

Figura 05
Octávio Ignácio,
27/05/1966,
grafite sobre papel,
24,2 x 33,5cm.

Figura 06
Octávio Ignácio, 02/11/1971, grafite e lápis de cera sobre papel, 36,4 x 54,9cm.

Figura 07
Octávio Ignácio, 11/07/1974, lápis de cor sobre papel, 36,3 x 55,4cm.

"A pessoa que tem medo do bicho acaba sendo dominada por ele. A parte de cima é homem, pensamento, e a parte de baixo é animal. A metade do coração é animal e a outra homem. Ou ele atira, fere ou é ferido. Ele dobra a mentalidade do bicho. Ele não tem o direito de ser como o animal. Ele não suplanta a força do animal, do meu amigo ou do meu inimigo animal. O cavaleiro é que tem que guiar" (fig. 8).

Figura 08
Octávio Ignácio, 23/07/1969, óleo e grafite sobre papel, 32,8 x 48,2cm.

As relações do homem com o cavalo são ambivalentes. O cavalo será amigo ou inimigo. Ora o cavalo será mais forte que o homem, derrubando-o. Ora o homem alimentará, conversará com o cavalo, pois só o dominará pelo espírito e não pela força. Na imagem do centauro, a parte inferior é animal e a superior é homem. Entretanto note-se que no centauro de Octávio não corresponde somente ao cavalo o abdômen. Não só intestinos e órgãos do sexo. No tórax, o coração é também metade homem metade animal. Mas por fim vem a conclusão: "O cavaleiro é que tem que guiar".

Transpostas as tensões conflitivas, o cavalo pode brincar. Brincará com o pássaro.

"A arte do bicho brincar com o pássaro. O cavalo brinca muito. Quando ele faz o bailado é porque já está melhor" (fig. 9). Se o cavalo brinca, se ele dança, é que a energia psíquica está fluindo sem tropeçar nos bloqueios que a represavam.

Brincar com o pássaro é uma incitação ao voo.

"Não é fácil colocar asas no bicho. Asa significa a mediunidade do bicho" (fig. 10).

"Se der muita força ao bicho é capaz de nascer as asas nele. É difícil, mas não é impossível, é a própria costela de Adão" (fig. 11).

Figura 09
Octávio Ignácio, 22/08/1974, lápis de cera sobre papel, 37,0 x 55,7cm.

Figura 10
Octávio Ignácio, 01/10/1970, grafite e lápis de cor sobre papel, 32,7 x 48,8cm.

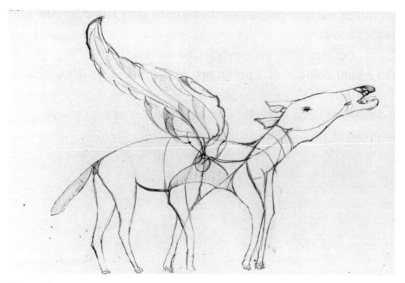

Figura 11
Octávio Ignácio, 23/05/1972, grafite e lápis de cor sobre papel, 36,5 x 55,3cm.

O processo psíquico desenvolve seu dinamismo por intermédio da criação de imagens simbólicas. "O símbolo é o mecanismo psicológico que transforma energia"[142]. Assim, a objetivação de imagens simbólicas no desenho ou na pintura poderá promover transferências de energia de um nível para outro nível psíquico. A imagem não é algo estático. Ela é viva, atuante e possui mesmo eficácia curativa. As notáveis melhoras clínicas de Octávio comprovam essa afirmação.

O cavalo passa à condição de bípede. Possui asas, simbolizando como Pégaso "o poder ascensional das forças naturais, a capacidade inata de espiritualização e a inversão do mal em bem"[143]. E empunha uma lâmpada, símbolo da consciência que aspira a lançar luz sobre os movimentos que se desenvolvem na obscuridade do inconsciente. Talvez não propriamente a luz da razão, mas a da intuição, capaz de tornar perceptíveis esses movimentos interiores (fig. 12).

142. Ibid., 8, p. 45.

143. CIRLOT, J.E. *Diccionario de Símbolos*. [s.l.]: Labor, 1969, p. 368.

Figura 12
Octávio Ignácio, 28/08/1969, grafite e lápis de cor sobre papel, 29,6 x 44,5cm.

No desenho seguinte, o cavalo bípede empunhando a lâmpada é o mestre. À esquerda vê-se o cavalo quadrúpede e um homem tentando equilibrar-se sobre o animal. O texto de Octávio é claro: "Muitas vezes o cavalo tem a compreensão, a inteligência de entender o homem. Este cavalo muitas vezes dá a luz para quem está aprendendo. O outro está aprendendo ainda". Neste de-

Figura 13
Octávio Ignácio, 06/01/1975, lápis de cor e grafite sobre papel, 37,1 x 55,3cm.

senho Octávio revê sua situação primeira e sua evolução. O animal que na fase inicial deveria ser sacrificado agora assume a função de psicopompo (fig. 13).

Nos últimos desenhos desta série o cavalo depura-se de suas características animais para tornar-se um ser fantástico. Sobre eles Octávio não fez qualquer comentário (figs. 14 e 15).

Noutra pauta paralela ao cavalo alado, desenrola-se a série que se inicia com imagens do *falus* alado.

Figura 14
Octávio Ignácio, 13/07/1976, grafite e lápis de cor sobre papel, 55,0 x 36,8cm.

Figura 15
Octávio Ignácio, 12/10/1976, grafite sobre papel, 47,7 x 32,9cm.

Vê-se um homem nu, de perfil, com pênis ereto de proporções exageradas. Nota-se nos testículos o esboço de asas. À esquerda uma seringa (fig. 16). A seringa, representação do pênis, adquire asa (fig. 17). Estas imagens revelam a transposição do membro viril para o *falus* na qualidade de símbolo da energia criadora. Um relevo, pertencente ao Museu de Antiguidades Nacionais de Bonn, representa um grande *falus* provido de asas, sendo venerado por uma mulher ajoelhada[144]. Nas religiões antigas é frequente que o *falus* ocupe o lugar da divindade criadora. Os povos primitivos, bem como os povos antigos, faziam largo uso dos símbolos fálicos e jamais confundiriam o *falus* na qualidade de símbolo ritualístico com o pênis. O *falus* sempre significou para eles o *mana* criador, o poder de curar e de fertilizar. Entre os equivalentes do *falus* em mitologia e no simbolismo dos sonhos figura o cavalo[145].

Não será, pois, estranho encontrar correspondência entre estes dois desenhos e as imagens 11 e 12 da primeira série. Na primeira série o cavalo adquire asas, na segunda série o *falus* adquire asas.

Imagem ainda mais impressionante representa o *falus* dotado de asas enrolado por uma serpente (fig. 18).

Analogia parcial com esta imagem é encontrada nas descrições de muladhara chakra, o centro sutil da anatomia hindu correspondente ao plexo pélvico. Muladhara governa os órgãos da reprodução. No interior de muladhara residiria, atravessando um triângulo invertido *(yoni)*, o *lingam* de Shiva, em torno do qual está enrolada, adormecida, a serpente Kundalini[146]. As poderosas forças inerentes ao Shiva-lingam e à deusa Kundalini bem poderiam encontrar expressão nas asas vermelhas da pintura de Octávio.

Figura 16
Octávio Ignácio, 05/01/1970, grafite e lápis de cera sobre papel, 47,4 x 32,8cm.

144. JUNG, C.G. *Metamorphoses de l'ame et ses symbols*. Genebra: Librairie de l'Université, 1953, p. 141.

145. JUNG, C.G. *C.W.*, 16, p. 157.

146. GOVINDA, A. *Les fondements de la mystique tibétaine*. Paris: Albin Michel, 1960, p. 202.

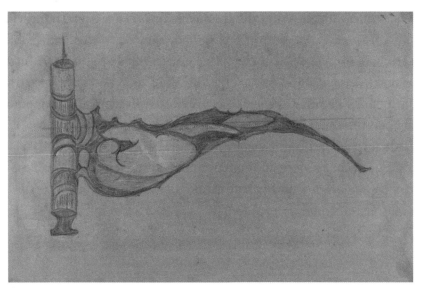

Figura 17
Octávio Ignácio, 01/06/1970, grafite e lápis de cor sobre papel, 31,5 x 46,5cm.

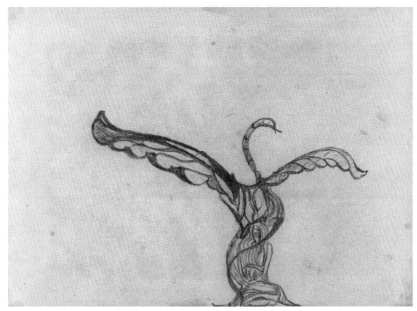

Figura 18
Octávio Ignácio, 24/02/1970, grafite e lápis de cor sobre papel, 33,8 x 47,2cm.

Segue-se a pintura de um vaso alado, constituído de bojo, símbolo feminino, e de longo gargalo, símbolo masculino (fig. 19).

Nestas duas últimas pinturas impõe-se a presença dos opostos masculino/ feminino procurando encontro. Octávio nada sabe dizer sobre estas pinturas. Ressoam como sons graves vindos das profundezas da psique. São símbolos na sua legítima acepção, isto é, exprimem coisas impossíveis de expressar de outra maneira. Revelam o curso que os processos psíquicos estão seguindo em busca de saída para a situação conflitiva.

As duas imagens que se seguem surgem do inconsciente como uma tentativa de solução. Vaso alado do qual emergem dois pássaros em posições contrárias (fig. 20). Os dois pássaros fundem-se num só pássaro com duas cabeças (fig. 21).

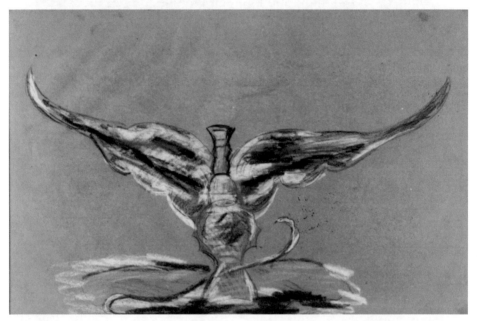

Figura 19
Octávio Ignácio, 18/06/1969, grafite, lápis de cor e lápis de cera sobre papel, 31,1 x 47,5cm.

O problema crucial de Octávio é o conflito entre os opostos básicos masculino/feminino: as componentes femininas existentes em minoria na psique de todo homem tendem a usurpar posição exorbitante numa personalidade que deveria afirmar-se predominantemente masculina. Sob a pressão do violento conflito a psique cindiu-se. Cindiu-se mas não se anulou. O dinamismo das forças inconscientes é constante – instintivamente desenvolve-se um

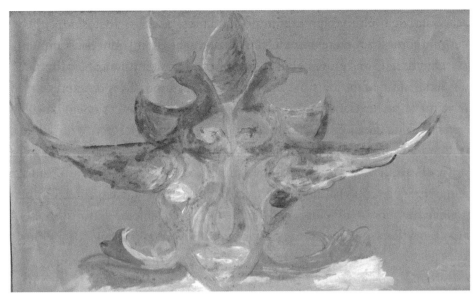

Figura 20
Octávio Ignácio, 09/05/1966, guache sobre papel, 33,8 x 48,6cm.

Figura 21
Octávio Ignácio, 14/04/1966, guache sobre papel, 32,5 x 46,4cm.

processo no sentido de promover reconciliação entre os opostos masculino/ feminino em guerra. Uma solução completamente satisfatória não será possível no momento. Surge a configuração do pássaro de duas cabeças, símbolo do hermafrodita segundo representações encontradas em tratados de alquimia[147].

Na primeira série, este mesmo símbolo do hermafrodita já havia aparecido num canto do desenho 9, pois sem dúvida as duas séries se interligam. A série do cavalo evolui em nível semiobscuro relativamente próximo da consciência, enquanto a segunda série desdobra-se em maior profundeza, o que se traduz pela configuração de símbolos mais arcaicos e misteriosos.

Estas sequências de imagens revelam a presença ativa de forças psíquicas reorganizadoras, ou seja, autocurativas. Isto ocorrerá frequentemente? Sim, responderei, embora nem sempre com tanta evidência quanto no exemplo apresentado agora. Esta foi uma das minhas primeiras surpresas no atelier de pintura.

Quando abri o setor de pintura, em 1946, minha intenção era encontrar caminho de acesso ao mundo interior do psicótico, visto que com ele as comunicações verbais apresentavam-se tão difíceis e deixavam quase sempre o médico do outro lado do muro. O espantoso foi a verificação de que o ato de pintar podia adquirir por si mesmo qualidades terapêuticas. No relatório anual de 1948, referente à seção de terapêutica ocupacional, escrevi: "Nossa observação cada vez mais confirma que a pintura não só proporciona esclarecimentos para processos patológicos, mas constitui igualmente verdadeiro agente terapêutico"[148]. Era uma constatação empírica, que continuou a ser confirmada nos anos subsequentes.

Se atualmente desenho e pintura são aceitos pela maioria dos pesquisadores como meio de acesso ao mundo interno do esquizofrênico, e método diagnóstico, a verdade é que ainda não são muitos os que atribuem eficácia terapêutica ao ato de desenhar e de pintar.

Bleuler toma uma atitude de precaução. Ele escreve: "O objetivo do tratamento da esquizofrenia consiste, falando de modo geral, em educar o paciente no sentido do restabelecimento de seus contatos com a realidade, em combater o autismo"[149].

---

147. JUNG, C.G. C.W., 12, p. 62, 282, 452.

148. SILVEIRA, N. "20 anos de Terapêutica Ocupacional em Engenho de Dentro". *Revista Brasileira de Saúde Mental*, 1966, p. 70. Rio de Janeiro.

149. BLEULER, E. *Dementia praecox or the Group of schizophrenias*. Nova York: IUP, 1950, p. 477.

Herman Simon, outro mestre que eu venero, é radicalmente contrário à prática da pintura no hospital psiquiátrico. A terapêutica ocupacional de Simon é uma forma de educação. Sua meta é reeducar, combatendo os sintomas. Ele quer levar ao máximo desenvolvimento as ideias de Bleuler. Para isso, cada atividade ocupacional será receitada com o objetivo específico de opor-se a cada sintoma. Assim sendo, Simon é coerente quando diz que "não se deve conceder tempo nem dinheiro para a produção esquizofrênica de 'obras de arte'". Na opinião de Simon "não se deve prescrever nem mesmo apoiar ou tolerar uma atividade que coincida com a direção anormal das ideias de um doente"[150].

Mesmo no momento presente prevalecem as opiniões contrárias ao valor terapêutico da expressão plástica.

Meyer Gross enaltece a importância da pintura espontânea como instrumento de investigação, mas contraindica-a como meio terapêutico. "Desenhando ou pintando [diz Meyer Gross] o esquizofrênico tende a mergulhar cada vez mais nas suas fantasias mórbidas"[151].

F. Reitman, que em *Psychotic Art* estudou a expressão plástica de esquizofrênicos, considera "imenso seu valor diagnóstico", porém lhe nega qualquer validez terapêutica. A produção plástica se lhe afigura sempre "tentativa de adaptação do doente a uma apreensão distorcida da realidade"[152].

O mesmo argumento é sustentado por J.H. Plokker, no livro *Art from the mentally disturbed*: "Se é permitido a um esquizofrênico pintar livremente, ele se submergirá ainda mais nos seus pensamentos e ficará ainda mais afastado da realidade, mais absorvido nos seus delírios e mais influenciado por suas alucinações"[153].

Perdoem-me esta série de citações. Mas, estando eu em posição oposta, isto é, atribuindo eficácia terapêutica ao desenho, à pintura, à modelagem, adotei como norma a conduta que Darwin chamava "regra de ouro": tomar nota cuidadosamente das opiniões contrárias à opinião que nós defendemos. Darwin, antes de Freud, já observara que esquecia facilmente as contradições a suas teorias. Para evitar isso, registrava-as por escrito.

---

150. SIMON, H. *Tratamiento ocupacional de los enfermos mentales*. Barcelona: Salvat, 1937, p. 35.

151. MAYER GROSS. *Clinical Psychiatry*. Londres: Cassel, 1955, p. 282.

152. REITMAN, F. *Psychotic Art*. Nova York: IUP, 1951, p. 89.

153. PLOKKER, J.H. *Art from the Mentally Disturbed*. Boston: Little Brown, 1962, p. 122.

Continuemos, pois, inventariando opiniões contrárias.

A psicanálise procura descobrir nas imagens pintadas materiais reprimidos disfarçados. E, a fim de trazê-los à consciência, na terapia analítica, a imagem servirá apenas de ponto de partida para associações verbais até que sejam alcançados os conteúdos inconscientes reprimidos. "As imagens constituem meio muito imperfeito para tornar o pensamento consciente"[154]. Será necessário, pois, que as imagens sejam traduzidas em palavras. Portanto, é muito lógico que a escola freudiana não seja entusiasta da utilização da pintura com finalidade terapêutica. Como método de pesquisa, sim, segundo já foi assinalado acima.

O psicanalista Ernst Kris, autor de interessantes explorações no domínio da arte, afirma que "o artista psicótico cria a fim de transformar a realidade; ele não procura comunicação e suas formas de expressão permanecem sempre as mesmas desde que o processo psicótico haja atingido certa intensidade"[155]. Na análise dos desenhos de Opicinus de Canastris, artista psicótico da Idade Média, bem assim nos desenhos de um engenheiro contemporâneo, esquizofrênico, Kris encontra idêntica significação: ambos desenhavam para construir mundos fantásticos que eles conseguissem apreender e governar. Os desenhos teriam a função de concretizar, confirmar e reforçar magicamente ideias delirantes.

A posição de C.G. Jung é muito diferente dos enfoques citados até aqui.

Desenho e pintura não só constituem excelente meio de pesquisa, mas igualmente são instrumentos da maior importância na terapêutica junguiana das neuroses.

Certamente será muito válido interpretar e compreender as produções da imaginação – sonhos, fantasias – nos distúrbios emocionais. Mas o caminho da interpretação intelectual não é o único caminho. Há também, segundo Jung, o método que sugere ao indivíduo a tentativa de dar forma visível às imagens internas que surgem em meio dos tumultos das emoções. Exprimir as emoções pela pintura será excelente método para confrontá-las. Não importa que essas pinturas sejam de todo desprovidas de qualidades estéticas. O que

154. FREUD, S. O.C. I, p. 1.217.

155. KRIS, E. *Psychoanalytic Explorations in Art*. Nova York: IUP, 1952, p. 169.

importa é proporcionar à imaginação oportunidade para desenvolver livre jogo e que o indivíduo participe ativamente dos acontecimentos imaginados.

Mas, frisa Jung, a atividade plástica em si é insuficiente. O processo evolutivo da personalidade, num trabalho analítico, exige compreensão intelectual e emocional das representações perturbadoras, a fim de que possam ser integradas à consciência[156].

Quando o neurótico já se encontra em condições de sair do estado mais ou menos passivo de dependência das interpretações do analista, Jung o induz à ação – isto é, pede-lhe que pinte as imagens de sonhos que mais o impressionaram.

Não se trata de fazer arte, diz Jung, mas de produzir um efeito sobre si próprio. Aquele que até então permanecia passivo, agora começa a desempenhar uma parte ativa. Lançando sobre o papel as imagens que viu passivamente, realiza um ato deliberado. Há grande diferença entre falar sobre imagens de sonhos e fantasias durante uma sessão analítica, e lutar durante horas com pincéis e tintas para dar forma a imagens fugidias. Cedo o indivíduo verifica que o ato de pintar o liberta de estados psíquicos de muito sofrimento. Passará a recorrer espontaneamente a este método e assim irá se tornando independente de seu médico. Dando forma às imagens internas, simultaneamente, ele se modela a si mesmo[157].

Uma das surpresas deste método é a verificação de que "pintar o que vemos diante de nós é uma arte diferente de pintar o que vemos dentro de nós"[158]. As imagens internas são tão vivas e fortes que até parece que um projetor as lançou sobre o papel ou a tela e o indivíduo apenas lhe dá contorno com o pincel, tão concentrado ele fica e rápido é o seu trabalho.

A situação modifica-se bastante quando se trabalha com psicóticos. Ainda que estejamos lidando com esquizofrênicos, Jung atribui à pintura função terapêutica. Por intermédio da pintura, "o caos aparentemente incompreensível e incontrolável da situação total é visualizado e objetivado [...]. O efeito deste método decorre do fato de que a impressão primeira, caótica ou aterrorizante,

---

156. JUNG, C.G. *C.W.*, 16, p. 51.

157. Ibid., p. 48.

158. Ibid., p. 47.

é substituída pela pintura que, por assim dizer, a recobre. O *tremendum* é exorcizado pelas imagens pintadas, torna-se inofensivo e familiar e, em qualquer oportunidade que o doente recorde a vivência original e seus efeitos emocionais, a pintura interpõe-se entre ele e a experiência, e assim mantém o terror a distância"[159].

As imagens do inconsciente objetivadas na pintura tornam-se passíveis de uma certa forma de trato, mesmo sem que haja nítida tomada de consciência de suas significações profundas.

Retendo sobre cartolinas fragmentos do drama que está vivenciando desordenadamente, o indivíduo despotencializará figuras ameaçadoras, conseguirá desidentificar-se de imagens que o aprisionavam. Tudo isso poderá acontecer num processo de *autocura*.

Um trabalho sintético que reúna interpretação intelectual e emocional, de regra na prática com neuróticos, torna-se enormemente difícil com psicóticos. Nestes, as imagens vêm de estratos muito profundos do inconsciente, extremamente distantes do consciente, revestem formas demasiado estranhas e trazem consigo uma grande carga energética. Antes de serem despotencializadas, pelo menos em parte, de suas cargas energéticas não haverá condição para apreendê-las por meio de interpretações. Isso só se tornará possível depois que passem por um processo de transformações emocionais e que se aproximem do consciente. Esse processo será muito favorecido se o doente tiver a possibilidade de dar forma a essas mutações internas.

A experiência também nos demonstra que a pintura pode ser utilizada pelo doente como um verdadeiro instrumento para reorganizar a ordem interna e ao mesmo tempo reconstruir a realidade. Os processos de autocura serão favorecidos se o doente sentir-se livre no atelier, não se admitindo coação de qualquer espécie nem a presença importuna de curiosos.

Se for possível a ajuda adequada do terapeuta, as imagens pintadas tornarão menos difícil que sejam encontrados paralelos entre as representações que perturbam o indivíduo no presente e situações descritas em mitos de vários povos. Ele verá que muitos seres humanos já passaram por padecimentos semelhantes aos seus. Essas narrações imemoriais falam de lutas de heróis que

159. Ibid., 3, p. 260.

146

alcançaram superar todos os perigos e encontrar renovação. Cabe-lhe agora percorrer o mesmo caminho.

O indivíduo que de súbito entra num confuso mundo mítico entenderá melhor as linguagens daquele mundo que a linguagem das interpretações racionais. Seria preciso que o terapeuta se dedicasse com seriedade ao aprendizado das várias modalidades da linguagem mitológica a fim de entender-se com seu doente no mesmo idioma. Assim poderá ajudá-lo na tomada de consciência de suas estranhas experiências e na volta ao mundo real.

5
Imagens arquetípicas na esquizofrenia

Para explicar o surgimento de certas ideias, de certas imagens "imensamente impressionantes" na esquizofrenia e, muitas vezes também, nos sonhos e fantasias de pessoas normais, tendo analogias surpreendentes com mitos, contos de fada e outros produtos da criatividade humana, Jung postulou a existência de uma estrutura psíquica básica comum a todos os homens.

Nas camadas mais superficiais do inconsciente – inconsciente pessoal – fervem emoções sufocadas, desejos, conflitos reprimidos. E nos seus estratos mais profundos, segundo Jung, existem disposições funcionais herdadas inerentes à própria estrutura psíquica, matrizes onde tomam forma representações correspondentes a experiências primordiais da humanidade, revividas sob aspectos diferentes pelo homem de todos os tempos. Devido ao seu caráter universal, Jung denominou essas camadas mais profundas da psique *inconsciente coletivo*, e *arquétipos* às disposições herdadas para produzir imagens e pensamentos similares em toda parte do mundo e em todas as épocas. Os arquétipos são irrepresentáveis virtualidades. "Podem talvez ser comparados ao sistema axial de um cristal que de certo modo preforma a estruturação cristalina na água mãe sem possuir ele próprio existência material"[160]. Nessa *água mãe* configuram-se as imagens arquetípicas. Tais imagens não são herdadas. Herdadas, inatas, são as disposições cujo dinamismo as configura e lhes dá significação. Por isso apresentam sempre semelhanças nos seus traços fundamentais, embora assumam variações múltiplas, vistam roupagens diferentes segundo as épocas e situações em que ressurgem.

---

160. JUNG, C.G. *C.W.*, 9i, p. 79.

A psicologia está impregnada do preconceito de que a psique da criança seja uma *tabula rasa*. A posição de Jung é oposta. A psique da criança não só traz já o rascunho de sua individualidade futura, mas está embasada nos alicerces de disposições herdadas para imaginar, sentir e agir comuns a toda a humanidade. "Do mesmo modo que o corpo humano é um agrupamento completo de órgãos, cada um o termo de longa evolução histórica, também devemos admitir na psique organização análoga. Tanto quanto o corpo, a psique não poderia deixar de ter sua história"[161].

Os dados empíricos que vêm sendo reunidos para a criação da "anatomia comparada da psique" são acessíveis à verificação de todos, seja em sonhos, fantasias, visões e principalmente nos delírios, alucinações e produções plásticas dos esquizofrênicos.

Um primeiro exemplo: Jung conta que em 1906 encontrou, num corredor do hospital psiquiátrico onde trabalhava, um esquizofrênico que tentava olhar o sol, piscando as pálpebras e movendo a cabeça de um lado para o outro. O doente disse-lhe que quando movia a cabeça o pênis do sol também se movia e esse movimento era a origem do vento. Quatro anos depois de haver registrado esta observação, sem compreender a significação daquela imagem alucinatória, Jung encontrou idêntica imagem, igualmente responsável pela origem do vento, nas visões de adeptos de Mithra, divindade solar, descritas num texto traduzido de papiros gregos publicados pela primeira vez em 1910. "E também será visto o chamado tubo, origem do vento predominante. Ver-se-á no disco do sol algo suspenso, parecido a um tubo. E na direção das regiões do Ocidente é como se soprasse um vento de leste infinito. Mas, se outro vento prevalece na direção das regiões do Oriente, ver-se-á da mesma maneira o tubo voltar-se para aquela direção"[162].

O doente suíço, na terminologia psiquiátrica, tinha o diagnóstico de esquizofrenia paranoide. Sentia-se o próprio deus sol, criador do vento. Tratar-se-ia de uma ideia de grandeza completamente disparatada, surgida ao acaso? Entretanto é inegável sua semelhança muito próxima com textos da religião de Mithra. Vem de muito longe a associação do sol com o vento na

161. JUNG, C.G. *L'Homme et ses symbols*. Paris: Pont Royal, 1964, p. 67.

162. JUNG, C.G. *C.W.*, 9i, p. 51.

qualidade de *pneuma* fecundante, bem como a prática de rituais tendo por objetivo a identificação do adepto com a divindade adorada[163].

Este caso psiquiátrico, diz Jung, constitui um dos primeiros documentos que contribuíram para a elaboração do conceito de inconsciente coletivo.

Talvez mais surpreendente ainda seja o aparecimento de imagens do *falus* do sol na pintura de um esquizofrênico brasileiro, internado no Centro Psiquiátrico Pedro II, Rio de Janeiro. Ele era um sapateiro profissional de grau elementar de instrução.

São três imagens, aqui apresentadas em ordem cronológica, nas quais se vê um tubo pendendo do sol.

Figura 01
Carlos Pertuis, Outubro de 1949, guache sobre papel, 44,5 x 61,4cm.

Na primeira (fig. 1), do disco solar cercado de grande auréola parte um tubo que se alarga progressivamente, atravessando em diagonal montanha que é uma gigantesca face humana de perfil, e vindo ter ao mar, ao lado de um navio de guerra com duas chaminés fumegantes.

163. Ibid., p. 50-52.

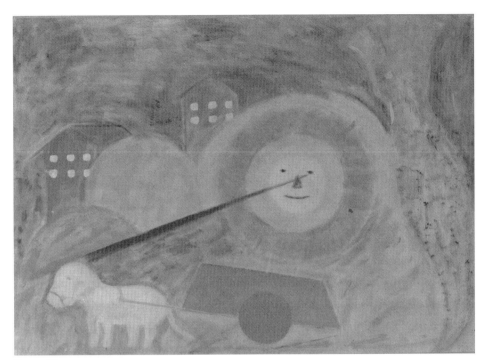

Figura 02
Carlos Pertuis, 1949, guache sobre papel, 44,0 x 61,3cm.

Figura 03
Carlos Pertuis, 02/08/1950, guache sobre papel, 36,5 x 54,8cm.

O sol desce à terra na segunda pintura (fig. 2). Sua face antropomorfizada tem no contorno auréola multicolorida, e do olho esquerdo parte um tubo que atravessa o nariz, desce, alcançando a cabeça de pequeno animal branco atrelado a um carro.

Na terceira pintura (fig. 3) o sol acha-se distante, no céu, fazendo par com o decrescente da lua. Seu colorido empalidece, mas continua antropomorfizado. Do nariz do sol sai um tubo que atravessa toda a pintura até atingir a terra, passando por trás de uma figura, com cabeça de adulto e corpo de criança, sentada num pequeno carro. De pé, figura humana de sexo mal definido, coloca na boca da *criança* uma mamadeira de forma fálica. Nesta pintura o tema mitológico deixa apreender sua ligação com a problemática individual do autor: pulsões homossexuais. A mamadeira fálica sugere *fellatio*, ato erótico que revela aqui nitidamente vinculação com o prazer de sugar o seio materno, ou seu sucedâneo, a mamadeira.

O único comentário que o autor fez sobre as três pinturas foi o seguinte: "O sopro de meu nariz muda qualquer circunstância". Ele se identifica ao sol e seu sopro, ou seja, o vento a que dá origem, produz efeitos poderosos, "muda qualquer circunstância".

Essas representações plásticas condensam três imagens arquetípicas de enorme força nas religiões arcaicas. Sol, *falus*, vento. Vento é a forma original da palavra espírito – no grego e no hebreu, a mesma palavra designa o vento e o espírito. É uma maneira de manifestação do divino. O vento chega à terra através do tubo, do *falus*, órgão criador do deus Sol, o deus arcaico propiciador de vida.

Em pinturas posteriores a identificação desse esquizofrênico com o deus Sol vai tornar-se cada vez mais impressionante (cap. 10).

Outro exemplo igualmente demonstrativo. Quando Jung se defrontou com as primeiras imagens de gênero tão estranho, levantou para si próprio a hipótese de que elas poderiam ser explicadas através de herança racial. A fim de esclarecer este problema, foi aos Estados Unidos estudar os sonhos de negros sem mestiçagem. Um sonho que lhe foi contado por um negro, sem instrução, internado no hospital Santa Elizabeth, de Washington, impressionou-o muito: a imagem do sonho era a de um homem crucificado sobre uma roda. Insólita imagem para quem vive num ambiente cristão. Seria antes de esperar que os conhecimentos pessoais do sonhador o conduzissem à crucificação sobre a cruz e não sobre a roda, que é um motivo mitológico grego.

Essas pesquisas levaram Jung a concluir "que tais imagens não são adquiridas pelo indivíduo e nada têm a ver com a chamada herança de sangue ou racial. Elas pertencem à espécie humana em geral e portanto são de natureza coletiva"[164].

Com efeito, o mito de Íxion é muito pouco conhecido e as representações plásticas que o mostram amarrado a uma roda são raríssimas. É improvável que o negro americano soubesse que Íxion, depois de haver assassinado o sogro e ter sido absolvido deste crime por Zeus, tivesse tentado seduzir Hera. Embora Zeus lograsse Íxion, dando a uma nuvem o aspecto de Hera, puniu-o lançando-o ao mundo subterrâneo onde foi amarrado sobre uma roda que deveria girar eternamente[165].

Jung nada informa sobre os dados pessoais do sonhador, pois seu objetivo nas conferências de Tavistock, 1935, onde refere este sonho, não era o estudo de um caso clínico, mas a apresentação de documento comprovador da natureza coletiva de certos conteúdos do inconsciente.

No atelier do hospital de Engenho de Dentro foi produzida uma pintura na qual se vê um homem, todo em cor vermelha, crucificado sobre uma roda com quatro raios (fig. 4). O paralelo entre a história do autor da pintura e o tema de Íxion é impressionante. Sua noiva, durante o período em que se ausentou em uma longa viagem, casou-se com seu irmão. Enquanto ele permanecia um operário, o irmão havia obtido acesso a melhor situação econômica e social como professor de nível médio. Pouco depois perdeu o emprego e, em situação difícil, foi acolhido pelo irmão e ficou residindo com o jovem casal. Nessa convivência cotidiana compreende-se que ele desejasse a esposa do irmão, sua ex-noiva. Mas a consciência moral reprimia esses impulsos e a libido recuou para a profundeza da psique, vindo reativar a imagem da terrível punição aplicada àquele que pretendeu seduzir a mulher de seu benfeitor. A crucificação na roda exprime um real e grande sofrimento subjetivo, pois as imagens arquetípicas não são pálidos e remotos espectros. São vivas e atuantes.

---

164. Ibid., 18, p. 37.

165. KERÉNYI, K. *La Mythologie des Grecs*. Paris: Payot, 1952, p. 158.

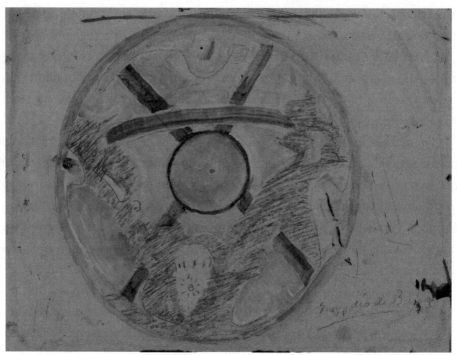

Figura 04
Emygdio de Barros, 27/03/1972, lápis de cor e óleo sobre papel, 27,6 x 37,0cm.

Será tomada agora, como exemplo de imagem arquetípica, uma alucinação descrita por Freud em *Paralelo Mitológico a uma Representação Obsessiva Plástica*[166]. Trata-se do caso de um jovem a quem se apresentava obsessivamente a figura paterna desprovida de cabeça e órgãos genitais, trazendo a face estampada sobre o abdome, ao mesmo tempo que lhe ocorriam as palavras "ânus do pai".

Freud apreendeu a semelhança entre esta representação visual e Baubo, personagem da mitologia grega. Quando a grande deusa Deméter procurava a filha desaparecida por todos os caminhos da Grécia, ao chegar a Elêusis encontra pousada na casa de Baubo e Dysaules. Deméter chorava e lamentava-se sem consolo. Então Baubo, tentando distrair a deusa, dança diante dela e de súbito suspende as vestes mostrando o ventre onde é vista uma face animada. Deméter não pode deixar de rir e aceitar a bebida ritual de cevada (kykeon) que Baubo lhe oferecia. Este episódio foi incorporado às dramatizações dos

---

166. FREUD, S. *O.C.* II. Madri: Biblioteca Nueva, 1948, p. 970.

mistérios de Elêusis, como *intermezzo* grotesco que vinha quebrar as longas lamentações[167].

O artigo de Freud tem a data de 1916. Em 1910 ele já havia recorrido à mitologia egípcia a propósito do abutre de uma recordação de infância de Leonardo da Vinci[168], mas não lhe agradava seguir as pistas mitológicas ainda quando encontradas por ele próprio.

No mundo antigo e na Idade Média não era rara a representação de figuras com a face sobre o ventre, bem como de seres compostos apenas de cabeça e pés, outros com múltiplas cabeças e múltiplos membros, combinações animais e humanas extravagantíssimas, animais fabulosos. Tanto o artista quanto o artesão que trabalhavam nas construções góticas gozavam da mais ampla liberdade para imaginar[169]. Assim, recriaram os seres fabulosos do mundo antigo a seu próprio modo e a eles combinaram elementos pertencentes ao mundo cristão. Esses seres que invadem portais, colunas, torres das construções medievais, à primeira vista parecem inteiramente disparatados uns dos outros. Entretanto, o especialista em arte gótica Jurgis Baltrusaitis agrupa-os em famílias[170], o que sugere a possibilidade de terem origem em moldes típicos.

Será interessante pesquisar se tais figuras, de acordo com Neumann, provêm de misturas e combinações dentro das matrizes arquetípicas numa fase de desenvolvimento da consciência em que esta ainda não adquiriu capacidade para distinguir e diferenciar[171], ou se será válido admitir que a representação de seres aberrantes faça parte de uma modalidade de linguagem do inconsciente, até bastante apurada. Por meio desses monstros que reúnem num só corpo múltiplos elementos, encontram expressão muitas coisas alusivas à natureza contraditória do homem. A ênfase que este ou aquele de seus componentes adquire poderá indicar eloquentemente uma função predominante. Assim, por exemplo, se a cabeça desce para ocupar a área do ventre, isso significa que a sede da inteligência passou ao serviço de apetites inferiores[172].

---

167. KERÉNYI, K. Op. cit., p. 240.

168. FREUD, S. *O.C.* II, p. 365.

169. RUSKIN, J. *On The Nature of Gothic*. Paris: Hatier, 1942, p. 23.

170. BALTRUSAITIS. *Le Moyen Age fantastique*. Paris: A. Colin, 1955, p. 22.

171. NEUMANN, E. *The Great Mother*. Londres: Kegan Paul, 1955, p. 12.

172. BALTRUSAITIS, J. Op. cit., p. 30.

Nas pinturas de Bosch e de Breughel, povoadas de seres fantásticos, ninguém decerto pensaria em fenômenos de indiferenciação. Por mais estranhas que sejam, essas figuras são extraordinariamente bem construídas, vivas, e falam a quem se detenha para escutá-las.

Muitos etnólogos admitem que os espíritos do mal representados como seres híbridos e aleijões por feiticeiros e xamãs não passariam de produtos da fantasia desses indivíduos, que seriam psicóticos. M.-L. von Franz, entretanto, lembra que essas figuras distorcidas "não provêm da esquizofrenia, mas do fato de que os espíritos do mal sempre foram representados sob tais formas"[173].

Um esquizofrênico brasileiro fez desenho que muito se aproxima da Baubo eleusiana, assim como da representação plástica do doente de Freud (fig. 5). Outros pintaram e modelaram figuras do tipo "cabeça/pés" (fig. 6); muitos dão forma a seres compostos de elementos animais e humanos (fig. 7); um outro cria séries de animais fantásticos (fig. 8).

H. Prinzhorn também verificou a presença de figuras semelhantes nas produções plásticas do hospital psiquiátrico de Heidelberg[174].

A colocação que Jung faz relativa aos animais fantásticos será igualmente adequada a todos esses *monstros e prodígios* antigos e medievais: "Se esses monstros, esses seres imaginários não existissem em nós, desde que não existem no mundo exterior, nunca teriam sido configurados. Essas imagens não teriam sido for-

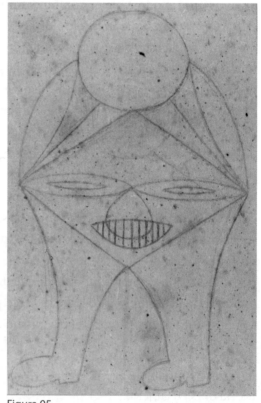

Figura 05
Carlos Pertuis, sem data, grafite sobre papel, 28,5 x 19,2cm.

173. Von FRANZ, M.-L. *Shadow and Evil in Fairytales*. Nova York: Spring, 1974, p. 147.

174. PRINZHORN, H. *Artistry of the Mentally III*. Nova York: Springer, 1972, p. 255.

Figura 06
Adelina Gomes, 31/08/1960, óleo sobre papel, 29,4 x 45,9cm.

jadas, esses monstros não teriam servido de expressões simbólicas se isso não correspondesse em nós a alguma necessidade"[175].

E é a mesma necessidade interna que continua impulsionando a criação de seres imaginários, não só nos hospitais psiquiátricos, mas também em modernas obras plásticas e literárias.

Bastará lembrar a fauna assombrosa das ilhas Antárticas nas *Aventuras de Arthur Gordon Pyn*, de Edgar Allan Poe; a *Tentação de Santo Antônio*, de Flaubert, onde pululam os seres mais singulares que viriam depois inspirar desenhos de

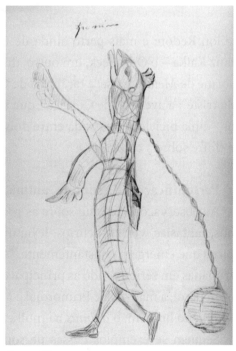

Figura 07
Octávio Ignácio. década de 1970, grafite sobre papel, 37,0 x 28,0cm.

175. JUNG, C.G. *L'Homme à la Decouverte de son Ame.* Genebra: Mont Blanc, 1950, p. 339.

Figura 08
Octávio Ignácio, 02/12/1971, lápis de cera e grafite sobre papel, 36,9 x 55,1cm.

Odilon Redon; e mais perto ainda de nossos dias os animais fantásticos de Franz Kafka – o Odradeck, um outro, misto de gato e de carneiro, o artrópodo enorme de *Metamorfose;* a tarântula de García Márquez, com "cabeça de donzela triste"; a avestruz de Cortázar, que incorpora a sua figura objetos modernos – uma bicicleta amassada entre dois automóveis e uma tampa de chaleira de chifre sobre a cabeça.

Personificações da sombra, anima, grande mãe e velho sábio

As observações de Jung sobre as produções do inconsciente, seja nos sonhos, fantasias, visões, delírios, levaram-no a distinguir certos personagens típicos que emergem constantemente. "As figuras humanas típicas podem ser agrupadas em séries, sendo as principais: a sombra, o velho sábio, a criança e o jovem herói, a mãe – Mãe Primordial e Mãe Terra – e sua contraparte, a jovem, a *anima* no homem, o *animus* na mulher"[176].

Seguem-se exemplos dessas personificações, representadas espontaneamente na pintura de esquizofrênicos.

---

176. JUNG, C.G. *C.W.*, 9, p. 183.

Sombra, na terminologia junguiana, designa "a metade escura e não aceita da personalidade"[177]. É o negativo, o avesso da face que apresentamos ao mundo, a *persona*, isto é, a máscara do ator.

Todo corpo é acompanhado por sua sombra. Assim também a personalidade consciente possui uma contraparte obscura, constituída por inferioridades, defeitos, instintividade negada e mesmo qualidades positivas não desenvolvidas. Todo o material reprimido que forma o inconsciente de Freud nutre a espessura da sombra. Quanto menos reconhecida, quanto mais afastada do consciente, mais a sombra será densa e com maior força será projetada sobre o outro. Esta é a sombra do ego que, nas produções do inconsciente, apresenta-se de ordinário sob o aspecto de figuras do mesmo sexo que o indivíduo.

Mais que nos tratados de psicologia ou de psiquiatria aprende-se a respeito da sombra em livros de literatura. Seguindo escritores em viagens através do mundo interno de seus personagens, ver-se-ão múltiplos e complexos comportamentos da sombra, ora em revolta contra o ego, perseguindo-o implacavelmente, ora usurpando seu papel de comando e até mesmo destruindo-o depois de sofridas lutas. Essas e outras possibilidades acham-se descritas em E.T.A. Hoffmann, *A História do Reflexo Perdido*; R.L. Stevenson, *Dr. Jekyll e Mr. Hyde;* E. Allan Poe, *William Wilson;* Maupassant, *O horla*; Dostoievski, *O duplo*; Oscar Wilde, *Retrato de Dorian Gray*; Andersen, *A sombra*; e em muitos outros contos ou romances. Jamais uma observação psiquiátrica acompanhou as complicadas nuanças do jogo entre ego e sombra até a grande cisão esquizofrênica quanto o fez Dostoievski na descrição das vivências de Golyadkin em *O duplo*.

Quando se trata de psicóticos, as componentes da sombra ganham em força. Exemplo de imagem da sombra no seu aspecto animalesco é um desenho de Octávio (fig. 9). Cabeça de homem, de perfil, com acentuado prognatismo, o que dá à face aparência animal. As partes moles que revestem os maxilares estão ausentes, deixando a descoberto fortes dentes, inclusive todos os queixais. É como se tivesse sido dissecada a máscara que recobre a fera existente no homem. Ao lado, boca largamente aberta, isolada de qualquer corpo, mostra as fileiras superior e inferior de dentes possantes, instrumentos de agressividade instintiva.

---

177. Ibid., 7, p. 94.

Não são raras as imagens da sombra configuradas sob forma de animais, indicando suas características primárias ou aprisionamento na esfera dos instintos.

As cisões internas facilitam a autonomia das componentes da sombra personificadas nos delírios que passam a mover-se como seres absolutamente reais, dotados de liberdade para agir. Representam pulsões inconscientes não aceitas, providas de enormes quotas de energia, voltadas agora contra o ego consciente que havia tanto lutado para reprimi-las. Uma pintura de Abelardo retrata um momento em que a sombra assume o papel principal (fig. 10). Um espelho ocupa a palma da mão direita do indivíduo, refletindo a face branca cheia de terror, que exprime o pânico do ego diante do revólver pronto para disparar, empunhado pela mão esquerda, representante da sombra. Outra mão aponta com o indicador o espelho para obrigar o revólver a não se desviar do alvo, isto é, da imagem no espelho. O tiro estilhaçará o espelho e o testemunho que este poderia dar. O ego fragmentado deixará campo livre à sombra.

Paralelo impressionante a esta imagem é o conto de E. Allan Poe – "William Wilson". Aqui também William Wilson sombra, volta-se contra

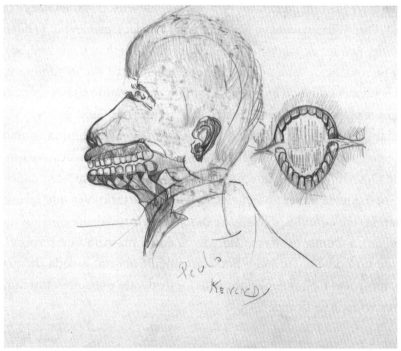

Figura 09
Octávio Ignácio, 26/11/1976, grafite e lápis de cera sobre papel, 33,0 x 48,3cm.

William Wilson ego consciente. E acaba matando-o a golpes de espada. Viu então num grande espelho "a própria imagem pálida e ensanguentada" e escutou, como se ele próprio falasse: "Vê nesta imagem, que é a tua, como te assassinaste a ti mesmo".

Na pintura de Abelardo o ego ainda não foi executado pela sombra, enquanto no caso de William Wilson esta morte já ocorreu. São dois momentos próximos do mesmo drama, com idênticos personagens – o ego e a sombra.

Outro exemplo denuncia as atividades da sombra

Figura 10
Abelardo Correia, 1951, grafite e guache sobre papel, 33,2 x 23,2cm.

numa esquizofrênica. A autora é de origem alemã, loura. Várias pinturas suas representam mulher de longos cabelos louros, ou com asas de borboleta, ou no centro de flor de grandes pétalas brancas (fig. 11). Súbito as coisas se modificam e aparece uma mulher negra que se olha num espelho (fig. 12). A imagem no espelho é de mulher loura, mas com traços fisionômicos de negra demoníaca. Esta pintura possivelmente revela o flagrante da dissolução da personalidade consciente (mulher loura) na sombra (mulher negra), que adquire posição predominante. Um anjo louro (consciência moral) segura o espelho revelador do processo no qual o ego está sendo tragado pela sombra.

O desnudamento da psique até as profundezas levará à descoberta de variantes da sombra ainda mais terríveis. Surgem imagens que personificam o mal, mal absoluto concretizado sobretudo na figura do demônio. Foi ultrapassada a sombra do ego e agora emergem imagens arquetípicas da sombra coletiva, sob seu aspecto mais reconhecível na nossa cultura, isto é, o demônio.

Essas representações são bastante frequentes nos delírios e nas pinturas de esquizofrênicos (fig. 13).

Ainda exemplo para o qual o texto de Jung poderia servir de legenda. "Um dos arquétipos quase invariavelmente encontrado nas projeções de conteúdos do inconsciente coletivo é o *demônio mágico* dotado de misteriosos poderes"[178] (fig. 14).

Figura 11
Helena Davison, 25/08/1961, guache sobre papel, 32,5 x 47,8cm.

A palavra *anima* ainda sugere a muitos estudiosos de psicologia a ideia de algo impreciso, aéreo. Entretanto não será difícil verificar que a noção de *anima* corresponde a um grupo de fenômenos psíquicos de natureza afim, empiricamente constatáveis na psicologia masculina.

A base biológica desses fenômenos reside nos genes femininos existentes na constituição do homem. Se o sexo masculino é determinado pela predominância de genes masculinos, a minoria de genes femininos, porém, permanece presente. "A *anima* é presumivelmente a representação psíquica da minoria de genes femininos existentes no corpo do homem"[179]. Daí pertencer

178. Ibid.

179. Ibid., 11, p. 30.

Figura 12
Helena Davison, 04/08/1961, guache sobre papel, 27,7 x 36,5cm.

exclusivamente à psicologia do homem. A feminilidade inconsciente, indiferenciada do homem, manifesta-se na vida cotidiana por bruscos saltos de humor, impulsos intempestivos, dando seu toque às relações humanas em geral mas sobretudo complicando o relacionamento com as mulheres.

Os fenômenos psíquicos reunidos sob a denominação de *anima* revestem-se de diferentes aspectos, mantendo todas as características da feminilidade – serão animais, seres élficos, deusas, mulheres humanas dotadas de qualidades

Figura 13
Octávio Ignácio, 27/04/1972, guache sobre papel, 55,2 x 36,7cm

Figura 14
Carlos Pertuis, 02/05/1958, óleo sobre papel,
48,5 x 31,8cm.

fascinantes. Como todo arquétipo, "a *anima* é bipolar, e pode, portanto, apresentar-se positiva num dado momento e negativa noutro, ora jovem ora velha; ora mãe ora virgem; boa fada ou feiticeira; santa ou prostituta"[180].

Na literatura mundial encontram-se inumeráveis exemplos de todas essas faces do princípio feminino, seja nos contos populares, seja nas mais altas expressões do romance, do teatro, da poesia. Flaubert reúne em Madame Bovary múltiplos aspectos fascinantes da *anima* e lucidamente reconhece a presença do princípio feminino no seu próprio íntimo, quando diz: "Madame Bovary sou eu".

A mãe pessoal, sendo o primeiro ser feminino com quem o futuro homem tem contato, recebe projeções do arquétipo *anima* existente em toda criança do sexo masculino. E são as qualidades numinosas deste arquétipo que desde logo revestem a imagem da mãe de sedução extraordinária. Como um processo natural de crescimento, regido pela própria dinâmica do arquétipo, a *anima* tende a romper sua fusão inicial com a imagem da mãe. Só assim poderá ocorrer o encontro com outras figuras femininas no caminho para a masculinidade adulta. Mas são grandes as dificuldades que o filho terá de vencer para desvincular-se da imagem arquetípica da mãe, sempre presente por trás da mãe pessoal, acrescida das primeiras e poderosas projeções da *anima*.

---

180. Ibid., 9, p. 199.

"O jovem deve poder libertar-se do fascínio da *anima* exercido pela mãe"[181]. Se não o consegue, haverá perigo de ser possuído pela *anima*, "cuja meta única é tomar posse total do indivíduo"[182]. Disso decorreria a causa mais provável do homossexualismo: "O homossexualismo é ordinariamente caracterizado pela identificação com a *anima*"[183].

Uma pintura do acervo do Museu de Imagens do Inconsciente (fig. 15) mostra a realização do fenômeno de absorção da masculinidade pelo princípio feminino. Grande figura, com tórax de homem, porém provido de seios. Os membros inferiores são fortes e pintados em cor mais escura que o tronco. A perna esquerda está amputada abaixo do joelho, sugerindo castração. Cinto estreito, com as pontas cruzadas sobre o sexo, não parece ocultar o membro masculino. A mão direita ergue um instrumento musical alongado de onde pende uma faixa na qual estão escritas notas musicais, dando conotação de alegria pela metamorfose que se vai processando.

Esta imagem exprime vivência idêntica àquela descrita detalhadamente por Schreber. "Durante esta época os sinais de transformação em mulher tornaram-se acentuados no meu corpo [...] meu órgão sexual masculino deve realmente ter sido reduzido [...] minha voluptuosidade tornou-se tão intensa que eu mesmo tive a impressão de um corpo feminino, primeiro nos meus braços e mãos, depois em minhas pernas, seios, nádegas e outras partes do corpo"[184].

Duas pinturas de outro autor retratam fielmente a fusão mãe/*anima*. A primeira (fig. 16) mostra jovem quase colada à estátua de uma mulher idosa, e na segunda (fig. 17) vê-se jovem ajoelhada, dentro de espécie de cápsula transparente, em postura de reverência diante da estátua de uma majestosa matrona. Através de uma janela, um homem observa, mas não participa da cena interior. Seria adequada legenda para esta imagem o texto de Jung: "A *anima* está oculta sob o poder dominante da mãe"[185].

Dentro da complexidade do mundo interno será possível vislumbrar ainda, noutros planos da psique masculina, múltiplas configurações do princípio feminino.

181. Ibid., p. 71.

182. Ibid., 16, p. 293.

183. Ibid., 9, p. 71.

184. SCHREBER, D.P. *Memoirs of My Nervous Illness*. Londres: W.M. Dawson, 1955, p. 148.

185. JUNG, C.G. *C.W.*, 9, p. 29.

A pintura espontânea oferece essa oportunidade. Vindas de níveis muito próximos da natureza, surgem "criaturas de uma espécie peculiar [...], visão instintiva de um ser feminino mágico que eu chamo *anima*"[186]. São seres élficos do tipo das iaras e sereias, formas da *anima* na qualidade primária de "arquétipo da vida", desprovida de sentimentos ou códigos morais. "O verde, que é a cor da vida, lhes convém perfeitamente"[187].

Comentando uma imagem de *anima*, pintada por um cliente seu, diz Baynes: "Aspecto característico desta figura de *anima* é sua cor verde, que denota íntima conexão com a natureza. De um ponto de vista, a *anima* aparece humana e pessoal, mas de outra parte ela é uma força elementar da natureza como a tempestade, o vento, o fogo ou a vegetação". A propósito desta pintura, Baynes refere-se ao escritor inglês William Sharp, que no livro *Green Lady* descreve visões de uma bela mulher verde cuja influência modificou sua vida[188].

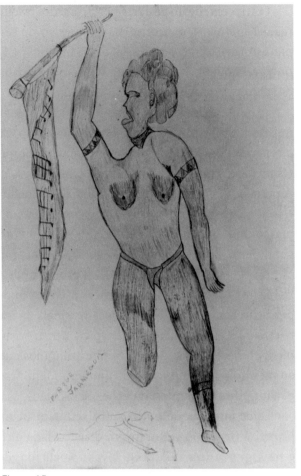

Figura 15
Octávio Ignácio, 05/06/1972, lápis de cera e grafite sobre papel, 55,5 x 36,4cm.

---

186. Ibid., p. 24-25.

187. Ibid., 5, p. 437.

188. BAYNES, H.G. *Mythology of the Soul*. Londres: Methuen, 1949, p. 374.

Outro exemplo é *The Green Child*, de Herbert Read: jovem de pele esverdeada, transparente, deixando ver as ramificações de artérias e veias de cor verde vivo, estranho ser que se movia deslizando como os elfos, definhava longe do sol e parecia não sentir os afetos humanos comuns[189].

É deveras curioso que Carlos pinte figuras femininas, de corpo ainda não bem definido, sem braços e com a face verde (fig. 18 e 19). A série de imagens de face verde tende a transformar-se, permitindo que se perceba a constante dinâmica da vida psíquica. Aparece mais um estranho ser feminino de face verde portando sobre a

Figura 16
Carlos Pertuis, 07/12/1955, óleo sobre papel, 32,7 x 21,9cm.

cabeça adorno de cor vermelha, em forma de coração (fig. 20). Outra pintura do mesmo período representa uma índia de face verde (fig. 21). Ela empunha um arco e seus pés não se firmam sobre o solo. À esquerda, na parte inferior da pintura, destaca-se grande coração vermelho vivo, de onde parte um feixe de vasos sanguíneos que vêm expandir-se sobre a vegetação. Ainda à esquerda, no alto, em tamanho reduzido, cruz negra, carta e pássaro brancos.

Nessas duas últimas pinturas de Carlos acompanha-se um processo transformativo de humanização. Às imagens que personificavam o aspecto elementar da *anima*, vinculada à natureza, vem juntar-se um fator novo, o coração,

189. READ, H. *La Niña Verde*. Buenos Aires: Imán, 1961.

Figura 17
Carlos Pertuis, 04/07/1956, óleo e grafite sobre tela,
61,2 x 50,0cm.

órgão típico da vida animal e símbolo de afeto. Sobretudo a tela da índia é demonstrativa, reunindo num lugar campestre a mulher verde, primitiva, o coração de grande tamanho e, num ângulo ao alto, elementos a se desenvolverem em futuras etapas – a pequena cruz, a carta, o pássaro. Mas toda ênfase recai sobre o coração. E, de fato, os sentimentos do homem estão sob a guarda da *anima* que os rege de acordo com o nível de diferenciação que consegue atingir.

As personificações infra-humanas da *anima* (seres élficos) confinam com suas personificações supra-humanas, pois o arquétipo da *anima* é a "matriz" de todas as figuras de deusas e semideusas[190].

Muitas das pinturas de Carlos revelam o reino das deusas. Exemplos:

• busto de mulher, face e vestes verdes; ela traz sobre a cabeça grande peixe de cauda colorida (fig. 22);

Figura 18
Carlos Pertuis, década de 1940, óleo sobre tela,
45,4 x 37,3cm.

190. JUNG, C.G. *C.W.*, 16, p. 293.

Figura 19
Carlos Pertuis, sem data, guache sobre papel, 37,8 x 33,3cm.

• busto de mulher, face e vestes brancas; uma serpente azul contorna-lhe a cabeça (fig. 23);

• busto de mulher, face e vestes brancas; sobre a cabeça traz uma ave (fig. 24).

As três imagens têm características comuns.

a) À frente de cada mulher existe uma cerca baixa, em quadrados. A cerca é citada por Neumann entre os símbolos conectados com a Grande Mãe, tais como grutas, casas, muros, tendo a significação de encerramento num es-

paço protegido[191]. No mundo arcaico era este espaço o lugar onde as mulheres pariam e de onde a Deusa Mãe ditava suas leis. Os homens não penetravam nesse recinto[192].

b) As três mulheres, aliás também a índia nua, usam na base do pescoço idêntico colar representado por friso negro em forma de

Figura 20
Carlos Pertuis, década de 1940,
ó leo sobre tela, 40,6 x 32,7cm.

191. NEUMANN, E. *The Great Mother*. Londres: Routledge & Kegan Paul, 1955, p. 46.
192. Ibid., p. 159.

Figura 21
Carlos Pertuis, década de 1950, óleo sobre tela,
Dimensões: 34,7 x 26,5cm.

V. Seonaid Robertson[193] observou que as grandes deusas do neolítico, mesmo despidas, estavam sempre adornadas de colares. Isso intrigou Seonaid, mas suas pesquisas não lhe trouxeram explicação para o fato. E aqui estão as deusas de Carlos para aumentar o mistério dos colares.

c) A presença do animal sobre a cabeça. Os animais, peixe, serpente, ave, pertencem respectivamente à água, terra e ar. A Grande Mãe domina os três reinos da natureza.

Nos tempos arcaicos era muito frequente a representação das deusas sob formas animais, inclusive como peixe, serpente, ave. Posteriormente assumem figura humana, mas os animais ainda permanecem junto a ela por muitos séculos na qualidade de representantes simbólicos de atributos inerentes à constituição profunda do princípio feminino.

Figura 22
Carlos Pertuis, sem data,
guache sobre papel,
38,0 x 33,9cm.

193. ROBERTSON, S.M. *Rosegarden and Labyrinth*. Londres: Routledge & Kegan Paul, 1963, p. 117.

A projeção do arquétipo *anima*, principalmente quando ainda amalgamado ao arquétipo mãe, sobre a mãe pessoal ou outras figuras femininas próximas, lhes confere "um caráter mitológico e investe-as de autoridade e numinosidade"[194].

Uma série numerosa de desenhos e pinturas de Carlos documenta o processo de mitologização de uma ancestral. Na modesta família de Car-

Figura 23
Carlos Pertuis, sem data, guache sobre papel, 37,5 x 32,6cm.

los faziam-se frequentes comentários sobre uma tia francesa (irmã do avô), que residia em Paris, mulher bonita, caprichosa e rica. E seu retrato, que a mostrava vestida à moda do século XIX, despertou em Carlos particular interesse. Numa de suas visitas à família, ele trouxe para o hospital este retrato da tia. Copiou-o em

Figura 24
Carlos Pertuis, sem data, guache sobre papel, 38,0 x 32,4cm.

194. JUNG, C.G. *C.W.*, 9, p. 83.

desenhos a lápis centenas de vezes, com pequenas variantes, para depois transformar sua ancestral numa deusa da natureza, entretanto conservando sempre elementos de seu vestido que permitem identificá-la. Coloca-a em altar, a face escura segundo convém a uma mãe-terra, cercada de vegetais (fig. 25), ou pinta-a isolada, como uma deusa arcaica das flores e dos frutos (fig. 26).

A contraparte da *anima* é o *animus*. Corresponde à minoria de genes masculinos existentes na constituição da

Figura 25
Carlos Pertuis, 30/05/1955, óleo sobre tela, 35,0 x 27,0cm.

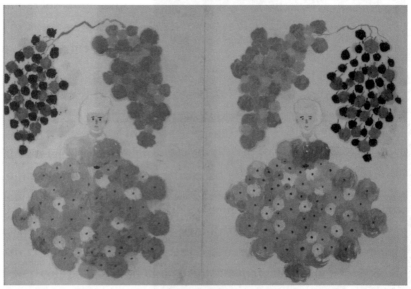

Figura 26
Carlos Pertuis, 20/11/1954, óleo sobre papel, 33,2 x 48,1cm.

mulher e, psicologicamente, revela-se através de um grupo de fenômenos afins peculiares à psique feminina. Essa masculinidade da mulher é inconsciente e indiferenciada, sendo suas manifestações habituais opiniões defendidas ilogicamente, teimosias, asperezas imprevistas no comportamento das mulheres, mesmo as mais femininas. O *animus*, fator intrínseco à constituição da mulher, projeta-se sobre os homens que ela encontra na vida real, pai, irmão, mestre, amado, provocando não pequenos mal-entendidos.

Do mesmo modo que a *anima*, o *animus* é bipolar, encerrando componentes positivas e negativas. Assume aspectos muito variados, desde figurações que traduzem instintividade e força bruta a outras expressivas da mais alta espiritualidade. Por exemplo: Heathcliff, no livro *O morro dos ventos uivantes*, de Emily Brontë, encarna os atributos negativos do *animus* em toda a sua crueza: brutalidade, crueldade, capacidade para destruir. Mas Emily, nos seus poemas, convivia com outra face do *animus* quando exalta a figura ideal de um "anjo radiante", "fantasma sempre presente – meu escravo, meu companheiro, meu rei".

Na pintura de esquizofrênicas encontram-se alguns testemunhos desse arquétipo: imagens de *animus* encarnando força grosseira (fig. 27) e de outra autora "um príncipe encantado" (fig. 28).

O tema arquetípico dominante nos casos clínicos de mulheres psicóticas, estudados em Engenho de Dentro, é o da *Grande Mãe*.

Se na psique do homem emergem deusas mães benfazejas ou tenebrosas, elas pertencem à escala de imagens da *anima*. Mas, quando se configuram na imaginação da mulher, correspondem a personificações do pró-

Figura 27
Laura Ramos, 14/10/1949, grafite e óleo sobre papel, 38,8 x 33,6cm, Caboclo Cambuquira.

Figura 28
Helena Davidson, 13/08/1957, lápis de cera sobre papel, 25,0 x 20,3cm.

prio âmago do ser feminino. Manifestam-se em sonhos, visões, alucinações, sob a forma de figuras que impõem autoridade, mães protetoras e amorosas ou mães que infundem medo. Também o arquétipo mãe reveste-se de muitas outras aparências além das figuras de mulheres de categoria superior. Representarão o arquétipo mãe imagens associadas à essência do materno num amplo sentido: "Tudo que é benévolo favorece o crescimento e a fertilidade, ampara, é protetor e amoroso [...]. No seu aspecto negativo está associada a tudo que é secreto, oculto, escuro; o abismo, o mundo dos mortos, a tudo que devora, seduz, envenena, que é terrificante e inexorável"[195].

A experiência mostrou que na produção plástica de esquizofrênicas a Grande Mãe é vista sobretudo no seu aspecto terrível, pelo menos nas primeiras imagens pintadas ou modeladas, o que poderá ser devido tanto a problemas com a mãe pessoal quanto ao fato de nossa civilização somente admitir o lado luminoso da Deusa Mãe (Virgem Maria). O inconsciente responderia a esta visão unilateral dando ênfase ao lado tenebroso do arquétipo mãe.

Um exemplo é Norma, jovem de 23 anos. Sua história revela complexo mãe negativo. É constelada a imagem arquetípica da mãe terrível, que domina o surto psicótico.

A menina desamparada vê aproximar-se pelos ares figura negra de mulher arrastando, na sua cabeleira imensa, uma igreja, símbolo materno, e uma vassoura, conhecido atributo das bruxas (fig. 29). Há ainda algo convencional

---

195. Ibid., p. 82.

nessa imagem, mas uma pintura muito rudimentar, feita quase um mês depois, emerge de regiões mais profundas do inconsciente. Mulher de grandes proporções, negra, primitiva, mostra coração vermelho vivo ressaltando do corpo negro. Esta Mãe Terra suspende pelos cabelos uma jovem. A base do corpo da grande mãe parece subdividir-se em duas figuras, vistas de perfil, que se fundem com a terra. Aquela à direita estende um punhal para a jovem, e ela o recebe. A mãe ctônica, embora trazendo o coração fora do peito, exige o sacrifício da jovem. O fundo é o céu estrelado, o que dá conotação cósmica a esta divindade arcaica (fig. 30). Dois meses depois, já atenuada a crise, a menina ainda se sente abandonada. E tem a visão da face da mãe terrível com traços animalescos, ameaçadora. A jovem exprime sua busca de libertação nas palavras que escreve no alto da pintura: "Onde está a paz que tanto procuro?" (fig. 31).

O capítulo 7 será todo dedicado ao estudo das imagens arquetípicas da Grande Mãe, na produção de uma psicótica.

Se na mulher as personificações do núcleo mais profundo da psique apresentam-se sob a forma de figuras femininas superiores, o self quando emerge personificado na psique do homem assume figura masculina de categoria superior. Será aquele que ajuda nas situações perigosas, o mestre que conhece a significação da ordem oculta na natureza, o médico, guia e iniciador, mas

Figura 29
Norma Nascimento, 24/06/1977, óleo sobre papel, 36,4 x 55,0cm.

também encarnará aspectos negativos, aparecendo como feiticeiro ou aquele que engana, tenta, sugere o mal. São diferentes faces da imagem arquetípica que Jung denominou *o velho sábio*[196].

As personificações humanas desse arquétipo são muito raras na expressão plástica de esquizofrênicos, fenômeno explicável por não existirem ordinariamente, nos estados psicóticos, condições que permitam a superação do envolvimento exercido pela *anima* e grande mãe.

Figura 30
Norma Nascimento, 22/07/1977, guache sobre papel, 36,5 x 27,5cm.

Figura 31
Norma Nascimento, 20/09/1977, guache sobre papel, 36,4 x 55,0cm.

---

196. Ibid., p. 32.

Entretanto, nas coleções do Museu de Imagens do Inconsciente há alguns exemplares de imagens do Velho Sábio. Dentre essas raras figuras do Velho Sábio, uma delas é particularmente impressionante. Vê-se Velho de Barba branca, da mesma altura que a árvore a seu lado. Seu braço é verde, da mesma cor do tronco e dos quatro ramos da árvore cuja copa é branca (fig. 32). Dir-se-ia uma versão de Chidher, o verdejante, aquele que conhece a sabedoria escondida sob a irracionalidade das ocorrências da vida[197].

Além das personificações, são extremamente frequentes como símbolos do self na expressão plástica dos psicóticos, tanto homens quanto mulheres, as imagens circulares ou tendendo ao círculo, estruturas quaternárias quase sempre pouco diferenciadas, arranjos de elementos vários em torno de um centro. Essas configurações, encontradas com tanta constância, não indicam de maneira alguma que a totalidade psíquica tenha sido atingida. Jung o repete muitas vezes: "Essas imagens são apenas antecipações de uma totalidade que, em princípio, está sempre um pouco além de nosso alcance. Também não indicam necessariamente condição subliminar do indivíduo para realizar a totalidade de maneira consciente, num estágio superior. Na maioria dos casos não significam mais do que compensação temporária para uma situação de confusão caótica e falta de orientação. Decerto indicam basicamente o self, o contenedor e ordenador de todos os opostos. Mas no momento em que aparecem, apenas apontam a possibilidade de ordem na totalidade"[198].

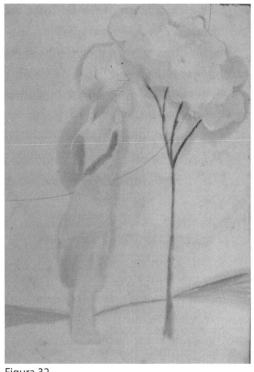

Figura 32
Carlos Pertuis, 27/07/1959, óleo e grafite sobre papel, 48,2 x 32,8cm.

197. Ibid., p. 135.
198. Ibid., 16, p. 316-317.

Este esclarecedor texto de Jung é especialmente aplicável na área da psiquiatria.

Escutando o doente, estudando suas pinturas, o observador verificará que a matéria-prima de seus delírios é constituída de ideias e imagens arquetípicas, soltas ou agrupadas em fragmentos de temas míticos. Se o observador sofre da deformação profissional característica do médico, inclinar-se-á a ver nas criações da imaginação coisas inconsistentes ou patológicas e rotulará apressadamente essas ideias e imagens como material produzido pela doença. Mas, se tomar posição fora de regras preestabelecidas, irá defrontar processos psíquicos surpreendentes. Irá vislumbrar a estrutura mesma da psique nos seus fundamentos e no seu dinamismo.

Quando o ego cinde-se, estilhaça-se, seja por incapacidade para suportar a tensão de certas situações existenciais, pelo envolvimento em relações interpessoais destituídas de amor, frustrantes ou opressivas, seja devido ao impacto de emoções violentas ou ao trabalho surdo de afetos intensos, a libido introverte-se, vindo reativar o inconsciente. O ego, partido em pedaços, não tem forças para fazer face à realidade externa nem tampouco consegue controlar a maré montante do inconsciente.

Em bruscos saltos de nível a energia psíquica, que se introverteu, vem despertar na profundeza disposições herdadas para imaginar e agir que de algum modo já foram úteis ao homem arcaico em situações mais ou menos análogas, repetidamente vivenciadas no curso dos milênios. Entretanto, essas respostas são dadas por estranhos figurantes num jogo de cenas espantosas amedrontadoras tanto quanto fascinantes. Se o indivíduo tenta comunicar o que lhe está acontecendo, as pessoas afastam-se sem querer escutá-lo. Seu isolamento torna-se cada vez maior. Chamam-no então de "alienado".

O problema preliminar será reconhecer a natureza das imagens invasoras do campo do consciente na condição psicótica.

As representações que emergem das camadas mais profundas da psique nunca são patológicas em si mesmas. É o que Jung frisa repetidamente: "Quando o processo atinge a esfera do inconsciente coletivo passamos a lidar com material sadio, isto é, com a base universal da psique, sejam quais forem as variações individuais"[199]. E ainda: "As coisas que vêm à luz brutalmente na

---

199. Ibid., 12, p. 33.

loucura permanecem ocultas nas neuroses, mas, apesar disso, continuam influenciando o consciente. Quando a análise dos neuróticos penetra mais profundamente, descobre as mesmas figuras arquetípicas que ativam os delírios dos psicóticos. Igualmente abundantes documentos literários e históricos demonstram que os arquétipos são formas típicas de imaginar presentes em toda parte do mundo e não produções monstruosas da insanidade. O elemento patológico não reside na existência dessas representações, mas na dissociação do consciente, que se tornou incapaz de controle sobre o inconsciente[200].

Sendo a conjuntura pré-psicótica quase sempre ameaçadora, acontece mobilização mais intensa dos lados terríveis dos arquétipos, dando assim o reflexo da maneira como o indivíduo se sente no mundo. Isso não significa que as imagens sinistras configuradas nas matrizes arquetípicas reativadas tenham sofrido danificações patológicas. Todo arquétipo tem sempre dois aspectos: positivo e negativo, claro e sombrio. Compreende-se que a psicose ponha em relevo sobretudo a face terrível das imagens arquetípicas. Se o processo intrapsíquico desenvolver-se de modo favorável, poderá ocorrer que seja constelada compensatoriamente a face clara, benévola, do arquétipo que primeiro mostrou seu aspecto perigoso. No capítulo 7, referente ao tema mítico de Dafne, ver-se-á uma série de mães terríveis, modeladas em barro, sucedidas por mães amorosas que trazem o coração a descoberto.

As representações das imagens arquetípicas, na verdade estranhíssimas, são interpretadas pela psiquiatria como produtos patológicos que não merecem detida atenção.

Os conteúdos do inconsciente pessoal, muito mais acessíveis à compreensão e de tanta importância nas neuroses, passam a ter relevância menor na esquizofrenia. O importante, quando ocorre a dissociação do ego característica da psicose, será reconhecer as imagens mobilizadas na profundeza da psique. Imagens providas de enormes cargas energéticas emergem em impetuosos movimentos autônomos. Será necessário distinguir aquelas que refletem como num espelho vivências internas terrificantes daquelas outras que instintivamente trazem compensação para a situação emocional pré-psicótica. Diz J.W. Perry: "O problema da compreensão dos processos internos das psicoses é

---

200. Ibid., 9, p. 39-40.

o problema da compreensão das imagens primordiais"[201]. Jung oferece a chave para essa compreensão. Mas a psiquiatria não a aceita.

Enquanto a influência das ideias de Jung estende-se cada vez mais a diferentes campos das ciências do homem – psicologia, biologia, antropologia, história das civilizações e das religiões, crítica de arte etc. – paradoxalmente sua penetração na psiquiatria é mínima, justo na área onde fez suas primeiras descobertas. Ele próprio o constata:

"Ainda me lembro vivamente da grande impressão que senti quando pela primeira vez decifrei os neologismos aparentemente sem nenhum sentido de esquizofrênicos, o que é decerto infinitamente mais fácil do que decifrar hieróglifos ou inscrições cuneiformes. Enquanto essas últimas nos permitem uma visão autêntica sobre a cultura intelectual do homem antigo, realização que naturalmente não deve ser subestimada – a decifração dos delírios dos loucos e de outras manifestações do inconsciente, desvenda a significação de processos psíquicos muito mais antigos e mais fundamentais. Abre caminho para o mundo subterrâneo psíquico que é não só a matriz da produção psíquica do passado, mas também da própria consciência. Ao psiquiatra isso parece completamente desinteressante e não lhe diz respeito em nada – tal como se fosse enormemente importante conhecer de maneira exata onde as pedras foram talhadas para construir as catedrais da Idade Média, mas como se fosse sem a mínima importância conhecer qual a significação e o propósito que essas edificações possuam"[202].

Já que os conteúdos típicos do mundo subterrâneo psíquico são sempre "material sadio", convém sublinhar que a palavra *psicopatologia*, em linguagem junguiana, refere-se ao comportamento autônomo desses conteúdos, à intensidade excessiva de sua carga energética, à violência dos choques entre os opostos peculiares à estrutura básica da psique, à maneira como se contaminam entre si, às mil formas de suas recíprocas associações. E sobretudo ao avassalamento do consciente por tais conteúdos, situação que perturba gravemente o contato com a realidade.

201. PERRY, J.W. *The Far Side of Madness*. Nova Jersey: Prentice Hall, 1974, p. 35.
202. JUNG, C.G. *C.W.*, 18, p. 349-350.

A psicopatologia junguiana é "uma ciência que mostra aquilo que está acontecendo na psique durante a psicose"[203]. Note-se entretanto que Jung nunca usa a expressão *psicopatologia da esquizofrenia*, mas escreve constantemente *psicologia da esquizofrenia*. Já seu primeiro livro (1907) tem o título de *Psicologia da demência precoce*. Nas *Memórias*, Jung diz que, ao escrever aquele livro, seu objetivo "era mostrar que os delírios e alucinações não eram sintomas específicos da doença, mas também tinham uma significação humana"[204].

Nos escritos posteriores continua empregando a expressão *psicologia da esquizofrenia*. Em *Conteúdo das psicoses* demonstra que todas as manifestações da esquizofrenia, delírios, estereotipias etc., são suscetíveis de compreensão psicológica do mesmo modo que os sonhos de neuróticos ou de pessoas normais. O que varia é a complexidade da trama de elementos e a dificuldade de separar fios condutores dentro do emaranhado de fragmentos de dramas arcaicos sobre os quais somos de uma ignorância lamentavelmente quase total.

Em resumo, segundo Jung, será necessário, "para compreender a natureza das perturbações psíquicas, situá-las dentro do contexto da psique humana como um todo"[205].

---

203. Ibid., p. 353.

204. JUNG, C.G. *Memories, Dreams, Reflections*. Nova York: Pantheon Books, 1963, p. 110.

205. JUNG, C.G. *C.W.*, 9, p. 55.

6

O tema mítico do dragão-baleia

O tema do dragão-baleia é uma das mais antigas e universais variações do mito do herói. Em vez de percorrer longas extensões da terra em busca de aventuras, de combater e matar dragões, aqui o herói é devorado pelo monstro[206].

Nas suas excursões pela África e Oceania, Frobenius recolheu numerosos mitos desse tipo, cujo estudo levou-o à descrição da "viagem marítima noturna", esquematizada nas seguintes etapas: o herói é devorado por um monstro marinho no Ocidente; o animal, levando o herói em seu ventre, ruma em direção ao Oriente; durante a viagem, o herói acende um fogo no ventre do monstro ou corta-lhe um pedaço do coração; a seguir, o grande peixe chega a uma praia e o herói sai de seu ventre, libertando muitas outras pessoas que haviam anteriormente sido também devoradas. O calor é tão intenso no ventre do monstro que caem os cabelos do herói.

Para Frobenius o herói simboliza o curso do sol e não lhe passaram despercebidas as conexões entre o peixe e a mãe, nem a ideia de nascimento contida nesse tema mítico.

Exemplo representativo "da viagem marítima noturna" é o mito polinésio de Rata, citado por Frobenius.

O barco navega tranquilamente quando Nganaoa grita: "Oh! Rata, eis um inimigo terrível que surge do oceano!" É uma concha gigantesca, e o barco se acha exatamente entre as suas duas valvas. Nganaoa toma um longo arpão, enfia-o no corpo da concha, e o animal mergulha no fundo do mar. Algum

---

206. CAMPBELL, J. *El Heroe de las Mil Caras*. México: Fondo de Cultura, 1959, p. 88.

tempo depois ouve-se a voz de Nganaoa, sempre vigilante: "Oh! Rata, eis que surge de novo das profundezas do oceano um terrível inimigo". Desta vez é um enorme polvo cujos tentáculos gigantescos já cercam o barco para destruí-lo. Nganaoa agarra o arpão e enfia-o na cabeça do polvo. Os tentáculos tombam flácidos, e o monstro morto vai flutuando sobre o oceano. A viagem continua, mas perigo ainda maior os espera. Um dia o corajoso Nganaoa grita: "Oh! Rata, eis uma grande baleia!" Sua enorme goela está aberta, uma mandíbula debaixo do barco e a outra acima. Então Nganaoa parte o arpão em dois pedaços e coloca-os na garganta do monstro, impedindo-o de fechar as mandíbulas. Nganaoa salta na goela da grande baleia, olha o interior de seu ventre, e que vê ele? Ali estavam seu pai e sua mãe, devorados pelo monstro quando pescavam. Nganaoa toma um dos dois bastões colocados na goela do animal, pois um só basta para manter-lhe a goela aberta. Divide esta parte do arpão em dois pedaços e, friccionando-os, obtém fogo. Então queima as gorduras do ventre e o monstro, torcendo-se de dor, nada para terra próxima. Logo que alcança a praia, pai, mãe e filho, passando pela goela aberta da baleia agonizante, pisam em terra firme[207].

No mito de Rata acompanha-se o desenrolar das etapas fundamentais da viagem: devoramento, travessia do oceano, ateamento de fogo no ventre do monstro marinho, desembarque.

Mitos que referem o devoramento por peixes monstruosos existem entre todos os povos, seja em narrações simples ou fragmentadas, ou ricas em peripécias num longo desdobramento.

Os índios jurunas brasileiros contam que o filho mais novo do herói Sinaá foi engolido por enorme peixe. Quando seus irmãos conseguem retirá-lo, já morto, da boca do peixe e o ressuscitam, o menino não conhece mais ninguém nem se lembra de nada. O irmão mais velho tem de ensinar-lhe tudo outra vez[208].

O herói grego Hércules passou também pela experiência de uma estadia no ventre de monstro marinho. Conta-se que Hércules, a fim de salvar a Princesa Hermione, de Troia, que já se achava amarrada num rochedo para que o

207. JUNG, C.G. *C.W.*, 5, p. 347.

208. VILLAS BOAS. *Xingu, os Índios, seus Mitos*. Rio de Janeiro: Zahar, 1972, p. 199.

peixe gigantesco enviado por Poseidon se apodere dela, salta na goela aberta do monstro e penetra no seu ventre, onde permanece três dias e três noites. Hércules mata o monstro e ressurge ileso. Apenas, por causa do intenso calor existente no ventre do monstro, perde sua abundante cabeleira, tal como outros heróis em idênticas circunstâncias.

A cultura judeu-cristã possui algumas narrações bem próximas desse tema mítico. A arca de Noé decerto é comparável ao ventre de um grande peixe que, depois de longa viagem, aporta em terra firme para que Noé e sua família, junto com animais de toda espécie, deem recomeço a um novo ciclo da história do povo judeu.

Mas o exemplo por excelência é Jonas. A Bíblia narra que Jonas ouve a voz do Senhor ordenar-lhe que vá a Nínive, a devassa capital da Assíria, pregar penitência. Jonas tem medo. A empresa é demasiado grande e arriscada. Então, foge num navio para Tarsis, pretendendo escapar ao Senhor. Escapar ao apelo ainda confuso de sua própria vocação. Uma tempestade desaba, vento e mar enfurecem-se. Seria Jonas o culpado do desencadeamento daquela tormenta nunca vista. A tripulação em pânico lança-o ao mar e um peixe monstruoso engole Jonas.

Realmente a tarefa de Jonas não era fácil. Ele teria de levar a palavra de Javé fora do círculo do povo eleito; levá-la aos gentios ninivitas. Diante de tal empreendimento imenso tumulto emocional levanta-se no íntimo de Jonas (tempestade) e ele é tragado pela baleia (inconsciente). Mas a consciência de Jonas não se apaga de todo. Dentro da escuridão do ventre do monstro marinho ele clama ao Senhor: "[...] lançastes-me às profundezas, ao coração dos mares e a corrente me envolve. Todas as vossas vagas e ondas rolam por sobre mim [...], envolvem-me as águas até ao pescoço, o abismo me cerca e as algas cingem-me a cabeça. Desço até as raízes dos montes e a terra fecha sobre mim seus ferrolhos para sempre".

Três dias e três noites depois o peixe vomita Jonas numa praia nas proximidades de Nínive. Jonas torna a ouvir a voz do Senhor e desta vez cumpre a missão que lhe é imposta imperativamente.

A sequência da narração bíblica mostra quanto Jonas estava inconsciente do longo alcance de sua ação heroica. O ego inflaciona-se, o profeta irrita-se porque Javé não castigou os ninivitas e porque secou o mamoeiro que lhe dera sombra e ele considerava sua propriedade pessoal.

Jesus não fez apelo ao povo desta ou daquela cidade, mas aos homens do mundo inteiro. Era difícil entendê-lo. Falando a escribas e fariseus que lhe pediam demonstrações milagrosas, Jesus relembra, seiscentos anos mais tarde, Jonas e os ninivitas: "Assim como Jonas esteve três dias e três noites no ventre de um monstro marinho, assim estará também o Filho do Homem três dias e três noites no coração da terra" (Mt 12,38-40).

Jonas renasce do "coração dos mares" com novas forças. Jesus ressuscita do "coração da terra" para subir à glória celeste.

Noutro episódio narrado na Bíblia encontra-se mais uma alusão a esse tipo de processo transformativo por mergulho nas profundezas.

Na conversa secreta que teve com Nicodemos, um dos chefes dos judeus, Jesus lhe disse: "[...] ninguém, se não nascer de novo, pode ver o reino de Deus". Respondeu-lhe Nicodemos: "Como pode um homem nascer, sendo velho? Poderá, acaso, entrar novamente no seio de sua mãe e renascer?" (Jo 3,1-4).

Nicodemos é impermeável à linguagem simbólica. Bom racionalista que era, toma ao pé da letra as palavras de Jesus e acha-as demasiado estranhas. Volta ao útero materno? O doutor da lei judaica não podia entender a expressão "nascer de novo" fora do fenômeno biológico, como renascimento em nível superior de consciência. Ainda hoje muita gente raciocina tal qual Nicodemos.

Sendo a linguagem simbólica seu idioma nativo, o homem arcaico apreendia de imediato a significação do *segundo nascimento*.

Mircea Eliade, no livro *Nascimentos místicos*, descreve rituais de puberdade e de iniciação (África, Austrália), nos quais a cabana onde o noviço fica isolado representa o ventre de um monstro marinho, crocodilo ou serpente. "Ficar encerrado na cabana equivale a permanecer no ventre do monstro [...]. O ventre do monstro, como motivo iniciático, tem enorme difusão e foi continuamente reinterpretado em numerosos contextos culturais. A cabana iniciática figura, além de ventre do monstro devorador, o ventre materno. A morte do neófito significa regressão ao estado embrionário. Não é a repetição da gestação materna e do nascimento carnal, mas uma regressão provisória ao mundo virtual pré-cósmico – simbolizado pela noite e as trevas – seguido de um renascimento homologável a uma criação do mundo"[209].

---

209. ELIADE, M. *Naissances Mystiques*. Paris: Gallimard, 1959, p. 83-84.

Segundo a psicologia junguiana, a regressão ao útero materno, em sentido literal, ocorre apenas em limitado número de casos patológicos. O que constitui fenômeno universal é a nostalgia do estado de semi-inconsciência. O apego à matriz escura e tépida, à mãe em largo sentido simbólico. A frágil consciência, aquisição recente do homem, recua diante do mundo externo e suas múltiplas dificuldades; sente atração para mergulhar de novo no inconsciente. Mas tão grande regressão, ameaçando a preservação da vida, provoca impulsos compensatórios que partem do próprio inconsciente, impulsos que impelem a titubeante consciência para a luz. O inconsciente é o ventre escuro que aconchega, mas também todo ventre tende a parir. A consciência nasce do inconsciente.

Esta situação é projetada nos mitos que figuram a luta do herói (personalidade consciente) contra o monstro (inconsciente – mãe). O herói combate, é devorado pelo dragão ou baleia e depois renasce. O mesmo ciclo repete-se incessantemente na vida de cada ser humano. Tão forte é o fascínio do inconsciente que "o efeito das ações heroicas tem curta duração. Sem cessar, torna-se necessário que se renove a luta do herói, sempre sob o símbolo de libertação da mãe"[210]. Jung entende o mito do herói como esforço do próprio inconsciente para resgate da consciência dos perigos da regressão[211]. E assim, através de descidas arriscadas ao enorme ventre do monstro e de árduas subidas à luz solar, processa-se o fortalecimento e a extensão da consciência.

O mito do herói com todas as suas façanhas refere-se não só à conquista da consciência e busca do próprio caminho para cada indivíduo, mas igualmente a subidas de nível da consciência coletiva de grupos humanos.

As personalidades que emergem da massa mais ou menos inconsciente "não são pessoas *privadas*, destituídas do direito de merecer nosso interesse, [...] elas encarnam em geral os legendários heróis da humanidade"[212]. Heróis, profetas, visionários de todos os tempos têm sido os intérpretes das correntes ascendentes do inconsciente. A esses aplicar-se-á o que diz Jung do poeta: "Ele é um homem coletivo e traz dentro de si a alma inconsciente e ativa da humanidade"[213].

---

210. JUNG, C.G. C.W., 5, p. 348.

211. Ibid., 4, p. 319.

212. Ibid., 17, p. 174.

213. Ibid., 15, p. 101.

No relatório *20 anos de Terapêutica Ocupacional em Engenho de Dentro 1946-1966*[214], escrevi: O teatro não alcançou ainda na Seção de Terapêutica Ocupacional e Reabilitação o nível que cabe a esta atividade [...]. O teatro para esquizofrênicos (atores e espectadores) deveria ser teatro segundo o conceito de Antonin Artaud. Teatro "que apresente aos olhos certo número de quadros, de imagens indestrutíveis, inegáveis, que falarão ao espectador diretamente"[215].

Pouco tempo depois, em fevereiro de 1967, tentei uma experiência do tipo de teatro sugerido por Artaud. Só que se fazia desnecessária a apresentação de quadros. As imagens "indestrutíveis, inegáveis", ou, noutra linguagem, as imagens arquetípicas, estavam presentes e muito vivas no mundo interno de cada um. Representá-las teatralmente seria dar-lhes forma motora e verbal, juntamente à expressão de suas concomitantes emoções.

Pareceu-me que o tema mítico do dragão-baleia era adequado para uma experiência desse gênero. Com efeito, diz Jung, o fenômeno de regressão da libido encontra "na parábola de Jonas engolido pela baleia a reprodução exata dessa situação [...]. Se as camadas mais profundas do inconsciente coletivo são atingidas pela libido em regressão, haverá a possibilidade de renovação de vida e também de destruição. A regressão, quando não é excessiva, significa retomada da conexão com o mundo dos instintos que, sob seu aspecto formal ou ideal, constitui espécie de *prima materia*. Se essa *prima materia* pode ser assimilada pelo consciente, ocorrerá uma renovação e reorganização de seus conteúdos. Mas se o consciente mostrar-se incapaz de assimilar os conteúdos que irrompem do inconsciente, então perigosa situação acontece na qual aqueles conteúdos conservam suas formas originais, caóticas e arcaicas, resultando daí a dissociação da unidade da consciência. Essa situação é adequadamente denominada esquizofrenia, porque se caracteriza pela cisão da psique"[216].

O herói mítico, depois do mergulho na escuridão e de muitas lutas, consegue voltar, ver de novo o sol nascente, símbolo da consciência. O esquizofrênico fica prisioneiro do ventre do monstro, sob o fascínio paralisante das imagens primordiais.

---

214. SILVEIRA, N. *20 anos de Terapêutica Ocupacional em Engenho de Dentro*. Op. cit., p. 76.

215. ARTAUD, A. *O.C.* II. Paris: Gallimard, 1961, p. 22.

216. JUNG, C.G. *C.W.*, 5, p. 408.

Entretanto, esse aprisionamento não será inexoravelmente definitivo. Se várias condições favoráveis confluírem, o esquizofrênico poderá sair do ventre da baleia. A tendência a renascer é espantosamente persistente. Entre as dez categorias de imagens simbólicas que J.W. Perry encontrou no trabalho psicoterápico com 12 jovens esquizofrênicos, uma delas é constituída por símbolos de novo nascimento. E símbolos dessa categoria, sem exceção, achavam-se presentes nos 12 casos clínicos de Perry, por ocasião da saída do surto esquizofrênico[217]. A experiência em Engenho de Dentro confirma essa constante tendência a renascer.

O dragão-baleia em dramatização

Encenando o mito do dragão-baleia, a meta terapêutica seria, por meio da ação teatral, ajudar a assimilação dessas imagens, ao menos parcialmente fazendo apelo a partes da consciência ainda poupadas. E, sobretudo, dar apoio às tendências a renascer. "Este mito tem uma 'salvadora' significação terapêutica desde que dá expressão adequada ao dinamismo subjacente à confusa complexidade da situação individual"[218].

A experiência foi conduzida por mim, com a colaboração dos psiquiatras Artur Sales e Célio Esteves e dos monitores Margarida Trindade e Clóvis Gerkins.

Dois esquizofrênicos, Fernando e Darcy, ambos internados havia anos, foram escolhidos para a experiência, atuando separadamente. O mito polinésio de Rata, referido acima, teve preferência para ser dramatizado, por ser desconhecido dos atores e desenvolver-se numa sequência de ações coordenadas.

Será transcrito aqui um resumo das sessões das quais participou Fernando (as sessões foram gravadas).

Numa sessão preliminar narrei para Fernando o mito de Rata. Pedi-lhe que se imaginasse fazendo uma viagem semelhante e dramatizasse as diversas etapas de suas aventuras.

Fernando representou o herói Nganaoa. Margarida fez o papel de concha e Clóvis o de polvo. A goela aberta da baleia foi simulada por Margarida e Clóvis de mãos dadas.

---

217. PERRY, J.W. *The Far side of Madness*. Nova Jersey: Prentice Hall, 1974, p. 30.

218. JUNG, C.G. *C.W.*, 4, p. 319.

Recusa representar. Aceita fazer a narração do mito enquanto Margarida representa. Mostra-se rico nas expressões verbais e mímicas no decurso da narração. No fim da narrativa o pensamento se desagrega.

F – Entrou na baleia onde havia multidão de coisas boas e más as cenas do mundo as questões de moral de religião o bem e o mal coisas que podia ter por bem ou contra a consciência religião e riquezas não queria aquele poder não assim a religião é melhor que a riqueza mas talvez a outra coisa devagar seja melhor coisas ruins tentações apossar-se de riquezas injustamente aí chega numa praia.

N – Ficou alegre quando voltou à luz do sol?

F – Não sabe se ficou alegre.

N – Seria melhor ficar na barriga da baleia?

F – Com aqueles sonhos tão bons ele não queria mais sair queria continuar aqui é muito perigoso mas é bom a baleia podia também expulsar ele talvez não fosse convidado tudo correndo sem a sua vontade podia terminar tudo e ficar do lado de fora mas de fora também é perigoso o sonho bom também é perigoso.

N – E a vida fora da baleia?

F – Paisagens muito bonitas mas não sei escolher a melhor se são iguais é melhor ficar ali.

N – Se saísse da baleia, que escolheria para trazer?

F – Geralmente é bom andar para frente é melhor sair ou se não ficar no mesmo lugar herói saindo por várias cidades e procurando a liberdade e quem sabe se em lugar pequenino ele encontrasse a liberdade talvez no Brasil Oceania (o pensamento se desagrega) pires mata-borrão etc qual o anzol que vai prender.

N – Você falou em liberdade. Que quer dizer liberdade?

F – Todo mundo fala mas ninguém sabe ninguém ensina nem a mãe nem o tio se entrar numa quitanda e perguntar ninguém lhe diz ninguém lhe dá.

2ª sessão, 15/02/67

N – Vamos fazer outra viagem?

F – Vamos.

N – Gosta dessas viagens?

F – Os minutos valem milhões

N – Vamos tomar o barco. Você vai pelo mar a fora. Vento tranquilo. Que aconteceu?

(Fernando narra o mito animadamente.)

F – Viu ostra bruta baita descomunal encontra polvo descomunal vê baleia que parece até um dragão era tão grande que não pode fazer nada colocou o arpão na boca viu na barriga as coisas boas e as coisas más escolheu as coisas boas e aí saiu com as coisas boas o resto não me lembro ficou livre do perigo talvez.

N – Ele encontrou coisas boas e más. Como são as coisas boas e más?

F – São diferentes.

N – Você falou em riquezas, em religião.

F – Devo ter falado muito bem no 1º ano no 2º ano já era diferente até 9-10 anos mistura aquilo tudo acho que as coisas não mudam a pessoa é que muda só pode ser uma mesma verdade cada pessoa sabe de uma coisa os derrotados não querem saber de mais nada.

N – Procure representar o herói. Ali está a personagem que representa o amor dentro da barriga da baleia (aponta para Edmeia).

F – o amor é outra liberdade quanto mais amor mais liberdade menos amor é a escravidão.

(Descreve um sonho: "Pulou um muro mas caiu em lugar estranho caminhos para todos os lados ali estava uma menina se recuasse estaria no Riachuelo mais ainda na Bahia o fundo era o fundo da alma".)

Fernando começa a representar. Começa a remar, movimentos pouco amplos: "Será que a sereia vou encontrar antes ou depois".

Ao ser induzido a sair da barriga da baleia não quer levar sereia – quer levar o tesouro; quer sair para gastar o dinheiro. (Sai levando o dinheiro.)

3ª sessão, 17/02/67

N – O navegador se chama Fernando. Vamos navegar. Quer navegar falando ou agindo?

F – Agindo é mais fácil.

N – Naturalmente o navegador não pode esquecer o arpão e o remo.

F – O arpão é instrumento de ataque e defesa.

(Fernando pede o arpão e faz movimentos de quem está remando. Lança o arpão contra a concha e depois contra o polvo. Lança o arpão lateralmente.)

F – O polvo morreu (Ri muito.)

N – O que aparece agora?

F – A baleia que parece com o dragão

N – Que tem dentro da baleia?

F – Coisas boas e coisas más coisas espirituais e materiais boas ações e más ações materiais tesouros livros a Bíblia a Divina Comédia como se estivesse num navio coisas maiores variadas Lusíadas coisas perigosas.

N – Você quer sair ou ficar?

F – Quero sair apanho as coisas boas o tesouro mas vou deixar coisas para os outros não dá tempo de carregar tudo é melhor sair alguém forte pode aproveitar para levar mais coisas

N – Os fortes podem carregar mais coisas?

F – Outro forte talvez teve coragem de aproveitar carregou o tesouro e deixou a sereia e a princesa.

N – E você, que vai fazer?

F – Carrego o tesouro está fazendo falta (palavras desconexas) com o tesouro deixo a baleia se ela quiser continuar, continue.

(Fernando mostra-se preocupado em encontrar o barco. E ao sair da baleia ri alegremente aplaudido pelos presentes.)

N – Que você vai fazer com esse tesouro?

F – Espalhar a riqueza pelo mercado.

N – Aprende-se muito na barriga da baleia?

F – Qualquer destino tem um valor é a época mais bonita que tem ficar nos mosteiros o retiro da freira fica um mês o padre dois três meses é a coisa mais bonita que tem vale mais que dinheiro é a coisa maior do mundo (palavras desagregadas...) veja a mãe que toma conta tinha direitos para castigar a própria igreja é que cuidava e castigava a mãe também por isso a mãe já soube disso quantos mandavam cozinhar escravos para fazer banquete a moda era comer cadáveres comer gente viva comer pessoas usar arco e flecha era o maior desejo botar a pessoa no mato os nobres iam caçar era a moda mais bonita que tinha fazer esporte de matar os vivos para atirar tinha que ter vez naquele tempo era assim nascer assim para ser sacrificado (o pensamento se desagrega).

4ª sessão, 21/02/67

N – Vamos fazer uma viagem (Nise dá a Fernando uma régua e pergunta): – Que é isto?

F – O arpão.

(Fernando recua lentamente, quase sem sair do lugar. Lança o arpão sobre a concha e o polvo rindo repetidamente.)

N – Você está tomando conhecimento do ventre da baleia. Que vê?

F – A sereia pode ter um harém oriental o maior harém com oito mil ou dez mil moças.

N – Conte como é o harém.

F – Deve ser 50 estou vendo se consigo concretizar o número um harém pequeno as maiores belezas mundiais.

N – Que mais você encontra na barriga da baleia?

F – Espadas armas a Bíblia e os *Lusíadas* agora imagens de sonhos de alguns gregos escritores gregos diziam que seus versos e cantos eram sonhos e aparições tinham receio de que o rei não gostasse das novidades Cristo foi sacrificado por causa das novidades nem na religião pode ter novidade no tempo da inquisição não podia haver novidade nem desejo na Rússia qualquer ideia na França não sei não pode haver liberdade quem tivesse um movimentozinho seria preso quem descobre a coisa fica sendo o dono da coisa.

N – Que achou ainda mais?

F – Sonhos ou então visões que ele teve numa baleia tão grande pode ser milagrosa um ser milagroso podia ter milagres maiores.

N – Na saída do ventre da baleia que vai levar para fora?

F – Tesouro a sereia seria impossível levar Aladim há muita coincidência de achar uma lâmpada lá dentro acho que não encontro não Aladim e o tapete mágico talvez não existiu são de outras regiões que acontecem pode ir para regiões de castigo.

N – A baleia já chegou na praia. Apanhe o que quiser. Quer sair?

F – É, tenho que apanhar o tesouro.

N – Abandonaria o harém?

F – Por enquanto levaria o tesouro.

(Sai. Depois, enquanto tomamos café, Fernando continua conversando. Fala de sonhos: "Cada palavra tem um sonho cada coisa que existe Carnaval Natal Ano Novo parada".)

N – Hoje, qual foi o seu sonho?

F – Eu tenho sonhado mas agora não me lembro eu não tinha nenhum brinquedo quando criança então sonhava todo dia brinquedos interplanetários só tinha brincadeiras que umas crianças fazem com as outras a gente pode fazer o que fizer para a plateia mas já que não ganha nenhum ganha brinquedo interplanetário na nuvem há satélite artificial que é projetado na tela pode ter até Deus é uma tela muito grande que representa como na televisão o poder de sonhar com o que quiser menos sonhar com que é da terra.

(Retirando-se da sala Fernando aparece do lado de fora da janela):

– Quero contar outro sonho havia uma coisa esquecida vários cinemas juntos um do outro em estrela e uma tela do lado contrário distante há um cinema pequenino havia uma lágrima para uma lágrima havia um sonho isso é que ia dar o choro.

5ª sessão, 24/02/67

N – Vamos fazer outra viagem? Veja do que precisa.

F – Preciso do arpão (e apanha a régua que está sobre a mesa).

N – Por que acha o arpão necessário?

F – Os índios vão para o mato atrás das feras sempre com a flecha.

N – Agora vamos fazer a viagem.

(Fernando, fazendo que rema, desloca-se cerca de 2 metros para a frente mais do que na sessão anterior. Faz o gesto de quem arremessa o arpão lateralmente sobre a concha e depois sobre o polvo.)

N – Que vai aparecer?

F – A baleia que parece um dragão grande e perigosa pequenina não faz medo mas essa ih é grande não tem recurso tomou todo o céu.

(Margarida e Clóvis de mãos dadas passam por cima de Fernando como se este tivesse sido engolido pela baleia.)

N – Que há no ventre da baleia?

F – Pergaminhos e inscrições egípcias em placas de barro para construir casas não se sabia até descobrir-se passou muito tempo acho que não há mais nada havia Bíblia sereia tesouro espada armas que podiam fabricar escondido.

N – Apanhe o que quiser para sair.

(Fernando apanha o tesouro e sai do ventre da baleia.)

N – Que vai fazer com este tesouro?

F – Transformaria em dinheiro e comprava palácios para ter escravos e tudo que tivesse com as melhores coisas do rei que o rei tem a melhor vida.

N – Que mais?

F – Fazendo uma nova cidade fazia uma organização social completa senado câmara palácio.

N – Quem você convidaria?

F – Bastava ter dinheiro para aparecer tudo o que era candidato antigamente se comprava um palácio oriental mas atualmente coisas melhores modernas para disfarçar de quem quisesse levar tudo haveria um meio eletrônico com cidade no ar ou no mar coisas do futuro tinha uma distração tem muitas cidades eletrônicas no ar uma cidade do ano 2000 chegava lá encontrava muitas cidades outras cidades eletrônicas seriam de outras pessoas que achavam o tesouro na baleia algum benemérito deve ter inventado essa baleia.

N – E moças, não há nessa cidade?

F – É uma cidade completa no fundo do mar uma bacia um vaso de vidro invertido como campânula a moça diria você não tem nada que tirar coisas da baleia era uma bacia de vidro ou bacia de formação eletrônica ou matéria plástica bem grande a moça que contou essa história deve ter um segredo essa história tem um mistério só cidade no fundo do mar essa moça contaria essa história para algumas pessoas só na cidade do fundo do mar não se encontram detalhes é misteriosa.

N – E os sonhos?

F – Para todas as palavras tem um sonho nos outros sonhos se repetem tem o sonho da mudança que é pular o muro e o sonho da residência a alma da pessoa fica como uma casa para acostumar a residência como a criança com a banheira é o sonho das residências para a criança a alma da criança é o berço quando vai para a escola a alma passa a ser o livro se for a um mosteiro é a Bíblia aquilo que se está fazendo é a alma da pessoa por um milagre se carrega a criança para fora como de dentro da barriga da baleia as palavras são a própria vida haverá perigo existe tudo eles é que vão abençoar e tudo é milagre.

(Seguem-se palavras desconexas.)

6ª sessão, 03/03/67

N – Vamos partir. Vamos tomar o barco, armar as velas. Tem tudo o que precisa? Se for atacado você não tem como se defender. De que precisa?

F – Do arpão (apanha a régua).

N – O mar está tranquilo, mas não se sabe o que pode acontecer.

(Fernando rema. Aproxima-se a concha, ameaçadoramente. Fernando lança o arpão lateralmente.)

N – Alguma coisa apontou no horizonte.

F – Sua majestade o polvo

(O polvo se aproxima e Fernando lança lateralmente o arpão.)

N – Que surge agora no horizonte?

F – A baleia.

(Fernando rema e ri. Depois lança o arpão.)

N – Onde você deixou o arpão?

F – Na mandíbula da baleia.

N – Por quê?

F – Para imobilizar para o futuro seria o único jeito de sair.

N – Faça pesquisas no interior da baleia.

F – A palavra verdadeira dos profetas a palavra de Jeová este é que tinha o panorama geral das coisas há coisas boas e más materiais e espirituais morais.

N – Imagine-se dentro da barriga da baleia.

F – Pirata só mal aproveita como retirar conhecimentos dos piratas ou aceita ou rejeita talvez pudesse recusar porque talvez tivesse futuro pode ter um rei mas também distribuir num exército para fazer um bem os desejos que ele tiver que escolher livros raros e coisas muito boas mesmo que pertenceram aos melhores gênios cadernos que contam e ensinam.

N – É o tesouro que você quer carregar?

F – Para estudar poderia comparar o passado com o presente o futuro eletrônico força atômica muitas obras de arte.

N – Você quer sair agora? Junte o que você tem.

F – O tesouro vai ficar muito escuro ou então muito brilhante.

(Fernando passa por baixo dos braços de Clóvis e Margarida, como que saindo da barriga da baleia.)

N – Sente-se aqui. Você já sonhou com a baleia?

F – Devo ter sonhado a concha talvez fosse o primeiro ano no outro ano já estava na barriga do polvo pode ser o primeiro sonho o abraço do polvo pode ter inutilizado já vai nesse destino talvez ocorra esse destino nessa direção talvez seja o destino do mundo o mundo não é só esse tem outros horizontes.

Muitas frases desconexas e fragmentos de sonhos. Dentre esses consegue-se destacar: "Sonhei que estava pulando o muro rainha da Boêmia da Europa eu fui ver então fiquei assim com sapiência aquela imagem era a imagem do mundo todo o mundo das imagens mudei para o mundo das imagens mudou a alma para outra coisa as imagens tomam a alma da pessoa a imagem muito grande toma uma forma vão formando novas camadas como as facetas chega a camada da alma já tem lugar de formar a imagem".

E o último sonho: "O cosmos era todo estrangeiro transmutação da alma aí disseram que estava ali tudo as religiões todas com roupas do tempo antigo elas pensavam que eu estava num caixão que parecia dos ministros como de Branca de Neve sempre esse é o mesmo significado todo povo ali e eu nada de ver mas todas as histórias Branca de Neve Pinóquio Dom Quixote existiam todas as coisas do futuro primeiro foi a baleia depois o alfinetinho depois a alma quer dizer que a alma é um alfinetinho [...] interessante é o sonho de ir para casa as moças diziam como nós éramos bonitas no passado há cinquenta quarenta anos atrás estava-se vendo no passado apareceram muitas múmias todas cobertas de ouro embalsamadas o cabelo parecia uma mola bonito (Fernando ri) também era uma múmia daquelas falava diretamente comigo numa situação muito diferente cumprimentou mais que cem vezes a história desse rapaz dava para fazer um livro e prêmio Nobel disse a outra se ele fizesse um livro ficava em uma cadeira de rodas para escrever uma vida toda eu ficava sem destino nunca eu podia sair dela para isso a condição era eu não voltar por isso eu preferi brincar".

7ª sessão, 31/03/67

N – Não lhe assusta a viagem no ventre da baleia?

F – Em criança assustava vão mudando essas imagens o medo é ilusão a coragem também.

(Fernando diz que a mãe lhe contava histórias. Depois de ouvir uma delas perdeu o medo.)

N – Qual foi a história que fez você perder o medo?

F – A do Pinóquio.

N – Agora você vai fazer como o Pinóquio. Tome posição, veja do que precisa.

(Fernando toma a régua dizendo): – Se a história fosse como na terra a arma era a flecha porque os índios pescam e caçam com flecha não é.

N – Parte, Fernando, valente navegador. Vai pelo mar em busca de aventuras.

(Fernando faz gestos como quem rema.)

F – Na barriga da baleia encontra quadrilha de piratas livros raros a Bíblia seria manuscritos antigos e ainda sortilégios encantamentos rezas e contratos com o diabo.

N – Como são esses sortilégios?

F – Com sangue de ratos e morcegos faziam encantamentos nos tempos das guerras faziam elixir sangue de morcego de rato uma gruta cheia de coisas penduradas nas grutas das florestas.

N – Tudo isso no ventre da baleia?

F – A baleia é muito grande e pode ter engolido a floresta.

N – Agora que você vai sair do ventre da baleia, veja o que você quer levar.

F – Não levava a Bíblia porque fica escravo da religião não levava a sereia que iam fazer confusão com ele não levava outras coisas porque fica escravo delas pode deixar para outro mas a riqueza pode resolver muita coisa.

N – O elixir, você não leva?

F – Ficam para os donos não é levo o tesouro.

(Fernando sai do ventre da baleia.)

N – Que vai fazer com o tesouro?

F – A maior coisa possível quero ir para um colégio de Paris de engenharia de advocacia não gostaria o livro de engenharia é um monte de pedras pedras e pedras a caldeira é de tijolos sobre tijolos o botânico é a mesma coisa qualquer parte é a mesma coisa se for pedra todas são iguais da mesma coisa igual química é igual todas as casas são iguais como uma figurinha é uma coisa só tudo igual aí tira todo o mistério do mundo não sei por que milagre passei a gostar da escultura e da pintura.

(Fernando toma café e conversa. Não gostava do leite amargo do colégio.)

N – Mas você já me disse que gostava muito de mamar.

F – Antes na primeira vez tudo o que aconteceu é um milagre nasce e se mama não se sabe como eu não sei se ela botou ou o leite funciona sozinho.

N – Você mamou até que idade?

F – Até quatro anos e meio um dois ou três meses.

N – Você comia outras coisas nesse período?

F – Filava um pratinho de feijão com três anos eu comia muito fiquei doente de comer sapoti morria de fome e a família toda quando acabava a comida ninguém se retirava Deus é que está mandando quanto mais demorava mais eu aprendia perdendo meu mundo.

N – Qual era esse mundo?

F – O mundo de mamar a gota de leite que está sendo destruída.

8ª sessão, 07/04/67

N – Bom dia, Fernando. Vamos fazer nova viagem hoje?

(Fernando toma posição. Fernando rema, sem sair do lugar.)

N – Estamos vendo uma sombra estranha.

F – Parece uma espécie de montanha mas é a concha o mar parece misterioso vai começar a conhecer o mundo.

(Fernando faz o gesto de lançar o arpão.)

N – Agora lá no horizonte há uma sombra enorme.

F – É um polvo gigantesco como uma árvore como uma montanha.

(Fernando lança o arpão.)

N – Aproxima-se...

F – É a baleia dragão tem três ondas enormes três balões.

N – Que baleia imensa! Como você se sente nessa baleia?

F – Com tanta riqueza precisa conhecer os órgãos da baleia novas emoções ter que carregar tudo nos cálculos coisas boas e más Bíblia manuscrito vasos antigos milagres muito grandes segredo dos tempos antigos é capaz de chegar àquela época de Jeová armas brilhantes armaduras mais perfeitas pode prolongar aqueles tempos depois livros raros múmias egípcias coisas de ouro com inscrições cada figura é uma civilização e sociedade inscrições de palavras armas tem brilhantes mas são perigosas coisas más tem poucas aquelas grutas da idade medieval bruxaria alquimia.

N – Você encontrou alguma pessoa conhecida?

F – Agora se encontrar algum santo verdadeiro é interessante porque aí se vai para o céu sem querer tesouro nem mais nada felicidade garantida não é paz podia levar amigos só se não tivesse mais vaga se não pudesse escolher as coisas boas escolhia as coisas más mesmo a felicidade na terra.

N – O que você quer levar?

F – O tesouro pode resolver socialmente.

(Fernando sai do ventre da baleia.)

N – Que você vai fazer com o tesouro?

F – Comprar uma cidade se tivesse uma antiga já sabia o que tinha uma experiência satélite artificial.

N – Você gostaria de ter um satélite?

F – Um capim um pedaço de prego que eu tinha quando era pequenino uns têm muito capim outros têm pouco o outro é que ganhou o satélite.

(Grande dissociação do pensamento.)

(É servido café.)

N – Fernando, que vai fazer com o tesouro?

F – Fazer uma cidade.

N – A quem você vai convidar para morar nessa cidade?

F – Não vai levar nenhum amigo escoteiro e bandeirante é que vão ter que andar até estar tudo preparado o bom bandeirante anda sozinho.

Não se pretende tirar conclusões dessa curta experiência. Apenas os dados principais são agrupados. Suas significações decerto mereceriam um trabalho de aprofundamento, mas aqui somente serão postas em foco.

a) O início da viagem. Na primeira e segunda sessões Fernando repete fluentemente a narração do mito, mas recusa representar o papel do herói. E mesmo quando o faz em sessões seguintes raramente se identifica com o herói, referindo-se a este quase sempre na terceira pessoa. Na terceira sessão aceita representar. Diz que "agir é mais fácil". Começa a fazer movimentos de remar e lança o arpão lateralmente contra a concha e depois contra o polvo. É uma atitude que se repete: Fernando nunca lança o arpão de frente, mas sempre para o lado. Refere-se ao arpão como a um instrumento de ataque e defesa, que compara à seta dos índios. Só na sexta sessão utiliza o arpão para imobilizar as mandíbulas da baleia. Nas sessões anteriores deixava-se tragar sem qualquer medida defensiva. De um modo geral seus movimentos são lentos e pouco amplos, ora de recuos, ora de pequenos avanços. Excepcionalmente, na quinta sessão, avançou cerca de dois metros.

Como Fernando vê os monstros que o atacam: a concha, "parece uma espécie de montanha", o polvo "é como uma árvore uma montanha", a baleia "é tão grande que toma todo o céu", "a baleia-dragão tem três ondas enormes três balões".

b) No ventre da baleia. Os elementos mais constantes vistos por Fernando são:
1º) Séries de objetos afins que enumera a partir de conhecimentos escolares – livros famosos, armas antigas etc. Aliás o mesmo procedimento verifica-se na sua pintura, muitas das quais representam séries de letras do alfabeto, de instrumentos de música ou trabalho, animais, flores, frutas.
2º) Coisas boas e más, espirituais e materiais, religião e tesouros. Relaciona a riqueza às coisas más. O santo vai para o céu sem querer o tesouro, tem a felicidade garantida (8ª sessão). Há constante preocupação com os valores morais. Note-se que Fernando, ao contrário de Nganaoa, não encontra parentes ou conhecidos no ventre da baleia.
3º) Na medida em que se desenvolve a dramatização, o inconsciente se reativa. Surgem então reminiscências da infância, fantasias, sonhos.

c) Saída do ventre da baleia. Na 1ª sessão, quando estimulado a sair do ventre da baleia, Fernando mostra-se ambivalente: "Ele não queria mais sair com aqueles sonhos tão bons". "Aqui é muito perigoso mas é bom." "Mas fora também é perigoso o sonho bom também é perigoso." Depois de muitas hesitações, diz: "Geralmente é bom andar para frente". O herói saindo por várias cidades à procura da liberdade talvez a encontre em algum lugar pequenino. Mas ninguém sabe o que é a liberdade.

Na dramatização, Fernando sai do ventre da baleia passando sob os braços de Clóvis e Margarida que estão de mãos dadas. Compara a saída da baleia ao nascimento: "Por um milagre que se carrega a criança para fora como de dentro da barriga da baleia" (5ª sessão).

O tema principal é o tesouro, embora no mito de Rata não haja qualquer alusão a tesouro. O tesouro, para Fernando, será "o tesouro difícil de alcançar", o self? Ou será um tesouro que lhe traga compensação para sua existência de oprimido?

A partir da 2ª sessão, em todas as demais, leva o tesouro encontrado no ventre da baleia. Leva o tesouro e não a sereia, que representa o amor (2ª sessão). Leva o tesouro, mas opõe a riqueza aos bens espirituais. Refere-se aos mosteiros e ao retiro dos religiosos: "É a coisa mais bonita que tem vale mais que dinheiro é a coisa maior do mundo" (3ª sessão). Traz consigo o tesouro para comprar palácios "com as melhores coisas do rei que o rei tem a melhor vida". Terá escravos. Construirá uma nova cidade com organização social completa. Não será preciso convidar auxiliares, "bastava ter dinheiro para aparecer tudo que era candidato". Construirá uma cidade eletrônica no ar ou no mar. Existirão mais cidades eletrônicas, pertencentes a outros que tenham também encontrado um tesouro no ventre da baleia. No fundo do mar existe uma cidade misteriosa. A moça guarda seus segredos e os revela a poucas pessoas. Ela diz: "Você não tem nada que tirar coisas da baleia" (5ª sessão).

Na 8ª sessão sai ainda levando o tesouro. Repete que comprará uma cidade. Não levará nenhum amigo: "O bom bandeirante anda sozinho".

Na cidade imaginária de Fernando não há sinal de fraternidade ou espiritualidade. Ele a construirá para desfrutar "as melhores coisas", como um rei. Amigos não participarão de suas riquezas. Apenas admite que outros também tenham encontrado tesouros no ventre da baleia e construam igualmente cidades, mas não se refere a qualquer espécie de comunicação entre essas novas cidades. Terá escravos, embora na 3ª sessão haja dito com amargura que em tempos antigos os nobres caçavam escravos por esporte e prazer e concluísse – "nascer assim para ser sacrificado".

Fernando é um homem massacrado pela sociedade. Mulato e paupérrimo, desde a infância foi humilhado. Mesmo possuindo inteligência acima da média, isso não o ajudava a ser aceito nos círculos sociais frequentados pelos estudantes seus colegas. Ambicionava estudar engenharia e casar-se com Violeta, menina branca e rica, filha de uma das patroas de sua mãe (costureira), que ele amou com intensa paixão aos 4 anos de idade e nunca mais esqueceu. Quando cursava o ciclo do 2º grau, sempre com notas excelentes, e já pensando no vestibular para engenharia, teve a notícia de que Violeta havia casado. Foi a catástrofe. A luta no mundo real, tão difícil, perdia de súbito todo sentido.

As forças de compensação emergiam agora do inconsciente nesta fantasia. Despreza todos os outros valores e apossa-se do tesouro a fim de construir uma cidade onde ele fosse o único senhor. Cidade nova, talvez eletrônica, entretanto estabelecida segundo o mesmo modelo do sistema de que foi vítima. A necessidade de compensação é tão intensa que não lhe permite ultrapassar o nível do tipo de sociedade que o oprimiu durante toda a existência e ainda continua a oprimi-lo no hospital psiquiátrico.

Na cidade existente no fundo do mar, Fernando toca num nível mais profundo do inconsciente. É uma cidade misteriosa, onde se encontra uma mulher (o princípio feminino) guardiã de segredos e que o repreende por "ter tirado coisas da baleia".

Ao tema do tesouro vêm intercalar-se fragmentos de conteúdos do inconsciente, sem desdobramento ordenado, reativados pela dramatização do mito. Surgem recordações da infância, juventude e sonhos.

Relembra o prazer de mamar, "o mundo de mamar" perdido, o leite amargo do colégio, a fome. Não teve brinquedos quando criança. Então sonhava com "brinquedos interplanetários [...] o poder de sonhar com o que quiser menos sonhar com o que é da terra" (4ª sessão).

Faz correlação entre a concha e o 1º ciclo de seus estudos e o polvo ao 2º ciclo: "O abraço do polvo pode ter inutilizado". De fato, Fernando ficou doente quando cursava o grau secundário, segundo foi referido acima.

As ciências já não o atraem "o livro de engenharia é um monte de pedras, pedras e pedras" "aí tira todo o mistério do mundo não sei por que milagre passei a gostar da escultura e da pintura" (7ª sessão). Diz estas palavras espantosas: "A alma da criança é o berço quando vai para a escola a alma passa a ser o livro se for a um mosteiro é a Bíblia aquilo que se está fazendo é a alma da pessoa" (5ª sessão).

E por fim os sonhos, falando a linguagem arcaica dos símbolos.

• Pulou um muro e caiu em lugar estranho caminhos para todos os lados ali estava uma menina se recuasse estaria no Riachuelo (subúrbio do Rio) mais ainda na Bahia o fundo era o fundo da alma (2ª sessão).

Pular um muro será passar de um nível psíquico para outro. Nesse outro lado, de recuo em recuo estará num subúrbio da cidade, depois no Estado da Bahia onde nasceu, e depois no "fundo da alma". A *anima*, guia do homem nos caminhos interiores, é ainda uma menina, não alcançou a diferenciação necessária para exercer suas funções.

• Havia vários cinemas juntos um do outro dispostos em estrela e uma tela do lado contrário distante há um cinema pequenino.

Este sonho permite formar uma ideia do que seja o mundo interno de Fernando: imagens e mais imagens projetadas ao mesmo tempo por "vários cinemas juntos", sobre uma só tela – o campo do consciente. Sob um tal bombardeio de imagens, a realidade externa evidentemente perderá de força e influência na determinação das ações pragmáticas.

Na 6ª sessão Fernando narra três sonhos.

• Pula um muro e encontra a rainha da Boêmia, que lhe dá sapiência. "Aquela imagem era a imagem do mundo todo o mundo das imagens mudei para o mundo das imagens mudou a alma para outra coisa as imagens tomam a alma da pessoa." Pulou o muro e caiu noutra região psíquica, na profunda esfera onde habitam as rainhas, as mães, as deusas. Era o mundo das imagens. Mudou-se para lá.

• Noutro sonho está num "cosmos todo estrangeiro". Ali estava tudo – todas as religiões antigas e todas as coisas do futuro. "Pensavam que eu estava num caixão como o de Branca de Neve." "Todo o povo ali e eu nada de ver." O cosmos estrangeiro, onde estão todas as coisas é o imenso inconsciente coletivo. Ele estava num caixão de luxo, mas não morto, como Branca de Neve, que depois desperta. Sabia que "o povo" estava ali mas não via ninguém. "O povo" corresponde à realidade externa que ele não vê, mergulhado no sono e no sonho, como Branca de Neve.

• Logo a seguir conta "o sonho de ir para casa". Vê múmias cobertas de ouro. Uma das múmias "cumprimenta-o mais de cem vezes" e diz: "A história desse rapaz dava para fazer um livro", "e Prêmio Nobel", comentou outra múmia. Se escrevesse o livro ficaria imobilizado (numa cadeira de rodas) durante a vida inteira. "Eu ficava sem destino a condição era eu não voltar por isso preferi brincar." A múmia simboliza o princípio feminino (anima) mobilizado no inconsciente. Mesmo na condição de múmia a anima o estimula a escrever o livro de sua vida. Isso o levaria a confrontar-se com fatos muito dolorosos, mas seria o único caminho de volta. Fernando não dispõe de forças para semelhante tarefa. Parece-lhe que escrever significaria ficar parado, numa cadeira de rodas, sem viver seu destino. Mas também não dispõe de forças para viver esse destino. E acaba preferindo "brincar", ou seja, permanecer sob o fascínio do imaginário.

Na 4ª sessão Fernando fala sobre o sonho. "Cada palavra tem um sonho cada coisa que existe Carnaval Natal Ano Novo parada" (4ª sessão). "Para todas as palavras tem um sonho nos outros sonhos se repetem" (5ª sessão). "Para cada lágrima há um sonho" (4ª sessão).

Essas expressões inevitavelmente evocam a teoria das ideias de Platão, deixando assim entrever que mesmo a mais sublime concepção filosófica tem seu germe nas profundezas do inconsciente.

O dragão-baleia em imagens

O tema mítico da viagem e do encontro com o monstro marinho é como todos os temas míticos "a expressão simbólica de dramas interiores inconscientes"[219].

O drama do encontro com o monstro exprime a situação perigosa para o indivíduo de ser tragado pelo inconsciente, representada na imagem do risco de devoramento pelo enorme animal habitante das profundezas do mar. Quando, sob o impacto de afetos intensos, o inconsciente se reativa em proporções extraordinárias ameaçando submergir o ego consciente, não é raro que se configurem monstros nas matrizes arquetípicas de onde têm emergido figuras semelhantes no curso dos milênios.

Descendo às entranhas do monstro, isto é, "ao substrato psíquico, este escuro reino do desconhecido exerce atração fascinante que se torna tanto mais perigosa quanto mais o herói penetra em seus domínios". Ele corre o perigo de ficar "prisioneiro no mundo subterrâneo do fundo do mar exposto a toda espécie de terrores". Esta terrível experiência psicológica estimulará e renovará o herói que por fim conseguirá vencer o monstro. Outros sucumbem, resultando da derrota "a desintegração da personalidade em suas componentes – funções do consciente, os complexos, fatores herdados etc. Desintegração que poderá ser transitória ou mesmo uma verdadeira esquizofrenia"[220].

Nos mitos, diz Jung, "o herói é aquele que conquista o dragão, não aquele que é vencido. Mas ambos defrontam-se com o mesmo dragão"[221].

Imagens de tema tão difundido no mundo inteiro decerto não estariam ausentes nas produções plásticas dos habitantes do hospital psiquiátrico de Engenho de Dentro.

O navio parte, elevando-se sobre as ondas do mar. Sol e lua são vistos simultaneamente no céu, indicando que a viagem acontece fora das dimensões ordinárias do tempo (fig. 1). O navio defronta um enorme monstro (fig. 2). Uma faixa de terra avança mar adentro. De um lado dois navios, do outro, grande peixe. Observe-se que este promontório alonga-se sinuosamente

219. Ibid., 9, p. 6.

220. Ibid., 12, p. 320.

221. Ibid., 14, p. 531

Figura 01
Carlos Pertuis, 14/05/1958, guache sobre papel, 33,1 x 48,2cm.

Figura 02
Carlos Pertuis, 10/11/1972, óleo sobre papel, 36,5 x 55,3cm.

e termina em forma de cabeça de serpente (fig. 3). Aqui, à semelhança do que aconteceu na imaginação de Camões, o próprio cabo é o "monstro horrendo". O gigante Adamastor assim responde ao poeta: "Eu sou aquele oculto e grande

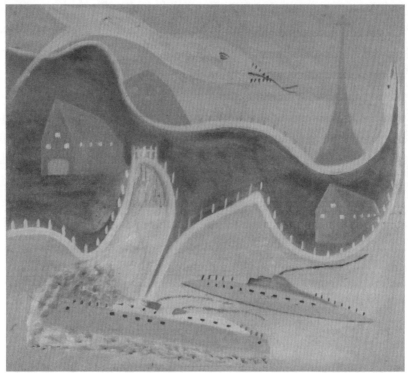

Figura 03
Carlos Pertuis, sem data, guache sobre papel, 49,2 x 55,0cm.

Figura 04
Carlos Pertuis, sem data, guache sobre papel, 48,9 x 63,0cm.

cabo / A quem chamais vós outros tormentório"[222]. Luta contra os monstros. O navio de guerra os combate com tiros de canhão (fig. 4). Estas quatro pinturas são do mesmo autor.

Pintura de uma jovem de 26 anos. Ela se sente frágil criança perseguida por baleia voraz, que é, em suas próprias palavras, "a mãe monstro" (fig. 5).

Seguem-se dois desenhos de uma mulher esquizofrênica forma catatônica, que permaneceu em mutismo durante vários anos. Nenhuma descrição clínica conseguiria dar ideia mais exata da condição catatônica que os desenhos dessa mulher, retratando-se imobilizada no interior de um sáurio, animal de nível inferior à baleia (mamífero) na escala zoológica – representante de estratos muito profundos da psique confinantes com a cadeia ganglionar neurovegetativa. No primeiro desenho veem-se no interior do corpo de um grande sáurio duas figuras humanas, uma prolongando a outra, como se constituídas a partir de um tronco comum (fig. 6). No segundo desenho, do ventre do sáurio emerge uma das cabeças, indicando início de um processo de renascimento (fig. 7). Este último desenho foi o prenúncio da saída da condição catatônica.

Figura 05
Desconhecido, sem data, hidrocor sobre papel, 21,0 x 29,0cm.

222. CAMÕES. *Os Lusíadas.* [s.n.t.].

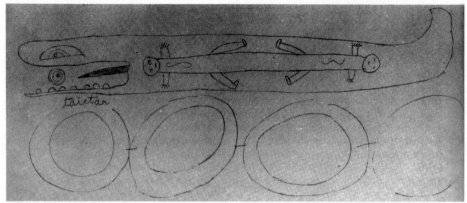

Figura 06
Doralice Vilela da Silva, sem data, grafite e lápis de cor sobre papel, 55,0 x 72,7cm.

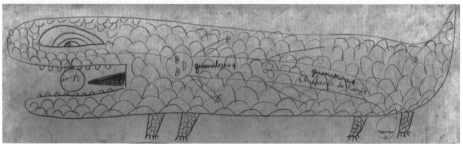

Figura 07
Doralice Vilela da Silva, sem data, grafite e lápis de cor sobre papel, 55,0 x 72,6cm.

Um dia, em outubro de 1967, o monitor Luiz Rocha, encarregado da organização de jogos recreativos no pátio do Hospital Odilon Gallotti, disse-me: venha depressa ver o desenho que um doente traçou com um prego no muro do pátio. Fui ver o desenho e logo providenciei para que fosse fotografado: Um homem estava sendo engolido por grande peixe (fig. 8). Procurei saber quem era o autor do surpreendente desenho. As informações registradas na sua folha de observação eram lacônicas: Olívio, nascido em 1930, preto, solteiro, operário estampador em fábrica de tecidos. Delírio de perseguição, alucinações visuais e auditivas. Memória seriamente comprometida. Afetividade paradoxal. Estereotipias motoras. Diagnóstico – esquizofrenia paranoide.

Olívio veio frequentar o atelier de pintura, sendo sua produção acompanhada pela Dra. Mariana Kitayama.

Logo a primeira pintura revela dados importantes para a compreensão do delírio de Olívio. O autor diz: "O navio voltando da guerra foi afundado com as enfermeiras. Santa Bárbara dentro d'água" (fig. 9). Durante a Segunda

Figura 08
Olívio Fidelis dos Santos, outubro de 1967, desenho feito a prego no muro do hospital.

Guerra Mundial de fato vários navios brasileiros foram torpedeados por submarinos alemães. É possível que esses acontecimentos hajam causado forte impressão no menino que era ele naquela época. Mais tarde talvez vivências pessoais que sua anamnese não registra, providas de forte carga afetiva, tenham vindo reativar no inconsciente o tema mítico da vida no fundo do mar, aliás, representação adequada da condição esquizofrênica.

Olívio diz que pinta aquilo que vê, "tudo é visto em vidência". E quase toda a sua pintura se refere ao mar. Muita gente vive no fundo do mar, afirma Olívio (fig. 10). Há várias regiões no mar que se comunicam por passagens. O grande peixe leva o homem de uma região do mar para outra mais profunda (fig. 11). O peixe-serpente carrega a criança para criá-la no fundo das águas (fig. 12). Na profundeza do mar, numa gruta, habita a grande mãe Santa Bárbara, senhora de ventos e tempestades (fig. 13). Santa Bárbara corresponde na religião africana que Olívio conhece a Iansã, senhora do Níger[223]. A pintura feita dias depois é uma igreja cristã. O autor diz: "Embaixo do mar tem outro mar onde fica a igreja. A moça de cima é mãe das duas de baixo" (fig. 14). A igreja, conhecido símbolo materno, está aqui situada nas profundezas do mar.

---

223. MAGALHÃES. E.G. "Orixás da Bahia". *Mensageiro da Fé*, 1973. Salvador.

Figura 09
Olívio Fidélis dos Santos, 17/10/1967, grafite e guache sobre papel, 32,5 x 43,1cm.

Figura 10
Olívio Fidélis dos Santos, 08/11/1967, grafite e guache sobre papel, 32,6 x 43,0cm.

Figura 11
Olívio Fidélis dos Santos, 31/10/1967, grafite e guache sobre papel, 32,0 x 43,0cm.

Figura 12
Olívio Fidélis dos Santos, 24/10/1967, lápis de cera e grafite sobre papel, 32,4 x 42,9cm.

Figura 13
Olívio Fidélis dos Santos, 08/11/1967, guache e grafite sobre papel, 28,6 x 42,5cm.

Figura 14
Olívio Fidélis dos Santos, 08/11/1967, grafite e guache sobre papel, 32,5 x 43,0cm.

Figura 15
Olívio Fidélis dos Santos, 24/11/1967, grafite, óleo e lápis de cera sobre papel, 28,9 x 42,7cm.

A imagem arquetípica da mãe habitando o fundo do mar, reino que lhe é próprio, aparece sob vários aspectos: Santa Bárbara; a igreja; e ainda a mulher--peixe que recebe as crianças trazidas "na estrela encapada como avião que carrega as crianças para dentro d'água" (fig. 15). Santa Luzia "padroeira das cabeças", vestida de negro, suspende o homem pelos cabelos (fig. 16). Noutra pintura o homem está de joelhos diante da mãe divina que desce uma alta escada estendendo-lhe os braços (fig. 17). Agora a mãe divina, em dimensões maiores, vestida de branco, ocupa o centro da pintura. De cada lado, no alto, seres alados, representam os princípios masculino e feminino que se acham sob seu domínio (fig. 18).

Os grandes peixes de Olívio nada têm de ameaçadores e agressivos. Comportam-se como animais benfazejos, criando meninos e transportando o homem para lugares seguros no fundo do mar. Olívio rende-se à grande mãe e ela lhe estende os braços. Os vínculos do incesto inconsciente o aprisionam na profundeza do mar, cercado de imagens ("vidências"). Olívio entrega-se aos poderes do inconsciente abandonando a luta pela reconquista da consciência, tarefa que caracteriza a figura do herói. "Se o indivíduo permanece por muito tempo, como Perithous, num lugar de repouso, um torpor apodera-se dele e talvez o veneno da serpente o paralise para sempre"[224]. Nenhum sinal e luta para libertar-se revela-se nas pinturas de Olívio.

Figura 16
Olívio Fidélis dos Santos, 14/12/1967, grafite e guache sobre papel, 21,8 x 32,2cm.

Mas o dinamismo de forças opostas não cessa nunca no próprio inconsciente. A tendência a sair do grande útero mar-inconsciente, a romper seu fascínio, é uma pulsão primária, inerente à vida. Ficar ali prisioneiro significa sempre uma forma de morte. Através das imagens pintadas, as forças que tendem a emergir da escuridão em busca da luz do sol tornam-se visíveis. Uma ave retira a criança das águas (fig. 19) e a deposita em terra firme (fig. 20).

Em algumas versões do mito do dragão-baleia, quando o monstro marinho, já morto, vem dar à praia, um pássaro ajuda o herói a sair das trevas para a claridade. "O pássaro provavelmente significa a ascensão renovada do sol, o renascimento do fênix e é ao mesmo tempo um daqueles animais benfazejos que prestam ajuda sobrenatural durante o nascimento"[225]. O mais conheci-

224. JUNG, C.G. C.W., 5, p. 356.

225. Ibid., p. 347.

Figura 17
Olívio Fidélis dos Santos, 28/11/1967, óleo, grafite e lápis de cera sobre papel, 34,2 x 42,9cm.

Figura 18
Olívio Fidélis dos Santos, 08/12/1967, óleo, grafite e lápis de cera sobre papel, 29,0 x 43,0cm.

Figura 19
Olívio Fidélis dos Santos, 30/10/1967, guache e grafite sobre papel, 32,6 x 43,1cm.

Figura 20
Olívio Fidélis dos Santos, 14/12/1967, grafite e guache sobre papel, 22,0 x 32,7cm.

do desses animais correlacionado ao nascimento é precisamente a cegonha, representada nas pinturas de Olívio na função mítica que lhe é atribuída de trazer a criança de distantes lugares para a realidade do nosso mundo.

Poder-se-ia acrescentar que a criança simboliza potencialidades de desenvolvimento do homem que renasce. É apenas uma hipótese. Nada será possível afirmar, pois dias depois de feitas essas duas últimas pinturas Olívio fugiu do hospital e não se soube qualquer notícia de seu destino.

7
O tema mítico de Dafne

Um dia Adelina pintou formas abstratas em tons rosa e lilás. Entregando a pintura à monitora, murmurou, na sua habitual voz quase inaudível, "eu queria ser flor" (fig. 1).

Várias pinturas revelam a surpreendente transformação da mulher em flor. Mão poderosa operou essa metamorfose (fig. 2). A cabeça e o busto são o cálice da flor e amplas vestes formam a corola (fig. 3). De um ramo lançado no espaço nascem flores e uma destas é a cabeça de mulher (fig. 4). Da corola de grande flor a mulher emerge, os braços erguidos (fig. 5).

Como, por que, acontecem transformações tão profundas do ser, verdadeiras rupturas ontológicas, dando passagem para outros reinos da natureza?

A psiquiatria clássica responderá que na esquizofrenia o ego fraqueja, a coesão dos componentes que o constituem dissocia-se e o indivíduo perde seus limites. Diz Bleuler: "As fronteiras do ego face a outras pessoas, mesmo face a coisas e a conceitos abstratos, esbatem-se; o doente não só pode identificar-se a outras pessoas, mas também a uma cadeira ou a um bastão"[226]. Portanto, a metamorfose vegetal de Adelina não seria especialmente significativa. Seria equivalente a identificações com quaisquer outras coisas, vivas ou inanimadas.

A psicopatologia evolutiva responderá que as metamorfoses indicam regressão ao mundo mítico primitivo. Lá, ao contrário do nosso mundo de objetos definidos, de contornos diferenciados, não existem barreiras fixas separando as coisas, ainda que pertençam a níveis diferentes. No mundo mítico

---

226. BLEULER, E. *Text Book of Psychiatry*. Nova York: Dover, 1951, p. 393.

primitivo, escreve E. Cassirer, "nada tem forma definida, invariável, estática. Por súbita metamorfose qualquer coisa pode ser transformada em qualquer outra coisa. Se existe uma característica e traço fundamental no mundo mítico, uma lei que o governe, esta lei é a da metamorfose"[227].

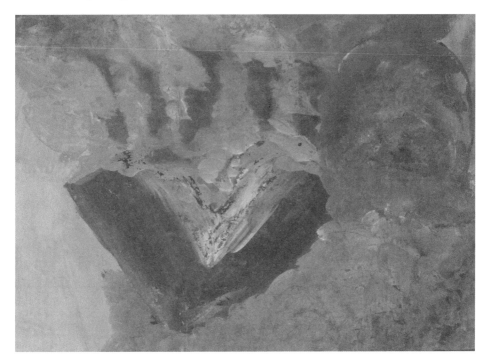

Figura 01
Adelina Gomes, 23/01/1951, guache sobre papel, 27,2 x 36,8cm.

A psicologia junguiana dirá que cada metamorfose encerra significações específicas. E procura descobrir se, no âmago desses fenômenos aparentemente tão extravagantes, estarão presentes formas herdadas de imaginar, reativação de situações ricas de sentido, já experienciadas por incontáveis seres humanos através dos milênios. É nos mitos que se acham condensadas e polidas em narrativas exemplares as imaginações criadas pela psique quando vivencia situações típicas muito carregadas de afeto.

No caso particular de Adelina é num mito grego que encontramos paralelo esclarecedor. No mito de Dafne. Apolo apaixona-se pela ninfa Dafne, filha do Rio Ladão e da Mãe Terra. Ela se esquiva, mas o deus não aceita ser recusa-

227. CASSIRER, E. *An Essay on Man*. Nova York: Doubleday, 1956, p. 108.

Figura 02
Adelina Gomes, 1946, guache sobre papel, 22,0 x 33,2cm.

do. Apolo persegue Dafne numa corrida louca através de campos e de bosques. Fugindo sempre, a ninfa busca refúgio junto de sua mãe, a Terra, que a acolhe e a metamorfoseia em loureiro[228]. Por que a jovem fugirá do deus que é o padrão máximo de beleza viril, do herói vencedor de monstros, do mestre por excelência de todas as artes?

O mito de Dafne exemplifica a condição da filha que se identifica tão estreitamente com a mãe a ponto dos próprios instintos não lograrem desenvolver-se.

Figura 03
Adelina Gomes, 14/08/1959, guache sobre papel, 48,3 x 33,4cm.

228. OVÍDIO. *Les Metamorphoses*. Livro I, p. 35ss. [Classiques Garnier].

Figura 04
Adelina Gomes, 04/11/1959, óleo sobre papel, 31,2 x 44,7cm.

Figura 05
Adelina Gomes, 18/01/1960, óleo sobre papel,
44,9 x 32,2cm.

As relações filha/mãe, diz Jung, quando se processam de maneira defeituosa, poderão conduzir, segundo os casos, tanto à hipertrofia do instinto materno, quanto ao superdesenvolvimento dos impulsos eróticos, ou à atrofia das mais específicas qualidades femininas. Neste último caso "tem lugar completa projeção da personalidade da filha sobre a mãe, devido ao fato da filha estar simultaneamente inconsciente do seu instinto materno e de seu Eros. Tudo que lhe faz lembrar maternidade, responsabilidade, relações pessoais e exigências eróticas desperta sentimentos de inferioridade e a obriga a fugir – naturalmente para perto de sua mãe, que realiza de modo perfeito tudo quanto parece inatingível para a filha"[229].

Por estranho que pareça, Adelina, modesta mestiça do interior do Brasil, reviveu o mito da ninfa grega Dafne.

Adelina era uma moça pobre, filha de camponeses. Fez o curso primário e aprendeu variados trabalhos manuais numa escola profissional. Era tímida e sem vaidade, obediente aos pais, especialmente apegada e submissa à mãe. Nunca havia namorado até os 18 anos. Nessa idade, apaixonou-se por um homem que não é aceito por sua mãe. A moça, como tantas outras jovens no sistema social vigente, sujeita-se ao julgamento materno. Obedece, afasta-se do homem amado. A condição de mulher oprimida é patente. A autoridade inapelável das decisões familiares impede a normal satisfação dos instintos e a realização de seus projetos de vida afetiva.

A situação parecia resolvida sem maiores consequências. Entretanto Adelina foi se tornando cada vez mais retraída, sombria e irritada. Um dia, subitamente, estrangulou a gata da casa, que todos estimavam, inclusive ela própria. Tomada de violenta excitação psicomotora, foi internada em 17 de março de 1937.

Segundo registra o livro de observações clínicas da época, um mês depois da internação "a doente está lúcida, orientada no tempo e no lugar. Mostra-se indiferente a sua situação, não desejando sair do hospital. Mímica extravagante. Autismo. Afetividade e iniciativa diminuídas".

Diagnóstico: esquizofrenia. Tratamento: convulsoterapia e insulinoterapia. Várias revisões clínicas assinalam agravamento da situação de Adelina. Repetem: autismo, maneirismo, negativismo, agressividade. Permanece inabordável e inativa.

Foi em setembro de 1946 que Adelina começou a frequentar o atelier de pintura da Terapêutica Ocupacional, que vinha de ser instalado. Apesar de seu constante negativismo, não houve dificuldade para que ela aceitasse pintar. O manejo de lápis e pincéis parecia mesmo dar-lhe prazer. Suas primeiras pinturas foram gatos.

---

229. JUNG, C.G. *C.W.*, 9, p. 89.

"Gata no leito", foi o nome que deu à pintura onde se vê uma gata de tetas volumosas, bem à mostra, deitada num leito estreito (fig. 6).

"Gata bailarina", eis como denominou esta outra pintura. Figura de aspecto humano, vestindo ampla saia rodada, parece dançar (fig. 7). A primeira é uma gata-mãe, e a segunda é o animal livre de exprimir em movimentos de dança os impulsos de sua natureza. Dupla expressão da vida instintiva feminina.

Nada sabíamos, naquela ocasião, sobre os problemas emocionais ligados ao início da doença de Adelina, nem sobre o episódio referente ao estrangulamento da gata de sua casa. Muitos anos mais tarde, em 1961, foi que tivemos a oportunidade de levantar esses antecedentes, graças a informações prestadas por uma irmã de Adelina, que residia no interior e ainda não conhecíamos.

Somente então pudemos melhor entender a significação de suas pinturas.

Adelina não conseguiu viver seus instintos femininos. Apenas timidamente se manifestaram, a mãe sufocou-os. Adelina, que não se havia desvinculado da mãe, identificada com ela, repete-lhe o gesto agressor, estrangulando a gata.

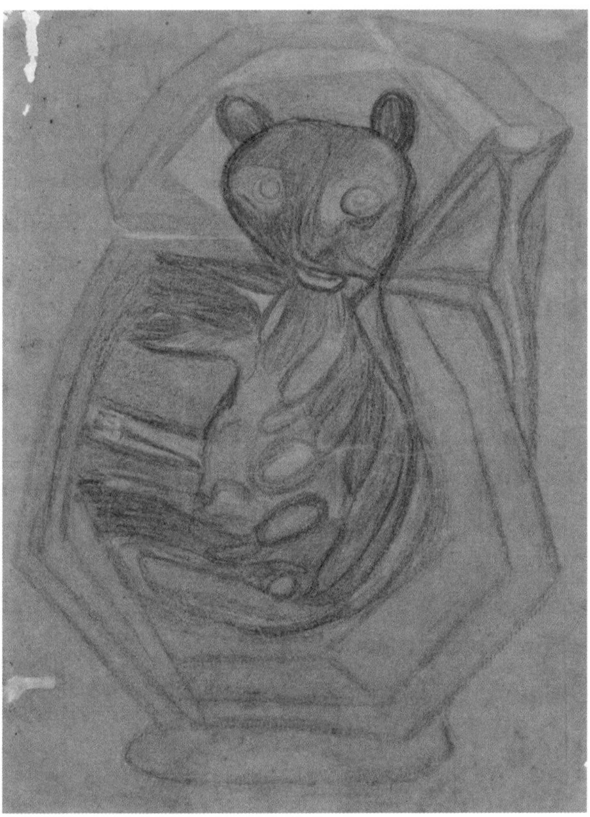

Figura 06
Adelina Gomes, 1946, lápis de cera sobre papel, 27,5 x 20,5cm.

A gata é o *inimigo* que representa a natureza instintiva, encarnação por excelência dos instintos femininos. Com efeito, a gata reúne em si graça sedutora, lascívia, devotamento materno e um núcleo de irredutível selvageria, atributos essenciais da feminilidade.

Estrangulando os instintos cujo desenvolvimento a levariam ao encontro do homem, Adelina tomou o único caminho possível – a fuga para o *reino das mães*. Isso vale dizer que a libido, introvertendo-se violentamente, seguiu o declive de antemão preparado por sua fixação materna, até alcançar as estruturas mais profundas da psique, onde foi encontrar e infundir vida àquelas *grandes mães* que estão sempre por trás da mãe pessoal.

Por outros caminhos, Fausto também desceu ao *reino das mães*. Mefistófeles instigou-o a fazer a descida ao fundo dos abismos:

Figura 07
Adelina Gomes, 1946, lápis de cera sobre papel, 28,5 x 20,8cm.

"Contra minha vontade revelo um supremo mistério – deusas poderosas reinam na solidão, em volta de seus tronos não há tempo nem espaço, para descrevê-las não se encontram palavras. São as Mães!

Fausto – As Mães!

Mefistófeles – Tens medo?

Fausto – As Mães! As Mães! Que estranho é tudo isto"[230].

Fausto acertou o caminho de volta. Poucos têm este privilégio. Adelina ficou durante muito tempo prisioneira das mães terríveis, cujo poder é irresistível porque é do fundo do inconsciente que exercem sua ação[231].

Foi sob o domínio dessas matriarcas onipotentes que Adelina sofreu as metamorfoses vegetais já referidas, perdendo assim a liberdade de seguir seu destino de mulher.

230. GOETHE. *Le second Faust*. Paris: Aubier, p. 52.

231. JUNG, C.G. *C.W.*, 5, p. 370.

Um mínimo de condições favoráveis, porém, proporcionou-lhe a oportunidade de dar forma às espantosas figuras que a haviam aprisionado.

Foi em barro, segundo convinha, o mais primordial dos materiais de trabalho, que Adelina modelou as personagens assombrosas emergidas dos estratos mais profundos do inconsciente. Durante os anos de 1948, 1949 e 1950, esta foi a ocupação que ela preferia e que a absorvia durante longas horas.

As figuras de Adelina caracterizam-se por um arcaísmo que logo faz pensar nas deusas mães da Idade da Pedra. São mulheres corpulentas, majestosas. Aquelas inicialmente modeladas bem merecem a qualificação de *Mães terríveis*.

A primeira, em atitude desafiadora (fig. 8), põe para trás as possantes mãos providas de dedos semelhantes às fortes pinças de certos crustáceos (fig. 9).

Uma outra, com capuz pontudo, tem o aspecto de velha feiticeira tribal (fig. 10).

Outra, ainda mais extraordinária, tem a acentuar seu sobrecenho dois cornos laterais e empunha um cetro tridente (figs. 11 e 12).

Os cornos são símbolos de força, poder, fertilidade. Deusas mães providas de cornos foram adoradas na Grécia (época subminoana); na Mesopotâmia; no Egito; em Mohenjo Daro[232]. Cornos associados ao tridente, atributo de soberania arcaica e índice de tríplices possibilidades de ataque, dão ênfase aos poderes absolutos desta gran-

Figura 08
Adelina Gomes, década de 1950, modelagem em barro transposta para gesso, 41,0 x 63,0 x 38,0cm.

232. JAMES, E.O. *The Cult of the Mother Goddess*. Londres: Thames and Hudson, 1959, p. 35, 128ss.

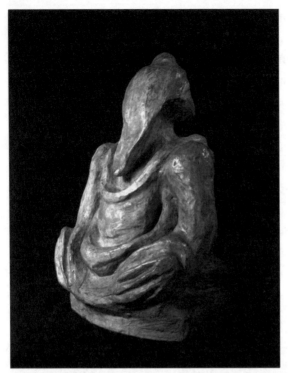

de mãe. Ainda ao tridente poderá indicar a "Triforme", cognome da deusa ctônica Hécate, que mais tarde aparecerá nitidamente configurada.

Mas, aconteceu que, dando forma àquelas grandes matriarcas, Adelina foi aos poucos despotenciando-as de sua força, rigor, possessividade. E no íntimo contato que é dar corpo a uma imagem com as próprias mãos, a modeladora foi devagar descobrindo o outro lado das deusas mães, seu aspecto compas-

Figura 09
Adelina Gomes, década de 1950, modelagem em barro transposta para gesso, 41,0 x 63,0 x 38,0cm.

Figura 10
Adelina Gomes, década de 1950, modelagem em barro transposta para gesso.

sivo e amoroso. Surgiram então deusas mães que parecem querer abrir o peito com as mãos (figs. 13 e 14).

Logo a seguir Adelina passa a dar forma a mães que trazem o coração fora do peito (figs. 15, 16 e 17).

Dessa maneira, através do demorado trabalho da modelagem, Adelina travou relações com a dupla natureza do arquétipo mãe. O aspecto devorador e o aspecto amoroso, que a Índia sabiamente reuniu na figura de Kali.

Figura 11
Adelina Gomes, década de 1950, modelagem em barro transposta para gesso.

Figura 12
Adelina Gomes, década de 1950, modelagem em barro transposta para gesso.

Somente mais tarde (abril de 1958) Adelina ousou retratar a mais terrível dentre todas as personagens que a assediavam: a gigantesca mulher com cabeça de cão. Desenhou-a timidamente a lápis antes de pintá-la em vermelho. Ei-la situada num ponto de cruzamento de caminhos, entre um homem e uma mulher de tamanhos muito menores. Junto à mulher vê-se uma bola clara e, junto ao homem, uma bola escura (fig. 18).

Figura 13
Adelina Gomes, década de 1950, modelagem
em barro transposta para gesso,
64,0 x 48,0 x 38cm.

Modelou também figura de mulher com face horrenda, cercada de cães, a mão dentro da boca de um deles (fig. 19).

Começam a acentuar-se melhoras no comportamento da doente, que não mais é agressiva. Também progride seu relacionamento conosco. Diz-nos que dantes sonhava todas as noites com aquela horrível mulher e que a via muitas vezes nos corredores do hospital. Tinha-lhe grande medo.

Não é difícil identificar a mulher com a cabeça de cão. Trata-se de Héca-

Figura 14
Adelina Gomes, década de 1950, modelagem
em barro transposta para gesso,
48,0 x 30,0 x 29,0cm

te, mãe terrível, deusa do mundo subterrâneo, dos mortos, e também divindade noturna e lunar. São múltiplas suas conexões com o cão, animal que uiva nas noites de lua. Sempre matilhas de cães infernais a acompanham em suas excursões noturnas. Cães lhe eram sacrificados nas encruzilhadas, onde os caminhos se encontram ou se separam. Nesse lugar está a mãe, simbolizando, de uma parte, união de opostos e, de outra, ruptura e afastamento, isto é, os dois aspectos da imagem arquetípica da mãe[233].

Figura 15
Adelina Gomes, década de 1950, modelagem em barro transposta para gesso, 52,0 x 38,0 x 34,0cm.

Originária da Trácia, onde foi venerada sob o nome de Bendis, os gregos a identificaram com Ártemis, que tinha igualmente o cão entre seus atributos. Sua equivalente germânica, Holda, estava sempre também acompanhada de cães que ela comandava em caçadas furiosas[234]. Na qualidade de deusa lunar, Hécate era considerada rainha dos espectros e senhora das aparições noturnas que enviava aos homens para torturá-los e en-

Figura 16
Adelina Gomes, década de 1950, modelagem em barro transposta para gesso, 47,0 x 30,0 x 29,0cm.

233. JUNG, C.G. *C.W.*, 5, p. 370.

234. KRAPPE, A.H. *Mythologie Universelle*. Paris: Payot, 1930, p. 276.

louquecê-los. Por isso os antigos afirmavam que a loucura era uma doença lunar[235].

Outra versão de Hécate é a pintura impressionante de uma cliente da Casa das Palmeiras. De fundo de céu tempestuoso ressalta mulher de alta estatura e longos cabelos pousando sobre uma enorme folha. No crescente lunar está um cão de aspecto feroz mostrando os dentes (fig. 20)

Figura 17
Adelina Gomes, década de 1950, modelagem em barro transposta para gesso, 52,0 x 26,5 x 24,0cm.

Como explicar o aparecimento dessa imagem de Grande Mãe, estreitamente ligada ao cão, entre os trácios, os gregos, os germanos, e nos delírios de uma internada no hospital público de Engenho de Dentro e na imaginação de uma jovem, também esquizofrênica, residente num bairro elegante do Rio?

Se não recusarmos os fatos, seremos levados a recorrer à hipótese de C.G. Jung, admitindo que a psique, na sua estrutura básica, encerra possibilidades comuns

Figura 18
Adelina Gomes, 02/04/1959, óleo sobre tela, 60,0 x 46,0cm.

235. JUNG, C.G. C.W., 5, p. 370.

de imaginar, espécie de eixos de cristalização em torno dos quais se constroem imagens similares nas suas características fundamentais, embora variáveis nos detalhes das formas que possam assumir[236].

Mencionaremos agora um fato curioso. Mantínhamos na seção de terapêutica ocupacional alguns cães, com o objetivo de tornar menos frio o ambiente do hospital e de propor aos doentes objetos de amor estáveis e incondicionais. Mas Adelina nunca se havia aproximado de cães. Ao contrário, parecia temê-los, o que se tornou compreensível quando foi conhecido seu delírio

Figura 19
Adelina Gomes, 12/10/1954, modelagem em barro transposta para gesso, 21,5 x 20,5 x 19,0cm.

relacionado com a mulher que tinha cabeça de cão. Foi de súbito que começou a interessar-se por eles, em fins do ano de 1961. Banhava-os, escovava-os, ocupava-se deles durante várias horas cada dia. Cerca de quatro meses depois essa atividade intensiva declinou aos poucos, mas Adelina continuou a ser afável com os animais.

Figura 20
Desconhecido, 29/03/1957,
guache sobre papel

236. Ibid., 9, p. 79.

As forças do inconsciente personificadas nas imagens da mãe terrível Hécate, e projetadas sobre os cães reais, uma vez objetivadas por meio da pintura tornaram-se passíveis de uma certa forma de trato. Aquilo que antes era apavorante ficou sendo inofensivo.

Somente depois de haver sido captada pelo menos uma parcela da energia emanante da imagem arquetípica da mulher com cabeça de cão foi possível para Adelina entrar em contato com o cão real e certificar-se de sua não periculosidade.

Um passo importante era dado em direção ao mundo externo.

A mulher com cabeça de cão não reapareceu. Mas surgiu uma pintura (fig. 21) onde se vê um cão com cabeça de mulher e, ocupando o centro, figura de mulher em corpo inteiro, de alta estatura, vestida de azul, os braços abertos. Note-se, à esquerda, a presença de uma bola, objeto que também se encontra (em duplicata) na tela da gigantesca mulher com cabeça de cão. Parece existir um laço entre a mulher de corpo vermelho, e a mulher vestida de azul. O cão com cabeça de mulher seria uma etapa intermediária entre a forma arcaica da deusa e sua representação na mulher de azul.

As duas pinturas – 18 e 21 – condensam a evolução transformativa da grande mãe Hécate, evolução que pode ser acompanhada em representações artísticas distantes séculos uma da outra. Assim, num sinete de estilo jônio arcaico Hécate-Ártemis aparece sob a forma de uma cadela parindo, enquanto numa escultura romana clássica é representada como mulher, em roupagens da época. Várias gradações são possíveis: a deusa reveste na íntegra a forma do animal; é representada corpo de mulher e cabeça de animal; ou com corpo de animal e cabeça de mulher; a deusa assume forma de mulher e

Figura 21
Adelina Gomes, 31/08/1960, óleo sobre papel, 48,1 x 33,1cm.

cavalga o animal ou o tem a seu lado. Essas diferentes modalidades de representação indicam psicologicamente a posição de maior ou menor predomínio das componentes animais na psique do ser humano como um todo.

Através das pinturas de Adelina verifica-se que importantes transformações operaram-se, permitindo supor que um nível mais alto de desenvolvimento foi atingido.

Observe-se ainda a semelhança entre a figura 18 e a Hécate de Samotrácia, reproduzida numa joia gnóstica que pode ser vista em JUNG, C.G. *C.W.*, 5, p. 370, fig. 34. A diferença fundamental está em que a Hécate de Adelina tem cabeça de cão, enquanto esta outra é integralmente representada sob forma de mulher. Mas observe-se que a última traz sobre a cabeça uma cruz, correspondente ao cruzamento de caminhos na pintura onde se vê a mulher com cabeça de cão. Também se acham a seu lado dois personagens de proporções reduzidas em relação ao tamanho majestoso da deusa, estando ainda presente, tal como na pintura de Adelina, a bola misteriosa, provavelmente um símbolo impessoal do self.

De um modo geral, as pinturas de Adelina revelam progressiva diminuição da intensa efervescência de conteúdos do inconsciente que povoavam de seres estranhos muitas de suas produções anteriores (fig. 22).

A libido, não mais sendo sugada para o fundo do inconsciente, para o Reino das Mães, podia agora voltar-se na direção do mundo exterior. Sem que ninguém o sugerisse, Adelina começa a pintar coisas da realidade. O primeiro indício de sua desvinculação com o vegetal ocorre em abril de 1962.

Adelina pediu uma tela e pintou, lenta e cuidadosamente, um vaso cheio de flores. A monitora do atelier de pintura Elza Tavares ficou tão emocionada, que escreveu no momento sobre o chassis da tela: "Pela primeira vez de um galho saiu uma flor e não uma mulher" (fig. 23).

O processo de libertação intensifica-se. Agora, a maioria de suas pinturas representa flores, flores que ela própria colhe no jardim do hospital, coloca diante de si (fig. 24) e atentamente esforça-se por copiar, trabalhando com seus lápis ou seus pincéis (fig. 25).

Pintando repetidamente flores reais, Adelina aos poucos desidentifica-se do ser da planta com quem se havia confundido a ponto de perder a própria individualidade. Agora, ali estava o vegetal, aqui estava ela, Adelina, que pela atividade livre de sua mão reproduzia-lhe no papel as formas e cores. Assim, foi

Figura 22
Adelina Gomes, 10/11/1953, óleo sobre tela, 37,9 x 46,3cm.

redelineando as fronteiras do ego e fortalecendo-se num verdadeiro procedimento de autocura.

As melhoras clínicas surpreendem. Adelina está mais confiante, comunica-se conosco e com vários monitores, participa de diversas atividades de terapêutica ocupacional, comportando-se de maneira inteiramente diferente daquela antiga doente, negativista, agressiva,

Figura 23
Adelina Gomes, 11/04/1962, óleo sobre tela, 61,3 x 50,5cm.

que passava horas a fio nos corredores do hospital, imóvel como se raízes a prendessem no solo.

O cão agressivo, companheiro da mãe terrível, ainda rondou por perto durante este período crucial. Adelina pintou-o recorrendo a procedimentos de abstração para torná-lo mais distante (fig. 26). Depois ele se ausenta definitivamente.

Quem ressurgiu foi o gato.

Desde que os poderes absolutos da Grande Mãe haviam perdido muito de sua força e, consequentemente,

Figura 24
Adelina Gomes, 27/05/1963, lápis de cera sobre papel, 45,8 x 26,6cm.

ocorrera o fenômeno da desidentificação vegetal, o tema do gato, isto é, dos instintos animais, abriu caminho. Depois dos desenhos iniciais de 1946 (figs. 6 e 7) o animal, símbolo da vida instintiva, que teve tanta importância na história de Adelina (lembremos que ela estrangulou uma gata), nunca mais havia sido representado.

Agora o animal vem impor-se. Um gato é pintado aderido à face da mulher (fig. 27). A linha de contorno do

Figura 25
Adelina Gomes, 24/05/1963, lápis de cera sobre papel, 44,9 x 25,9cm.

Figura 26
Adelina Gomes, 09/04/1963, óleo sobre papel,
47,8 x 27,0cm.

perfil da mulher serve também de linha de contorno para o corpo do gato. A cor da face da mulher e a cor do gato são idênticas – cor de carne. A significação da aderência do gato à face da mulher é evidente. O gato estrangulado reclama seus direitos à vida, ou seja, ergue-se do inconsciente forte onda de pulsões reprimidas que se apodera da mulher e a metamorfoseia em gato. Seu corpo transforma-se no corpo do animal, mas o rosto permanece humano, embora provido dos bigodes do felino (fig. 28).

Figura 27
Adelina Gomes, 17/04/1963, óleo sobre papel, 47,8 x 26,8cm.

Através das imagens pintadas torna-se possível acompanhar, como num espelho, os movimentos de forças opostas em luta no inconsciente. Numa tentativa de autorregulação, as forças inibidoras que se opõem, no próprio inconsciente, ao apetite desmedido dos instintos, depuram o gato e, por assim dizer, o espiritualizam, pelo menos momentaneamente. Adelina pinta

Figura 28
Adelina Gomes, 02/01/1964, óleo sobre papel, 47,5 x 32,6cm.

um gato azul (fig. 29). Muitos artistas pintaram animais azuis. Por exemplo, o cavalo símbolo da vida instintiva na sua totalidade, aparece na cor azul em pinturas de Kandinski, Franz Marc, Chagall, em litografias de Marino Marini. Seguem-se pinturas bastante curiosas. Um gato está instalado sobre um chapéu como sobre um trono (fig. 30). O chapéu, na qualidade de cobertura para a cabeça, significa algo que reúne as ideias contidas na cabeça de quem o usa. O gato sobre o chapéu indica a força que está governando a pessoa inteira, isto é, o

Figura 29
Adelina Gomes, abril de 1964, óleo sobre papel, 33,0 x 30,5cm.

domínio dos instintos. A repetição deste tema por várias vezes dá a medida de sua importância para a autora.

Figura 30
Adelina Gomes, 30/06/1964, óleo sobre papel, 34,0 x 36,4cm.

Alguns dias depois da última tela do gato sobre o chapéu, Adelina pinta uma figura de mulher, toda em azul-escuro, de expressão fisionômica angustiada. A boca ressalta, traçada esquematicamente em cor branca, e o coração, visto por transparência, é delineado em vermelho. E dentro do coração vê-se um gato (fig. 31). Desde que forças inibidoras obriguem a renúncia aos apelos instintivos, o animal rechaçado de suas altas pretensões (gato sobre o chapéu) será incorporado oralmente (acentuação da boca) ao órgão símbolo da vida afetiva (coração), numa tentativa de ser assimilado e talvez transformado para que outro nível de desenvolvimento possa ser atingido.

Complicados processos inconscientes continuam a tomar-se visíveis através das imagens pintadas.

Fato inédito, Adelina, sem ser notada, retirou da estante onde estavam arquivadas novecentas telas de vários autores, precisamente sua primeira pintura na qual existem flores não fusionadas a uma figura de mulher (cf. fig. 23).

Adelina repintou esta tela, da qual felizmente possuíamos uma fotografia. Superpôs uma face de mulher às flores que ocupavam o centro. E deu ao jarro a forma de cabeça de um gato de expressão sinistra. Os temas principais acham-se aqui reunidos: flor, gato, mulher (fig. 32). A tela repintada de Adelina encontra paralelo num quadro do surrealista Victor Brauner, onde se acham reunidos os mesmos componentes: mulher, gato, flor. Uma figura feminina é metade mulher, metade gata e de seu seio nasce uma flor. Victor Brauner conhecia as profundezas

Figura 31
Adelina Gomes, 28/08/1968, óleo sobre papel, 47,4 x 32,1cm.

do inconsciente. Artaud diz que ele revela na sua pintura "estados do ser inumeráveis, e cada vez mais perigosos". Sem dúvida a vivência dessas metamorfoses será algo profundamente perigoso para a integridade do ser.

Apesar desses movimentos regressivos, o processo psíquico autocurativo de Adelina leva-a agora em direção ao relacionamento humano. Instintivamente a mulher tende a relacionar-se com o homem, e o homem com a

Figura 32
Adelina Gomes, 12/02/1968, óleo sobre tela, 61,3 x 50,5cm.

mulher. Aparece uma surpreendente pintura, na qual estão representados pela primeira vez, entre todos os trabalhos de Adelina, um homem e uma mulher.

Ambos não têm braços (fig. 33).

Mas, para alguém que esteve durante longo tempo prisioneira no reino das mães, a aproximação entre mulher e homem teria de percorrer um acidentado caminho. Um contato mais próximo e mais positivo com a imagem arquetípica da mãe fazia-se necessário. Nas profundezas do inconsciente começara esse processo, já tornado visível nas modelagens que revelam a descoberta do lado benfazejo e amoroso da imagem materna. O lento trabalho prossegue até o encontro mãe-filha. Esse encontro está retratado na tela onde se acham presentes duas mulheres vestidas de azul. Têm aspecto nobre e solene. Ambas tra-

Figura 33
Adelina Gomes, 28/08/1969, óleo sobre tela, 60,0 x 42,5cm.

zem coroa e longos véus. O vestido daquela que parece mais velha é decotado e sobre seu peito destaca-se uma joia azul em forma de coração, indicadora de sua conexão com as mães arcaicas de coração fora do peito, vistas anteriormente. A mais jovem traja vestido que sobe até a base do pescoço e sua coroa é antes um diadema. Dir-se-ia uma rainha e uma princesa. Deméter e Perséfone (fig. 34).

O arquétipo mãe depois de se haver configurado sob vários aspectos – mães arcaicas; a terribilíssima Hécate com cabeça de cão; Deméter, a deusa mãe que ama acima de tudo sua filha, vêm assumir agora a forma da grande mãe venerada no mundo cristão. O processo transformativo, iniciado na profundeza do inconsciente, aproxima-se da esfera do consciente. Surge a grande mãe azul. Sua face é austera, diferente das fisionomias suaves das estampas convencionais de Maria, mas as mãos voltam as palmas para o exterior no gesto de misericórdia. Para ainda mais caracterizá-la, a seus pés está a serpente que, de acordo com a Bíblia, terá de ser esmagada pelo calcanhar da nova Eva.

Figura 34
Adelina Gomes, 20/01/1967, óleo sobre tela,
69,0 c47,3cm.

Nesta tela, porém, a serpente tem atitude agressiva e boca aberta. Duas figuras humanas, reduzidas a proporções mínimas, acham-se de joelhos, aterrorizadas (fig. 35). A serpente simboliza aqui os perigos do inconsciente, "é um adequado símbolo do inconsciente, exprimindo suas súbitas e inesperadas manifestações, suas intervenções geradoras de angústia"[237].

Persistem dificuldades e oscilações quanto ao encontro com a imagem materna. Mas decerto um longo caminho já foi percorrido, tanto assim que é pintada a "série dos noivos". Um exemplo é a tela reproduzida na fig. 36:

o encontro entre o homem e a mulher poderá ser realizado. O casamento já não é proibido.

Seguem-se duas pinturas muito significativas em relação ao processo evolutivo em curso. A primeira é mulher com chapéu azul ressaltando de fundo amarelo semeado de pequenas flores. A individualidade da mulher afirma-se, desvinculada do vegetal. As flores estão no fundo da tela (fig. 37). A segunda representa um jarro de flores e um gato (fig. 38). Mulher, flor, animal,

Figura 35
Adelina Gomes, 12/09/1969, óleo sobre papel,
47,4 x 32,8cm.

237. Ibid., 5, p. 374.

Figura 36
Adelina Gomes, 11/10/1969, óleo sobre tela,
51,7 x 45,0cm.

têm agora suas áreas respectivas bem demarcadas. Foi superado o fusionamento refletido na tela repintada (fig. 32).

O estudo de séries de imagens espontâneas revela dramas intrapsíquicos insuspeitados que se perderiam na escuridão do inconsciente se não fossem configurados por meio da pintura.

O processo continua a desenvolver-se em direção à consciência, em direção à realidade. Desvinculada do vegetal e do animal, Adelina caminha para o relaciona-

mento com o homem. Entretanto, esse relacionamento brutalmente cortado na sua juventude não poderia estabelecer-se sem muitas hesitações, marchas e contramarchas.

Entre Adelina e outro internado nasceu um namoro distante e oblíquo.

Ele era ligado por amizade profunda ao cão Sertanejo, um dos animais da Terapêutica Ocupacional. Sertanejo estava sempre a seu lado e sem dúvida foi seu principal terapeuta. No dia 14 de agosto de 1973 morre o cão Sertanejo. Dias depois

Figura 37
Adelina Gomes, 20/03/1970, óleo sobre tela,
57,9 x 41,9cm.

começa nova fase da pintura de Adelina. Ele e o cão (fig. 39). Ele, ela e o cão (fig. 40). Mas logo se perturba o relacionamento entre o homem e a mulher, estabelecido por intermédio do cão. A mãe terrível interfere mais uma vez. E aparece uma jovem usando blusa com flor estampada sobre o peito (fig. 41). Não demora que a jovem seja completamente metamorfoseada em flor (fig. 42). O tema mítico de Dafne parece voltar a afirmar-se, segundo duas pinturas feitas no mesmo dia (18, set.). Na primeira, o

Figura 38
Adelina Gomes, 12/09/1969, óleo sobre papel 57,8 x 42,7cm.

homem volta as costas a uma árvore florida e faz com os braços um gesto de rejeição (fig. 43); rejeitada, a árvore está reduzida ao tronco, sem ramos nem flores (fig. 44).

Mas a regressão é superada e ressurge mais forte o problema do relacionamento homem/mulher. As forças ascendentes do inconsciente vão mover-se em torno de uma cadeira vazia.

A cadeira, objeto de uso constante, poderá adquirir conotações muito pessoais, ligadas a quem a ocupa. Mac Laren fez um desenho animado extraordinário sobre o relacionamento

Figura 39
Adelina Gomes, 14/05/1974, óleo sobre papel, 50,2 x 33,0cm.

Figura 40
Adelina Gomes, 31/08/1973, óleo sobre papel, 36,6 x 27,7cm.

tumultuoso do homem com sua cadeira. Van Gogh representou a si próprio e a Gauguin pintando duas cadeiras vazias que retratam as mais íntimas e contrastantes características dos dois pintores. Em carta a Albert Aurier, van Gogh escreve: "Poucos dias antes de nos separarmos, quando minha doença obrigou-me a internar-me num hospital, procurei pintar o *lugar* vazio"[238].

Uma cadeira vazia fará lembrar a pessoa ausente ou morta que costumava sentar-se ali. Eventualmente despertará noutros o desejo ou a ambição de ocupá-la, quer

seja uma simples cadeira familiar, quer a cadeira de um cargo de chefia, uma cátedra ou até um trono.

Quanto a Adelina, o que ela deseja é substituir Sertanejo junto ao homem, sentar-se a seu lado numa relação de amor.

Pinturas sucessivas narram tudo claramente. Ele e o cão. O cão agora é transparente, deixando ver, ao lado do homem, uma cadeira vazia (fig. 45).

Talvez o cão se tenha esvanecido. O homem está só e triste, e a seu lado vê-se uma cadeira vazia. Ele faz um gesto de convite a alguém não visível

Figura 41
Adelina Gomes, 11/09/1973, óleo sobre papel, 36,2 x 26,9cm.

---

238. GRAETZ, H.R. *The Symbolic Language of Vincent van Gogh*. Londres: Thames and Hudson, 1963, p. 138.

244

Figura 42
Adelina Gomes, 17/09/1973, guache sobre papel, 35,1 x 23,9cm.

(fig. 46). No mesmo dia pintura quase idêntica, mas o homem está alegre e seu gesto de convite tem calor (fig. 47). Em pintura feita dois dias depois: ela, presente, mas agora a cadeira do homem está vazia (fig. 48).

Apesar de tantas incertezas, o processo continua a desenvolver-se no sentido da busca de encontro entre o homem e a mulher. Mas o estudo deste caso clínico ensina que os acontecimentos intrapsíquicos não progridem de maneira linear. Desdobram-se em hesitantes circunvoluções e, sobretudo, processam-se em duas (ou mais) claves paralelas. Aqui, digamos por analogia, a clave de sol, tocada pela mão direita, cor-

responde aos movimentos que tendem à realização de um casamento dentro da realidade social que Adelina e sua família aceitam. Os personagens são representados de modo bastante realístico. Entretanto, de quando em vez, ouvem-se sons graves, tocados pela mão esquerda na profundeza do inconsciente. O *leitmotiv* das metamorfoses vegetal e animal não se esgotou ainda. Um exemplo, entre outros, é a pintura que se intercala na série da cadeira vazia, representando um jarro de flores, uma flor tombada de um lado e de outro um gato (fig. 49).

Figura 43
Adelina Gomes, 18/09/1973, óleo sobre papel, 35,0 x 24,3cm.

Figura 44
Adelina Gomes, 18/09/1973, óleo sobre papel,
35,0 x 24,3cm.

Sons mais agudos voltam a ser ouvidos. Adelina pinta uma noiva ao lado da cadeira vazia à espera do noivo (fig. 50). Mas pouco depois é o noivo que tem o lugar vazio à sua esquerda, desolado de ver a noiva metamorfoseada em flor caída ao solo (fig. 51).

Enfim, a pintura de 9 de junho de 1975 representa a noiva sentada e junto a ela o noivo de pé, como nas fotografias dos álbuns de família (fig. 52).

Ao longo de todo esse processo intrapsíquico, em seus vários níveis ou claves, esteve sempre atuante a força do arquétipo mãe. Manifestou-se sob o revestimento das grandes mães do período neolítico; sob o aspecto da deusa Hécate, com cabeça de cão, ou de Deméter junto à filha; e só bem mais tarde surge na forma de Maria, a grande mãe venerada na era em que vivemos, indício de que inconsciente e consciente estão se aproximando. Numerosas imagens de Maria aparecem na pintura de Adelina, de permeio com os movimentos em torno da cadeira vazia. Assim, a grande mãe Maria, com resplendor de ouro sobre a cabeça (fig. 53), antecedeu de pouco a pintura do encontro dos noivos. Observe-se que a adornam quatro flores azuis e que a serpente aos pés dessa imagem já não é ameaçadora, segundo acontecia anos atrás quando apareceu pela primeira vez (fig. 35) simbolizando "súbitas e inesperadas manifestações do inconsciente, suas intervenções geradoras de angústias". Agora se acha encerrada num círculo que a mantém inofensiva.

Outras figuras de Maria, de expressão cada vez mais humanizada, sucedem-se. A imagem aqui reproduzida não porta o resplendor de glória, porém traz sobre o peito um grande coração (fig. 54). Apontando a pintura, Adelina disse "o coração podia ser maior".

Figura 45
Adelina Gomes, 03/10/1973, óleo sobre papel,
55,3 x 36,8cm.

Provavelmente muitos julgarão esse processo de retorno à realidade externa demasiado longo. Cansam os repetidos movimentos de circunvolução em volta do mesmo tema. Mas será preciso não esquecer que um percurso de ida e volta a esferas subterrâneas muito profundas foi palmilhado. E em condições bastante desfavoráveis. O hospital psiquiátrico não proporciona condições adequadas para o desenvolvimento de semelhantes viagens. O espaço opressor, o tumulto anônimo das enfermarias, pelo contrário, favorecem a regressão.

Em troca, o que oferece a psiquiatria tradicional? Corta, sufoca a atividade das forças defensivas do inconsciente pelo emprego de do-

ses brutais de psicotrópicos e da convulsoterapia. Novos surtos da "doença" irrompem. As reinternações se sucedem. Mais psicotrópicos. E as folhas de observação registram embotamento afetivo, deterioração, demência.

Figura 46
Adelina Gomes, 29/10/1973,
óleo sobre papel,
36,0 x 27,0cm.

Figura 47
Adelina Gomes, 29/10/1973, óleo sobre
papel, 36,5 x 26,6cm.

Figura 48
Adelina Gomes, 31/10/1973, óleo sobre
papel, 55,0 x 37,0cm.

Figura 49
Adelina Gomes, 05/06/1974, óleo sobre
papel, 48,0 x 33,0cm.

Figura 50
Adelina Gomes, 09/08/1974, óleo sobre
papel, 55,7 x 36,7cm.

Figura 51
Adelina Gomes, 03/09/1974, óleo sobre
papel, 55,7 x 36,9cm.

Figura 52
Adelina Gomes, 09/06/1975, óleo sobre
papel, 48,5 x 33,5cm.

Figura 53
Adelina Gomes, 06/01/1975, óleo sobre
cartolina, 55,0 x 40,4cm.

Figura 54
Adelina Gomes, 24/05/1978, óleo sobre
cartolina, 55,2 x 36,4cm.

8

O tema mítico de Dionisos

Quando estive em Colônia visitei, como faz todo viajante, a catedral daquela cidade, famoso monumento da arte gótica na Alemanha. Sua construção, iniciada em 1248, prolongou-se durante séculos, num persistente esforço para imitar as grandes catedrais da França. Não se iguala a Notre Dame de Paris, nem à catedral de Chartres nem à de Bourges, mas, sem dúvida, é muito bela.

Ao sair do templo cristão tive a surpresa de ver, perto de uma de suas portas magníficas, uma seta com a inscrição – *Mosaico de Dionisos*. Segui a indicação da seta e, a poucos passos da catedral, encontrei o lugar onde fora descoberto, sob o solo, o maravilhoso mosaico que glorifica o deus pagão Dionisos.

O achado arqueológico do mosaico de Dionisos deu-se durante a Segunda Guerra Mundial, quando os alemães empreenderam escavações com o objetivo de construir um abrigo antiaéreo próximo à catedral. Essas escavações, que atingiram a profundidade de 6,50m, revelaram numerosos vestígios de construções escalonadas entre a Idade Média e o primeiro século depois de Cristo. A descoberta mais importante foi a das ruínas de uma rica residência romana construída em meados do século II, provavelmente incendiada por ocasião das invasões germânicas dos fins do século IV.

Nessa residência a peça principal é a ampla sala de refeições (7 x 10,27m) cuja pavimentação está constituída pelo mosaico de Dionisos, surpreendentemente bem conservado.

O mosaico compõe-se de cerca de dois milhões de pequenos cubos feitos de materiais diferentes: mármore, ardósia, sigilata, e sobretudo pasta de vidro em cores múltiplas e brilhantes. Assemelha-se a um tapete prodigiosamente rico de formas e colorido. Disse bem Fritz Fremersdorf, diretor do Museu

Romano-Germânico: "A sala inteira está impregnada de movimento dioni-síaco"[239]. O motivo central representa Dionisos ébrio, apoiando-se ao ombro de um sátiro que sustenta na mão esquerda o tirso. Sobre o solo jaz caído um cântaro vazio. As vestes azuis de Dionisos deslizaram, deixando quase nu seu jovem corpo. O deus parece avançar, num passo titubeante, ao encontro de quem o contempla.

Em torno do motivo central agrupam-se seis campos octogonais onde se veem mênades com vestes multicolores e sátiros de pele escura, dançando ou tocando flautas pastoris.

Sucedem-se as representações dos animais consagrados a Dionisos: a pan-tera, animal favorito do deus, bela nos seus ágeis movimentos, indomável e sanguinária, está adornada de um colar azul; o leão, símbolo de paixões arden-tes e de bravura; o bode e o asno, símbolos de desejo sexual e de fertilidade. Na periferia, aves diversas de colorido vivo e cestas transbordantes de uvas e de figos maduros.

A história gravada em pedras, do alto das torres da catedral de Colônia ao mosaico subterrâneo de Dionisos, equivale a um corte em profundidade na vida psíquica do homem. Dois mil anos de cristianismo representam apenas a superfície. Nos profundos e intrincados labirintos da psique vivem ainda os deuses pagãos. Pesquisas arqueológicas e pesquisas psicológicas são trabalhos paralelos feitos em áreas diferentes.

Ao longo de sua obra, Freud muitas vezes estabelece analogias entre a análise psíquica e o trabalho do arqueólogo. Já nos primórdios da psicaná-lise, em 1892, Freud compara seu método de investigação da etiologia da histeria às pesquisas arqueológicas. "Suponhamos que um explorador chega a região pouco conhecida, na qual despertam seu interesse ruínas constituí-das de restos de paredes e fragmentos de colunas e lápides com inscrições quase apagadas e ilegíveis. Ele poderá contentar-se em examinar a parte vi-sível, interrogar os habitantes das cercanias, talvez semisselvagens, sobre as tradições referentes à história e à significação daquelas ruínas monumentais, tomar nota de suas respostas [...] e prosseguir viagem. Mas também pode-rá fazer outra coisa: poderá ter trazido consigo instrumentos de trabalho,

---

239. FREMERSDORF, F. *La Mosaique de Dionysos*. Colônia: Greven.

conseguir que os indígenas o auxiliem em seu labor de investigação, e com eles atacar o campo das ruínas, praticar escavações e descobrir, a partir dos restos visíveis, a parte sepultada"[240].

No estudo do caso clínico de Dora, Freud repete o confronto entre psicanálise e arqueologia[241]. Mais tarde ele acentua que apesar das analogias há diferenças marcantes entre as duas ciências. Entretanto continua a comprazer-se em compará-las, segundo faz nas *Considerações sobre a guerra e a morte*[242]. Noutro ensaio, *O Mal-Estar na Cultura*, de 1930, retoma a mesma comparação. Imagina Roma vista num corte em profundeza, conservadas suas diversas fases: a Roma *quadrata*, pequena colônia erguida sobre o monte Palatino; a Roma dos Septimontium, que reunia a população instalada sobre sete colinas; depois a área delimitada pela muralha de Sérvio Túlio; a seguir a cidade cercada pelas muralhas construídas pelo Imperador Aureliano e, posteriormente, cada fase de transformação da Cidade Eterna, tudo preservado, todas as fases conservadas intactas e não apenas ruínas esparsas, correspondentes a este ou àquele período.

Assim seria a vida psíquica inconsciente. Seus conteúdos manter-se-iam permanentemente iguais, nada se apagaria nem destruiria[243]. No seu último livro *Moisés e a religião monoteísta*, Freud fortalece o tema da *herança arcaica*. "O comportamento de uma criança neurótica em relação a seus pais, no Complexo de Édipo e no complexo de castração, apresenta-se injustificado em certos casos e só pode ser compreendido filogeneticamente em relação a fatos vividos por gerações anteriores. Valeria a pena reunir e publicar o material sobre o qual me baseio para emitir esta hipótese. Creio que sua força demonstrativa seria suficiente para justificar outras suposições e poder afirmar que a herança arcaica dos homens encerra não só predisposições, mas também traços de recordações vividas por nossos antepassados. Deste modo a extensão e a importância da herança arcaica aumentariam extraordinariamente"[244].

---

240. FREUD, S. *O.C.* I. Madri: Biblioteca Nueva, 1967, p. 131.

241. Ibid., II, p. 604.

242. Ibid., p. 1.100.

243. Ibid., III, p. 5.

244. Ibid., p. 256-258.

Portanto, permanecem gravadas sob as experiências do indivíduo as experiências ancestrais. Estudando as marcas persistentes dessas experiências, sem dúvida Freud trabalhou como um arqueólogo da psique.

Jung desde menino teve vocação de arqueólogo. "Eu me interessava intensamente por tudo que dizia respeito ao Egito e à Babilônia. E teria preferido ser arqueólogo. Mas não tinha dinheiro para estudar a não ser na Basileia, e na Basileia não havia mestres para esses assuntos. Assim, esse plano teve fim muito cedo"[245]. Mas a vocação pelas escavações profundas persistiu.

O conceito de inconsciente coletivo apresentou-se a Jung pela primeira vez em 1909, num sonho que se assemelha a uma verdadeira pesquisa arqueológica. "Eu estava numa casa que tinha dois andares e era minha própria casa. O andar superior, por seus móveis e quadros, era de estilo do século XVIII. Desci ao andar térreo. Tudo parecia bastante mais antigo: móveis medievais e pavimento de tijolo vermelho, como se este pavimento datasse do século XV ou XVI. Tudo era escuro. Andei pela casa até dar com uma pesada porta. Abrindo-a, vi uma escada de pedra que conduzia à adega. Desci e encontrei-me numa grande sala abobadada dos tempos romanos. O solo era de pedras e numa delas percebi uma argola. Puxei a argola e vi uma escada estreita de degraus de pedra. Descendo-a penetrei numa caverna escavada dentro de uma rocha. O solo estava recoberto de espessa camada de poeira, onde se achavam esparsos fragmentos de cerâmica primitiva, ossos e dois crânios humanos muito antigos e bastante danificados"[246].

"Era claro para mim que a casa representava uma espécie de imagem da psique, isto é, de meu estado de consciência na ocasião, com algumas adições do inconsciente. O consciente era representado pelo salão do primeiro andar. Havia aí a atmosfera de lugar habitado, apesar de seu estilo antiquado. O pavimento térreo correspondia ao primeiro nível do inconsciente. Quanto mais profundamente eu penetrava mais o ambiente era escuro e estranho. Na caverna descobri remanescentes de uma cultura primitiva, isto é, o mundo do homem primitivo dentro de mim, mundo que, quase em nada, pode ser atingido ou iluminado pelo consciente. A psique do homem primitivo confina

245. JUNG, C.G. *Memories, Dreams. Reflections*. Nova York: Pantheon Books, 1963, p. 84.
246. Ibid., p. 158.

com a psique animal, exatamente como as cavernas dos tempos primitivos eram habitadas pelos animais antes de serem ocupadas pelo homem"[247].

Jung praticou, na psique, investigações de tipo arqueológico em dimensões até então ainda não realizadas. Suas principais descobertas fizeram-se na área das camadas subjacentes ao inconsciente pessoal, nas profundas camadas psíquicas que constituem o lastro comum a todos os homens e onde nascem as raízes de todas as experiências internas fundamentais, das religiões, teorias científicas, concepções poéticas e filosóficas.

Cristo e Dionisos – O cristianismo é uma religião que deliberadamente se situa dentro da história. Cristo nasceu quando reinava Augusto e morreu quando reinava Tibério. Sua vida está constituída de fatos narrados no Evangelho, objetivamente ocorridos numa época precisa. Nada se passa em tempos primordiais, indelimitáveis, *in illo tempore*, como nas narrações dos mitos.

Entretanto a figura de Cristo amplia-se, aprofunda-se e fascina sobretudo porque encerra, além das qualificações históricas, certos atributos essenciais, com raízes nas fundações psíquicas de todos os homens e que já haviam pertencido a outros deuses. Enriquece-se de dimensões mitológicas[248].

A ideia arquetípica de sacrifício, presente em muitas mitologias, impregna a figura histórica de Cristo, torna-a intemporal e a põe em conexão com outros divinos sacrificados do passado. Seu vizinho mais próximo e, simultaneamente o mais distante, parece ser Dionisos.

São Justino, mártir (século II), assustava-se em verificar paralelos entre Cristo e Dionisos e, não podendo admiti-los, atribuía-os a artes do demônio. Certo esses paralelos são impressionantes. Primeiro as conexões com o vinho. Cristo começou sua vida pública transformando água em vinho, nas bodas de Caná; mais tarde, num de seus sermões, compara-se à vinha: "Eu sou a verdadeira vinha" (Jo 15,1). Durante a ceia, na véspera de sua morte, transformou o vinho em sangue, em seu próprio sangue. Dionisos é o deus da vinha. Foi também perseguido e morto. E ressuscitou. É filho de Zeus, senhor absoluto e de uma mulher mortal. Por sua intercessão, sua mãe é elevada aos céus (Olimpo).

---

247. Ibid., p. 160.

248. WATTS, A. *Mith and Rithual in Cristianity*. Boston: Beacon, 1968, p. 135.

Se afinidades numerosas aproximam Cristo de Dionisos, fortes contrastes os separam. Dionisos encarna o impulso de vida na natureza, o apetite, o desejo. É estreitamente afim de vegetais e animais, chegando várias vezes a metamorfosear-se em leão, touro, bode. Nele coexistem selvageria feroz, sede do divino, êxtase de bem-aventurança, destruição, morte. Em Dionisos todos os opostos estão juntos, numa permanente efervescência[249].

Com o advento do cristianismo os opostos separaram-se. Natureza e espírito afastaram-se tanto que passaram a situar-se em polos contrários. E o Cristo assumiu exclusivamente o polo espiritual, o bem, a luz. Sua mensagem prega renúncia à vida dos instintos, que se confundem com o mal e a escuridão.

Entretanto, estas diferenças, parecendo no plano do consciente inconciliáveis separações, na profundeza do inconsciente são polaridades estreitamente ligadas. Este fenômeno da vinculação e até transmutação dos contrários foi traduzido em imagens por Leonardo da Vinci (1452-1519), nas suas duas últimas telas, pintadas na França, no Castelo Real de Amboise, onde morreu. Na primeira dessas pinturas vemos Dionisos, os cabelos coroados de folhas de vinha e o dedo indicador da mão direita apontando o tirso, que segura com a mão esquerda. Em torno dos rins usa uma pele de pantera. Na segunda tela, a última do mestre, vê-se um estranho João Batista, o precursor de Cristo. Leonardo recorreu a João Batista, o severo pregador de penitência, para representar o aspecto mais rígido do cristianismo. Quando o anjo anunciou o nascimento de João ao velho Zacarias, assim caracterizou aquele que iria preparar os caminhos para o Senhor: "Ele não beberá vinho nem qualquer outro licor que embriague" (Lc 1,15). E Mateus o descreve: "João usava vestes de pelo de camelo e, em volta da cintura, um cinto de couro, e ele se alimentava de gafanhotos e de mel silvestre" (2,1-6). João é o anti-Dionisos. Ninguém reconheceria nessa pintura o áspero precursor que vivia clamando por penitência, não fosse o gesto de erguer com a mão direita uma cruz de junco do deserto e de indicar com o dedo o símbolo cristão. Os cabelos cacheados, a face imberbe, a curva feminina do ombro nu, a pele de pantera malhada que recobre parte do seu corpo, fazem de João a réplica do Dionisos da pintura anterior. Apenas um indica o tirso e, o outro, a cruz.

---

249. OTTO, W. *Dionysos*. Paris: Mercure de France, 1969, p. 141.

A propósito dessas duas telas, Dmitri Marejkowski comenta com extraordinária penetração psicológica: "Deixando seu Baco (Dionisos) inacabado, Leonardo começou outra pintura ainda mais estranha: a de João, o precursor. Trabalhou nela com uma persistência e uma rapidez que não lhe eram habituais, como se tivesse o pressentimento de que seus dias estavam contados, que não dispunha já de muita energia, que esta energia estava decrescendo dia a dia, procurando apressadamente exprimir, nessa última criação, o seu mais íntimo segredo, o segredo que conservara toda a vida em silêncio, escondendo-o não apenas dos homens, mas de si próprio"[250].

Esse segredo terrível era a descoberta da vinculação inexorável de um oposto ao outro. Atrás de João Batista os olhos penetrantes de Leonardo viram Dionisos.

As oposições levadas a extremos resultam em perigosos desbalanços de energia no interior do sistema psíquico. Tentativas de reequilíbrio entre forças contrárias, verdadeiros movimentos compensatórios que já vinham se processando de longe, parecem estar se intensificando na profundeza do inconsciente agora, nos tempos modernos. Muitos indícios significativos o indicam. Citemos como exemplo um sonho revelador do desenvolvimento desse processo de aproximação de opostos, onde se juntam elementos cristãos e dionisíacos: Um clérigo sonha que, entrando à noite na sua igreja, vê a parede do fundo derrubada. O altar está envolvido por uma vinha carregada de cachos de uva. Através do espaço aberto pela queda da parede a lua brilha[251].

Um livro da moderna literatura brasileira, *Armadilha para Lamartine*[252] conta experiências internas de um jovem, "revelações religiosas", que deixam transparecer dilacerante conflito de opostos. Uma das manifestações desses opostos encontra expressão na *Balada da suave cavalgada*, sob as formas do "cavalo mais bravio" e da "montaria mansa, dócil até o fim [...]. Com a mão esquerda/ponho o cavalo a caminho/de onde o Não encontra o Sim".

Noutro nível os opostos, enriquecendo-se de maiores complexidades, revestem-se das figuras de Cristo e de Dionisos. Entre os papéis de Lamartine

250. MAREJKOWSKI, D. *O Romance de Leonardo da Vinci*. [s.l.]: O Globo, 1947, p. 538.

251. JUNG, C.G. *C.W.*, 12, p. 135.

252. SUSSEKIND, C. & SUSSEKIND, C. *Armadilha para Lamartine*. Rio de Janeiro: Labor, 1975.

encontrados depois que ele foi internado (para ser submetido a séries de eletrochoques) é descoberta a *Balada do Crucificado*. "Está o Cristo descido da cruz / Sua mãe o toma pelos extremos / e o balança suavemente / Dionisos Menino Jesus / oceano aberto, segue viagem / Náufrago em frágil jangada / brinca com as vagas / desce aos abismos / Os peixes mastigam no fundo do mar / sua carne dourada."

Neste poema cheio de significações Cristo e Dionisos se confundem.

Lamartine faz ainda outra aproximação entre Cristo e Dionisos. Dá o nome de Barca de Dionisos ao altar principal do Congresso Eucarístico (1955).

Segundo narrações muito antigas Dionisos emergiu do mar. O deus é representado na sua forma arcaica, barbudo, solitário no seu barco de vela e mastros recobertos pela vinha[253]. A "revelação" de Lamartine atinge tanto seu pai que este escreveu em seu diário: "Fotografia do altar-monumento do Congresso Eucarístico, iluminado. O efeito da vela dá uma impressão perfeita de barco ao conjunto (a Barca de Dionisos)"[254]. Na realidade, do altar erguia-se mastro sustentando uma grande vela inspirada nas caravelas de Pedro Álvares Cabral.

Dionisos e Apolo – Na Antiguidade grega também forças contrárias já se opunham a Dionisos. O culto de Dionisos é de antiguidade indeterminável. Vestígios de celebrações dos rituais dionisíacos foram assinalados já há 1.500 anos a.C. O próprio deus costumava reaparecer periodicamente entre os homens para reavivar seu culto. Uma de suas súbitas epifanias aconteceu em Tebas, a cidade das Sete Portas. Dionisos volta a Tebas, pátria de sua mãe, a Princesa Sêmele. Mas Penteu, rei de Tebas, decide fazer-lhe forte oposição. A tragédia de Eurípides – *As Bacantes* – fixa esse episódio. Eurípides situa sua tragédia em tempos muito recuados, bem próximos ainda da fundação de Tebas, pois o fundador daquela cidade, o herói Cadmo, velho embora, aí está presente como personagem.

Penteu representa o pensamento racional. Não aceita Dionisos, não o reconhece um deus, menos ainda que seja filho de Zeus e Sêmele, irmã de sua própria mãe. Toma posição de combate contra Dionisos. Ele se sente forte: é

---

253. KERÉNYI, C. *La Mythologie des Grecs*. Paris: Payot, 1952, p. 262.

254. SUSSEKIND, C. & SUSSEKIND, C. Op. cit., p. 259.

rei de Tebas, é a autoridade. Cadmo, avô de Penteu, e o adivinho cego Tirésias, conduzem-se de maneira diferente. Os dois velhos encarnam a sabedoria, o conhecimento intuitivo, imediato, das leis da natureza. Tirésias diz a Penteu: "Tens a língua ágil e pareces razoável, mas nas tuas palavras não há nem sombra de bom-senso". O coro reforça: "A ciência não é a sabedoria". E mais adiante: "Dionisos odeia aqueles que não sabem afastar com prudência a sutileza do intelecto e os excessos do orgulho"[255].

As forças instintivas, representadas pelas bacantes que Penteu pretendera algemar, desencadeiam-se furiosas contra ele. À frente está sua mãe. Penteu é despedaçado. O aspecto terrível do arquétipo mãe foi constelado por Dionisos vingativo. E Agave conduz-se de maneira semelhante a Ártemis com Acteon. Aliás, Eurípides frisa o caráter arquetípico da ação de Agave quando faz Cadmo dizer que Penteu foi reduzido a pedaços no mesmo local, exatamente onde os cães de Ártemis estraçalharam o jovem Acteon.

Penteu quis defender o pensamento racional, que começava a florescer na Grécia, das violentas forças irracionais agitadas por Dionisos. Mas faltavam-lhe condições para uma empresa desse porte. Seu pai foi o guerreiro Équion (serpente-homem), nascido dos dentes do dragão semeados por Cadmo. Penteu era ainda um homem bastante primário. Faltava-lhe aquela sutileza que viria caracterizar o gênio grego.

Os helenos foram muito sábios. Cedo chegaram à igual valorização dos polos opostos da psique representados por Apolo e Dionisos. O culto de Dionisos, antigo de séculos, continuava a ser celebrado na época clássica. Os "mistérios" do deus respeitados, suas festas populares alternando-se com as festas dos deuses olímpicos no calendário grego (Leneias, Antestérias, as Dionísias). No templo de Apolo, junto ao onfalo, o local mais sagrado, estava o túmulo de Dionisos. Quando Apolo, no início do inverno, deixava Delfos e partia para o país dos hiperboreanos, Dionisos era despertado pelas ruidosas invocações, danças e cantos das bacantes. Ao chegar a primavera, Apolo retomava seu lugar no tripé profético de Delfos[256]. A pintura de um vaso datado de cerca de

---

255. EURÍPIDES. *Les Bacchantes*. Paris: Garnier, 1955.

256. GODEL, R. *Une Grèce Secrete*. Paris: Les Belles Letres, 1960, p. 85.

400 anos a.C. representa Apolo e Dionisos em Delfos, estreitando-se as mãos. Note-se que nesta pintura Apolo é figurado como um jovem, e Dionisos sob a forma de homem maduro, barbudo.

Mas o homem da Era Cristã viu apenas a face clara, solar, da Grécia. Ele próprio, atormentado por impulsos obscuros reprimidos, voltava-se para a Grécia apolínea como para um paraíso perdido onde, sem conflitos, serenamente, a razão houvesse regido todas as coisas. Decerto foram os gregos que nos ensinaram as operações do pensamento racional, o jogo das ideias abstratas, desdobramento das análises, arredondado das sínteses. O homem do Ocidente dificilmente poderia conceber que forças obscuras subterrâneas jamais houvessem perturbado aquele reino tranquilo que tantas nostalgias lhe despertava.

O primeiro a desfazer essas ilusões foi Nietzsche. A Grécia não era somente apolínea. Para além da claridade, da harmonia, da justa medida, estava presente o êxtase orgiástico dionisíaco. No ensaio O *nascimento da tragédia*[257], que é um dos marcos mais importantes da estética contemporânea, Nietzsche demonstra que todo o desenvolvimento da arte decorre do antagonismo entre "dois instintos", "duas esferas opostas de expressão", representadas pelas divindades Apolo e Dionisos. Estes dois opostos reconciliam-se, fundem-se de maneira perfeita na tragédia ática.

A tragédia nasceu do ditirambo arcaico: coro que celebrava os sofrimentos e as glórias de Dionisos. Seus participantes travestidos de sátiros, identificados a sátiros, atingiam estado de êxtase por meio da música e da dança. A palavra tinha função secundária no ditirambo. Ao contrário, na tragédia, a palavra, o diálogo, alcançavam o máximo de perfeição dentro da medida justa e da limpidez do pensamento. O coro, herdeiro direto do ditirambo, é que exprime as emoções mais profundas, autênticas e intensas. Segundo Nietzsche, o coro é "a matriz de todo diálogo". "A tragédia é o coro dionisíaco que, atingindo o extremo, projeta para fora de si um mundo de imagens apolíneas"[258]. O que vale dizer, transforma-se no seu contrário. Algumas páginas antes, Nietzsche já havia escrito: "Aquilo que se nos revela no alto simbolismo da arte é o mundo

257. NIETZSCHE, F. *La Naissance de la Tragedie*. Paris: Gallimard, 1949.

258. Ibid., p. 48.

apolíneo da beleza, com seu fundamento subterrâneo, a sabedoria terrível do Sileno, e nós compreendemos por intuição essa dupla e mútua necessidade"[259].

Assim, atrás das aparências harmoniosamente ordenadas das manifestações apolíneas, Nietzsche discerniu a presença de Dionisos, representante da desmedida, da exuberância – "ao apelo místico da jubilação dionisíaca, os laços da individualidade rompem-se e abre-se o caminho que conduz às mães do ser, ao núcleo íntimo das coisas"[260].

A essência do dionisismo será melhor entendida graças a sua analogia com a embriaguez, é ainda Nietzsche quem o diz. No estado de embriaguez, caem as barreiras rígidas e hostis que separam os homens, cada um sente-se fundido com seu próximo e com a natureza inteira[261].

Também segundo Jane Harrison, a essência da religião de Dionisos é a embriaguez. A mensagem do deus é "a crença que o homem, a princípio, através da embriaguez física, e depois através do êxtase espiritual, poderia passar do humano ao divino"[262]. O vinho seria maravilhosa invenção de Dionisos, um dom deste deus aos homens para ajudá-los a provar, embora fugazmente, da experiência da união com o absoluto. Certo há outros recursos, outros métodos, que levam a resultados semelhantes, mas mesmo se o vinho não estiver em causa, a experiência mística muitas vezes tem sido comparada à embriaguez. Foi assim que Novalis disse de Spinoza, tão sóbrio, que ele era um homem "ébrio de Deus".

Além do culto de Dionisos, muitos outros rituais religiosos recorreram a inebriantes, visando abrir "portas da percepção" na procura de contato com o divino.

As condições preliminares para a iniciação nos Mistérios de Elêusis eram jejuar e depois tomar o Kykeon, bebida fermentada composta de cevada, hortelã e água. Beber Kykeon favorecia a entrada na experiência religiosa, no estado de beatitude, dom essencial dos Mistérios de Deméter[263].

---

259. Ibid., p. 29.

260. Ibid., p. 81.

261. Ibid., p. 20.

262. HARRISON, J. *Prolegomena to the Study of Greek Religion*. Nova York: Meridién Books, 1957, p. X.

263. KERRÉNYI, C. *Eleusis*. Nova York: [s.e.], 1967, p. 177 [Bollingen Series, LXV-4].

Nos Vedas encontram-se referências ao Soma, bebida alcoólica preparada com o sumo da planta "erva da lua". O Soma era usado nos rituais védicos e também pelos sacerdotes parsis.

O mesmo fenômeno ocorre na América. Os indígenas pré-colombianos do México, nos seus rituais religiosos, ingeriam vegetais que continham princípios psicoativos. Os principais eram o cogumelo *teonanacatl* (carne de deus), cujo nome científico é *psilocybe mexicana*, e o *cactus peyotl*, batizado em latim *anhalonicum Lewinii*. Esses vegetais eram comidos sacramentalmente em rituais bastante próximos da comunhão cristã, o que naturalmente causou horror aos conquistadores e inquisidores espanhóis. Eles viam nisso artimanhas diabólicas e, sendo assim, sentiam-se justificados para saquear os templos e cometer as maiores violências a fim de destruir a religião dos astecas.

Mas, ainda hoje, na religião dos índios navahos do Novo México, denominada peyotismo, subsistem elementos de rituais muito antigos. Seus adeptos encontram no peyotl estados de beatitude e de conhecimento que transcendem a realidade cotidiana. O peyotismo não impõe dogmas. "A experiência mística direta é, nessa religião, a base de todo verdadeiro conhecimento. Uma de suas máximas é a seguinte: 'A melhor maneira de te instruíres sobre a religião é tomares, tu mesmo, o peyotl e de aprenderes por ele'. Uma outra diz: 'Não há nenhum limite para o que se pode aprender por meio do peyotl'. Mas para ser iluminado não basta comer este vegetal; será necessário fazê-lo ritualmente, no curso da cerimônia noturna"[264].

Entre os índios do Novo México, nossos contemporâneos, vemos nitidamente em funcionamento os dois polos opostos da psique, um predominando na cultura navaho e outro na cultura dos pueblos. De acordo com as pesquisas da antropóloga Ruth Benedict, os rituais religiosos dos navahos são ricos em elementos dionisíacos, enquanto entre os pueblos prevalecem a ordem e a medida, configurando o que ela denomina uma "civilização apolínea"[265].

Sabe-se que o princípio ativo do peyotl é a mescalina. As experiências dos cientistas Weir Mitchel, Havelock Ellis, e do escritor Aldous Huxley[266], obtidas

264. CAZENEUVE, J. *Le Peyotisme ao Noveau-Mexique* – Essay sur l'Experience Hallucinogene. Paris: Pierre Belfon, 1969, p. 214.

265. BENEDICT, R. *El Hombre e la Cultura*. Buenos Aires: Sudamericana, 1944, p. 195.

266. HUXLEY, A. *Les Portes de la Perception*. Mônaco: Du Rocher, 1951.

pela absorção de mescalina, levantaram no mundo inteiro interesse apaixona-do. A mescalina foi depressa superada pelo LSD, derivado do cogumelo *clavi-ceps purpurea*, que, em doses mínimas, proporciona vivências mais intensas. Várias outras drogas, e sobretudo a maconha, são avidamente procuradas por seus efeitos inebriantes.

Que estranho fenômeno será este que se apodera do mundo moderno e toma conta principalmente da juventude? Será fuga ou busca?

Será talvez um fenômeno de enantiodromia (curso em sentido oposto) dentro da concepção de Heráclito relativa às tensões entre contrários e sua reversibilidade. A psicologia junguiana, por ser essencialmente dinâmica, ins-pira-se muitas vezes em Heráclito. "Denomino enantiodromia o aparecimen-to da contraposição inconsciente, especialmente no desdobramento temporal. Este fenômeno característico produz-se quase sempre quando uma tendência extremamente unilateral domina a vida consciente de maneira que, pouco a pouco, se forma no inconsciente uma atitude oposta igualmente forte"[267].

É assim que nossa cultura racionalista e técnico-científica, com pretensões apolíneas, vê agora avolumar-se o fluxo oposto da torrente dionisíaca. Serão possivelmente fenômenos de enantiodromia a sede irreprimível pelas drogas psicodélicas, os movimentos *beatles*, *hippies*, a extraordinária predominância que a canção adquiriu para a juventude, como forma preferida para exprimir sua revolta e suas emoções. "Todo período rico em canções populares foi tam-bém violentamente agitado por correntes dionisíacas", disse Nietzsche[268].

Os depoimentos daqueles, cada vez mais numerosos, que absorveram substâncias psicodélicas, são do maior interesse psicológico.

Nas primeiras etapas da experiência o mais comum é a ocorrência da in-tensificação das sensações. Todas as áreas sensoriais: visão, audição, tato, gus-tação, olfato, assumem intensidade até então desconhecida. É o deslumbran-te mundo psicodélico, já tantas vezes descrito. Mas, para muitos indivíduos, tudo isso é apenas a introdução a vivências mais profundas que, atravessan-do etapas diferentes, alcançam por fim a qualidade de experiências religiosas ou místicas[269]. Quando assim acontece, a experiência caracteriza-se, segundo

---

267. JUNG, C.G. *Types Psychologiques*. Genebra: Georg, 1950, p. 445.

268. NIETZSCHE, F. Op. cit., p. 36.

269. MASTERS, R.E. & HOUSTON, J. *The Varieties of Psychedelic Experience*. Nova York: Delta, 1966.

o Dr. Sidney Cohen, diretor do Hospital Neuropsiquiátrico de Los Angeles, "pela perda da própria individualidade e por um sentimento de unidade com o universo, dissolução da noção espaço-tempo, por uma sensação luminosa de reverência, maravilhamento ou de poder, acompanhada de beatitude, amor ou de êxtase"[270]. E, com efeito, as descrições de experiências religiosas vivenciadas sob a ação de psicodélicos e as descrições de experiências religiosas de místicos de diferentes religiões são dificilmente discrimináveis umas das outras.

É que nos dois casos ocorreram aberturas para as regiões do inconsciente coletivo e encontros particularmente intensos com imagens arquetípicas, às quais é inerente o caráter numinoso atribuído ao sagrado (algo inexprimível, misterioso, terrificante).

Assinale-se que os indivíduos que vivem fenômenos dessa natureza não são necessariamente religiosos e muitos deles nunca haviam tido preocupações de caráter religioso.

Em *Psicologia e religião*[271] e em *Psicologia e alquimia*[272] Jung estudou a fundo sonhos que levantavam problemas religiosos e elaboravam símbolos religiosos inteiramente estranhos às cogitações conscientes dos sonhadores. Esses símbolos apresentam-se frequentemente sob a forma de mandalas, isto é, de imagens circulares, nas quais diferentes elementos agrupam-se em função do centro. Mas, enquanto as mandalas tradicionais (budistas, tibetanas, cristãs) dão grande ênfase à figura que ocupa o centro, as mandalas sonhadas ou visionadas pelo homem moderno têm o centro vazio, reduzido muitas vezes a um ponto negro[273].

As figuras que dantes ocupavam o centro parecem não ter mais vitalidade suficiente para atrair as projeções do núcleo mais profundo e íntimo da psique: o self, do qual eram símbolos constantes. O self terá de ser agora descoberto, não através de projeções exteriores, porém no mundo interior, dentro do próprio indivíduo. De quando em vez este centro é vislumbrado, seja na experiência poética, através de imagens plásticas, ou, em experiências místicas, na meditação filosófica, na introspecção psicológica. Os psicodélicos podem

---

270. COHEN, S. "Fuites du Réel ou Recherche Mystique?" *Planete*, n. 33, 1967, p. 123. Paris.

271. JUNG, C.G. *C.W.*, 11.

272. Ibid., 12.

273. Ibid., 11, p. 67.

abrir portas internas e dar acesso, por instantes, ao âmago do ser, dispensando árduos trabalhos preparatórios. Daí talvez o fascínio que exercem. Sob o impulso de uma compulsão instintiva obscura, o homem moderno aspira a realizar e integrar suas potencialidades, a ser ele mesmo. Não quer mais tentar a imitação de figuras ideais externas, nem esforçar-se para aguentar os condicionamentos de uma sociedade que está caindo aos pedaços, desagregada. Mas acontece que são raros aqueles conscientes dessa busca de individuação. A imensa maioria procede instintiva e inconscientemente, em angustiados tateamentos, confundindo os meios com os fins. Raramente aquele que faz "viagens" psicodélicas terá condições para avaliar a significação das experiências, para integrar os conteúdos que emergem do inconsciente. Por isso não lucra o desenvolvimento e as transformações da personalidade, que podem ser alcançadas através de métodos como a análise psicológica profunda, a meditação.

A pintura moderna reflete a situação interna do homem de nossos dias. Aniela Jaffé[274] estudando o símbolo do círculo na pintura do século XX observa que sua representação sofreu grandes transformações. Embora presente com frequência, o círculo raras vezes abarca a totalidade da tela. O que ocorre é apresentarem-se vários círculos dispostos de maneira assimétrica e desligados uns dos outros, ou mesmo quebrados. Exemplos particularmente demonstrativos, citados por Aniela Jaffé, são pinturas de Kandinsky, Delaunay, Nash. Não será encontrado nas formas circulares da arte moderna centro nitidamente definido. Nos relevos em madeira do artista brasileiro Rubem Valentim vemos mesmo círculos esvaziados de seus centros e setas laterais, dirigidas em sentido contrário, como forças que se empenhassem em partir os círculos. O artista exprime a condição psíquica do homem moderno, sua ambivalência, seus dilemas.

A pintura feita sob a ação de substâncias psicodélicas revela a situação psíquica em níveis ainda mais profundos. Se nos limitarmos ao exame do círculo, ou seja, ao símbolo da totalidade (mandala), encontraremos também na arte psicodélica círculos com o centro não demarcado, de cor unida ou assinalado apenas por um ponto que significa o vazio ou o desconhecido (Usco, Allen Atwell, Jaques Kaszemacher, Hugo Mujica). Mas a grande maioria das man-

274. JAFFÉ, A. "Le Symbolisme dans les Arts Plastiques". In: JUNG, C.G. *L'Homme et ses Symboles*. Paris: R. Lafond, 1964, cap. 4.

dalas psicodélicas encerra turbilhonante dinamismo, intensa germinação interna, força expansiva emergente de um centro energético de altíssima potência (Allen Atwell, Mati Klarwein, Lex de Buijn, Irwin Gooen, Isaac Abrams, Arlene Sklar-Weinstein)[275]. Seriam vislumbres da força inerente ao núcleo ordenador da psique (self), vivenciada pelo homem como experiência interna, e também da energia cosmogônica em ação, agora despida das imagens que a encarnaram através dos tempos. Vê-se assim que a busca do self como coisa individual única, microcosmos específicos de cada um, conduz simultaneamente a uma visão do macrocosmos comum a toda uma época.

Dionisos no hospital de Engenho de Dentro – "Raramente vi, talvez mesmo nunca haja visto, entre meus doentes, um só caso que deixasse de recuar às formas de arte do neolítico ou de revelar evocações de orgias dionisíacas"[276].

No capítulo VII foram vistas imagens da Grande Mãe que demonstram com a mais nítida evidência a volta às formas neolíticas.

E aqui, não menos nítidas imagens evocadoras de Dionisos serão apresentadas. Dionisos sob múltiplos aspectos de sua natureza dual – jovem e velho, bissexuado, animalesco, orgiástico, frenético, o deus do êxtase religioso, o tranquilo conhecedor da ordem oculta na vida indestrutível.

Dois exemplos revelam várias dessas características opostas de Dionisos. Octávio (nascido em 1916) conseguiu durante tempo bastante longo reprimir pulsões homossexuais. Casou-se, teve um filho. Sua profissão de serralheiro, trabalho que lida com ferro e fogo, implica afirmação de masculinidade.

Mas, no carnaval de 1950, ocorreu-lhe fantasiar-se vestindo roupas femininas. Diante do espelho, vendo-se naquele travesti, Octávio foi tomado de súbita e frenética excitação. Resultado: internação, quarto forte. Sua folha de observação clínica registra violenta excitação psicomotora, ideias delirantes de perseguição; diagnóstico – esquizofrenia. Seguem-se mais 11 reinternações. Octávio vem frequentar, em regime de externato, o atelier de pintura do Museu de Imagens do Inconsciente a partir de fevereiro de 1966. Somente uma reinternação (dezembro de 1966) ocorreu desde que ele pratica as atividades expressivas do desenho e pintura.

---

275. MASTERS, R.E. & HOUSTON, J. *L'Art Psychédélique*. Paris: Pont Royal, 1968.
276. JUNG, C.G. *C.W.*, 15, p. 139.

Octávio frequentemente representa animais de espécies diversas, bem como animais fantásticos. O conflito interno que cindiu sua psique e o trabalho autocurativo para reconstruí-la podem ser acompanhados através da série de seus desenhos de cavalos, onde se defrontam cavalo e cavaleiro, vida instintiva e razão.

Se o cavalo tem particulares conexões com Dionisos através dos silenos, sempre presentes nos seus cortejos, outro animal de sua predileção é o bode, organicamente vinculado aos sátiros, companheiros inseparáveis do deus. Conta o mito que Dionisos, em corridas pelos montes, agarrava jovens bodes, estrangulava-os e esquartejava-os com as próprias mãos para logo em seguida fazê-los reviver, numa demonstração de que a vida é inextinguível.

Alguns desenhos de Octávio que evocam Dionisos:

Um bode salta sobre terreno pedregoso. É noite. No fundo, a lua minguante e uma estrela (fig. 1).

Figura 01
Octávio Ignácio, 30/10/1974, lápis de cera e grafite sobre papel, 37,1 x 55,3cm.

Figura meio humana, com chifres e membros inferiores de bode, defronta uma mulher, cuja parte inferior do corpo é peixe e emerge das águas. À direita, animal misto de asno e bode, parece participar da contenda entre as duas figuras semi-humanas (fig. 2). O autor comentou este desenho: "É o homem dos contos antigos, metade era homem, metade animal. Esta pintura é um espírito nocivo".

Homem provido de um chifre e de quatro membros inferiores animais, toca flauta diante de um grande pássaro, possivelmente águia (fig. 3). O autor denomina o desenho "A música [e acrescenta] é São João Batista, o flautista".

Figura 02
Octávio Ignácio, 23/07/1969, lápis de cera e grafite sobre papel, 33,0 x 48,5cm.

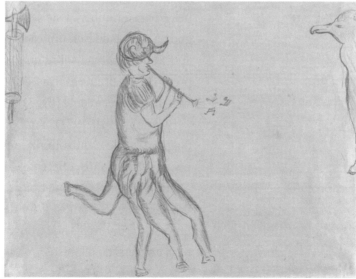

Figura 03
Octávio Ignácio, 28/06/1967, lápis de cera e sobre papel, 27,6 x 36,5cm.

Três figuras femininas nuas dançam. Ao centro, um objeto para "esquinar" (dar forma de esquina a); na gíria esquinar tem a significação de embriagar-se. O autor denomina este desenho "crítica à música" (fig. 4).

Figura 04
Octávio Ignácio, 20/12/1968, grafite sobre papel, 33,5 x 47,3cm.

Figura humana, da qual diz o autor: "É um ser que se transforma numa imaginação sexual. Não é sexo. A festa da uva é para a mulher". Este ser ambíguo ergue na mão esquerda um cacho de uvas e apoia a mão direita sobre uma espécie de prensa que espreme as uvas, caindo o suco num grande recipiente (fig. 5).

Carlos (1910-1977), também com o diagnóstico de esquizofrenia, revela Dionisos sob aspectos diferentes. Desceu à esfera das imagens arquetípicas, ao reino dos deuses e demônios. E foi dessas profundezas primordiais que trouxe para suas telas imagens de Dionisos.

Figura 05
Octávio Ignácio, 29/05/1974, grafite sobre papel, 54,6 x 36,2cm.

Ei-lo identificado ao deus, em atitude solene, trazendo um manto azul e chapéu vermelho. Quatro mulheres, com cabeça de vaca, o adoram, de joelhos. Porque aprazia a Dionisos tomar a forma de touro selvagem, suas adoradoras costumavam portar cornos, imitando o deus (fig. 6). Grupo de mulheres que lembram mênades e, no alto, um sátiro de cor verde. A dança das mênades nesta pintura não tem o caráter erótico, orgiástico, da dança das mulheres representado por Octávio. Elas e o sátiro representam aqui a atividade das forças elementares da natureza (fig. 7).

Figura 06
Carlos Pertuis, 06/04/1955, óleo sobre tela, 35,2 x 24,2cm.

Dois velhos comunicam-se entre si e riem. Aquele que está no meio da tela usa vestes verdes e traz sobre a cabeça uma folha de vinha. Atrás dele está uma figura de face humana com cornos negros e pescoço peludo. O Dionisos velho e a inseparável sombra do deus – o bode (fig. 8).

Dois velhos muito semelhantes, como se um fosse o desdobramento do outro, cabelos e barba brancos, vestes verdes, as faces próximas, sorriem. Às costas da figura que ocupa o centro pende um cacho de uvas (fig. 9).

Quatro dias depois, outra pintura é feita e nela reaparecem os mesmos dois velhos sorridentes. Tem-se a impressão de etapas de um processo em desdobramento. Agora, o cacho de uvas ocupa o centro, lugar que lhe cabe na religião de Dionisos. O cacho de uvas traz ainda folhas de vinha, e o reflexo dessas folhas põe manchas verdes nas faces dos anciãos (fig. 10). Nas três últimas pinturas, o Dionisos de Engenho de Dentro é representado na sua forma arcaica de velho barbudo, muito diversa das figurações mais recentes e difundidas de belo jovem. A expressão fisionômica desses velhos Dionisos parece refletir a alegria e a segurança do sábio que vê as coisas para além das oposições entre a vida e a morte.

Se Dionisos surgiu das escavações ao lado da Catedral de Colônia, em mosaicos antigos intactos, como um achado arqueológico, aparece vivo no hospital de Engenho de Dentro, emergindo do mundo subterrâneo psíquico, mostrando assim que é de fato um poder eterno, um deus.

Figura 07
Carlos Pertuis, 22/01/1955,
óleo sobre tela, 46,1 x 37,9cm.

Figura 08
Carlos Pertuis, 02/04/1959
óleo e lápis de cera sobre tela
61,0 x 49,8cm.

Figura 09
Carlos Pertuis, 20/07/1959
óleo e lápis de cera sobre tela
61,3 x 50,2cm.

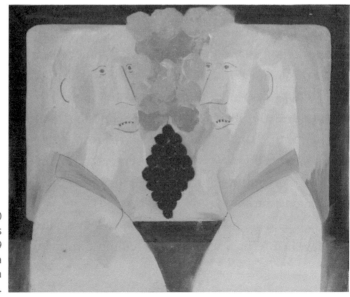

Figura 10
Carlos Pertuis
24/07/1959
óleo e lápis de cera
sobre tela
50,2 x 61,2cm.

9
O tema mítico da união de opostos

Um dos temas mais fascinantes da psicologia profunda é o problema dos opostos, seus conflitos, afastamentos, aproximações, união. A estrutura da psique, segundo C.G. Jung, é basicamente constituída de pares de opostos, resultando dessas polaridades o dinamismo energético da vida psíquica.

Os processos psíquicos enfocados individual ou coletivamente mostram constantes tensões, separações e esforços para união entre os opostos, pois, "embora fujam um do outro, eles buscam equilíbrio desde que um estado de violento conflito ameaça demasiado a vida para ser suportado indefinidamente"[277]. Entretanto, nunca será anulada nos opostos sua condição básica irreconciliável. "Acham-se fundados sobre oposições verdadeiras inerentes à estrutura energética do mundo físico e psíquico e sem as quais nenhuma existência de qualquer espécie será possível. Não há posição sem negação correspondente. A despeito, ou justamente por causa dessa extrema oposição, um não pode existir sem o outro. É exatamente aquilo que está formulado na filosofia chinesa clássica: o *yang* (princípio claro, quente, seco, masculino) encerra em si o germe do *yin* (princípio obscuro, frio, úmido, feminino) e vice-versa. Ter-se-á, portanto, de descobrir o germe do espírito na matéria e o germe da matéria no espírito"[278].

Na totalidade psíquica defrontam-se consciente e inconsciente, luz e escuridão, bem e mal, princípio masculino e princípio feminino, este último

---

277. JUNG, C.G. *C.W.*, 14, p. 230.
278. Ibid., 9, p. 109.

par constituindo "a mais formidável oposição" entre os demais contrários, no dizer de C.G. Jung.

A psicologia freudiana estabelece seus fundamentos sobre o princípio masculino, isto é, sobre a figura do pai. O Complexo de Édipo é um fenômeno universal. Desse complexo depende o destino de cada homem, pois aquele que o supera será um homem normal e aquele que permanece vinculado ao complexo será um neurótico.

O Complexo de Édipo não é apenas uma fatalidade individual. A humanidade carrega-o também. Na horda pré-histórica, o desejo de eliminar o pai, que ainda hoje atormenta cada criança, foi realmente levado a efeito. O pai e chefe da horda foi morto pelos filhos rebelados. Freud vai buscar, nesse drama primeiro, a origem das religiões e das instituições morais e sociais. "A significação do Complexo de Édipo começou a crescer de modo gigantesco. Surgiu a suspeita de que a ordem estatal, a moral, o direito e a religião haviam nascido conjuntamente, como produtos de reação ao Complexo de Édipo, na época primordial da humanidade"[279].

Segundo Freud expõe em *Totem e tabu*, o pai assassinado pelos filhos foi substituído, no clã de irmãos, pelo animal totem que assumiu o caráter de pai espiritual. Numa etapa posterior de desenvolvimento nasce a ideia de Deus, ser no qual o pai da horda, já bastante depurado, recupera a forma humana.

Mas onde situar, neste contexto, as grandes deusas arcaicas, cuja importância é inegável? Freud honestamente escreve: "O que não nos é possível indicar é o lugar que corresponde nesta evolução às grandes divindades maternas que talvez hajam precedido em toda parte os deuses pais"[280].

A atitude de Freud diante do feminino é quase sempre negativa. "Sabemos menos sobre a vida sexual da menina que sobre a do menino. Mas não há motivo para nos envergonharmos disso, pois também a vida sexual da mulher adulta continua sendo um *dark continent* para a Psicologia"[281]. E quando procura nesse território escuro algo que seja específico à menina o que encontra como elemento fundamental é a inveja do órgão masculino, daí decorrendo

279. FREUD, S. *O.C.* II. Madri: Biblioteca Nueva, 1948, p. 29.

280. Ibid., p. 500.

281. Ibid., p. 765.

todo o desenvolvimento psicológico da mulher. É como se a mulher fosse um homem falhado. A feminilidade com qualidades próprias não existiria, quando muito estaria correlacionada ao masoquismo e à passividade.

A psicanálise pós-freudiana tenta ampliar as vistas ortodoxas sem trazer porém contribuição importante relativa às relações entre o masculino e o feminino.

Na psicologia de C.G. Jung o feminino tem lugar próprio e de muito grande relevo. O inconsciente junguiano é a mãe em largo sentido simbólico, fascinante e ameaçadora. É o *Reino das mães*, onde Fausto via deusas poderosas, as mães, reinando na solidão da mais profunda das profundezas, cercada das imagens de todas as coisas criadas (II, *Fausto).*

Dentre todos os arquétipos do inconsciente coletivo nenhum possui carga energética mais forte que o arquétipo mãe.

"As qualidades associadas a este arquétipo são a solicitude e a benevolência; a autoridade mágica do feminino; a sabedoria e a exaltação espiritual que transcendem a razão; instinto ou impulso a socorrer; tudo que é benigno e protetor, que favorece o crescimento e a fertilidade. Tanto o lugar de transformação mágica e de renascimento, quanto o mundo subterrâneo e seus habitantes, são presididos pela mãe. No seu aspecto negativo, o arquétipo mãe está associado a tudo que é secreto, oculto, escuro, o abismo, o mundo dos mortos, a tudo que devora, seduz, envenena, que é terrificante e inexorável"[282].

O inconsciente mãe, unidade primordial, contém as sementes do princípio feminino e do princípio masculino.

Todo ser humano é por natureza bissexual. Esta noção de bissexualidade, antes de ser aceita pela ciência, era uma intuição antiquíssima. Encontramo-la, por exemplo, no mito dos Andróginos, narrado por Aristófanes no *Banquete* de Platão. Os andróginos eram seres bissexuados, redondos, ágeis e tão possantes que Zeus chegou a temê-los. Para reduzir-lhes a força, dividiu-os em duas metades, masculina e feminina. Desde então cada um busca ansiosamente sua metade. O homem e a mulher sofrem esse mesmo sentimento, expresso pelo mito, de serem incompletos quando sozinhos, pois a natureza do homem pressupõe a mulher e a natureza da mulher pressupõe o homem.

---

282. JUNG, C.G. *C.W.*, 9, p. 82.

Todos sabem que no corpo de cada homem existe uma minoria de genes femininos que foram sobrepujados pela maioria de genes masculinos. À feminilidade inconsciente no homem, Jung denomina *anima*. Do mesmo modo, no corpo de cada mulher acha-se presente uma minoria de genes masculinos. Jung denomina *animus* a masculinidade inconsciente que existe no psiquismo da mulher. *Animus* e *anima*, enquanto permanecem inconscientes, manifestam-se sob aspectos de masculinidade e de feminilidade arcaicos, indiferenciados.

Estes opostos, que se defrontam e lutam constantemente na vida cotidiana, lançam suas projeções sobre as pessoas do sexo oposto tecendo uma teia fantasmagórica que envolve e perturba as relações entre homem e mulher. A tomada de consciência dessas projeções permitirá porém que *animus* e *anima* desenvolvam-se psicologicamente.

O *animus* poderá ultrapassar a condição inicial, puramente biológica, que toma forma em personagens de grande força física. Na etapa seguinte assumirá as qualidades do aventureiro, do herói de guerra ou se aproximará das figuras românticas ou dos poetas. Outro estágio será representado pelo político eloquente, o professor ou o sacerdote. Atingindo estágio de superior desenvolvimento, o *animus* tornar-se-á "o mediador da experiência religiosa que traz sentido novo à vida. Ele dá a mulher firmeza espiritual, um sustentáculo interior invisível, que compensa sua aparente fragilidade"[283].

Igualmente a *anima* é suscetível de evoluir. Sua condição inicial exprime relações de natureza biológica e instintiva. Desde que se desenvolva, atingirá um estágio caracterizado por sexualidade mesclada de elementos românticos. Num terceiro estágio, eros espiritualiza-se; este estágio poderá ser representado pela figura da Virgem Maria. A mãe biológica do estágio inicial aqui seria substituída pela maternidade espiritual. O quarto estágio vai mais além: é representado pela sabedoria, ou seja, Sofia[284].

Nas páginas seguintes será tentado o estudo da oposição masculino/feminino na história das religiões, na alquimia, nas imagens do inconsciente.

---

283. JUNG, C.G. *L'Homme et ses Symbols*. Paris: Pont Royal, 1964, p. 194.
284. JUNG, C.G. *C.W.*, 16, p. 174.

Os opostos masculino/feminino na história das religiões

Os movimentos dos opostos masculino/feminino no inconsciente transparecem sob vários aspectos na mitologia e história das religiões, inclusive em textos bíblicos e dogmas cristãos.

Numerosos mitos falam de um ser divino primordial, sem idade, macho e fêmea simultaneamente, no qual todos os opostos se acham fundidos numa unidade pré-consciente.

As primeiras divindades que se diferenciaram são de natureza feminina. Pequenas figuras femininas de volumosos corpos foram encontradas, da Índia ao Mediterrâneo, revelando um culto pré-histórico que provavelmente tinha por centro a força geradora da natureza e o mistério do nascimento.

Mais tarde essas figuras individualizaram-se nas formas das deusas mães arcaicas. "A Mãe Onipotente é a mais antiga que o Pai Onipotente. Ishtar e Ísis foram mães universais muito antes que qualquer deus celestial ou divindade masculina de qualquer tribo tenha assumido as funções de patriarca universal"[285].

Na Suméria, a grande deusa é Inana e na Babilônia seu nome é Ishtar. Inana une-se ao Pastor Damuzi e Ishtar a Tamuz, jovens divinos que encarnam a potência criadora da primavera. Esta união dá o impulso anual ao ciclo das estações, despertando a fertilidade da terra. Damuzi-Tamuz desempenha papel secundário, morre na rotação das estações e tem de ser resgatado do mundo subterrâneo pela deusa. Nela é que reside o poder criador em toda a sua plenitude[286].

No Egito do período arcaico a grande deusa chamava-se Hathor e tinha a forma de vaca. "Ela era de fato a grande mãe do mundo e a Hathor cósmica, antiga, personificava o poder da natureza que perpetuamente está concebendo, e criando, e parindo, e exaltando, e mantendo todas as coisas, grandes e pequenas"[287]. Posteriormente Ísis tornou-se a grande deusa do Egito. O reinado de Ísis foi longo. Estendeu-se fora do Egito, sendo seu culto e seus mistérios ainda celebrados na Grécia e em Roma no início da era cristã. Lucius Apuleius,

---

285. BRIFFAULT, R. *The Mothers*. Londres: Allen and Unwin, 1959, p. 377.

286. JAMES, E.O. *The Cult the Mother Goddess*. Londres: Thames and Hudson, 1959, p. 237.

287. RUDGE, E.A.W. *The Gods of the Egyptians*, I. Nova York: Dover, 1969, p. 431.

que viveu no século II depois de Cristo, louva Ísis: "Mãe da natureza inteira, senhora de todos os elementos, origem e princípio dos séculos, soberana do universo"[288].

Mas Ísis foi sobrepujada pelas divindades masculinas. O poder patriarcal afirmava-se agora apoiado numa estrutura jurídica que de Roma difundiu-se a todo o mundo ocidental.

Recuemos ao mundo egeu do III milênio a.C. Encontrar-se-ão Dana, a deusa branca resplandecente, e Dictyna, deusa mãe do Monte Dicte (Creta). As representações simbólicas principais de Dictyna são "a árvore sagrada e a coluna, que unem o céu, a terra e os infernos"[289], reinos onde ela exerce poderes absolutos. Grande mãe geradora e nutridora, senhora dos vegetais, dos animais e dos humanos, regula tanto a alternância das estações quanto o curso dos astros. A grande deusa cretense é divindade universal e suprema. O jovem deus que aparece a seu lado ocupa lugar de servidor. A. Evans identifica este jovem a Zeus, desempenhando aí papel equivalente ao de Tamuz em relação a Ishtar[290].

Mais tarde (século XII a.C.) é que Zeus relega a segundo plano a grande deusa, até então divindade universal, e vem ocupar, sob o aspecto de homem maduro, a posição de soberano patriarca na panteon dos deuses gregos.

Em Canaã reinava Astarteia, rainha do céu e da terra. Quando os hebreus, adoradores do Deus Pai Javé, aí se estabeleceram 1.300 anos a.C., encontraram o antiquíssimo culto daquela deusa e o de seu esposo ou filho Baal. O choque entre os divinos opostos foi terrível.

Em 1Rs 18,40 encontramos o Profeta Elias degolando 850 profetas de Astarteia e de Baal. Entretanto não foi fácil extirpar o culto da Grande Mãe. Em 2Rs 21,4-7 lê-se que o Rei Manassés chegou mesmo a introduzir uma imagem de Astarteia no templo de Jerusalém Os altares pagãos instalados na casa de Javé foram destruídos em 620 a.C. pelo Rei Josias. Foram então expulsos os sacerdotes de Astarteia e quebrados os utensílios de seu culto. A reforma de Josias não teve o alcance esperado. Persistiu a adoração dos símbolos de Astar-

---

288. LUCIUS APULEIUS. *Les Metamorphoses*. Livre XI.

289. JAMES, E.O. *Los Dioses del Mundo Antiguo*. Madri: Guadarrama, 1962, p. 116.

290. JAMES, E.O. Op. cit., p. 122.

teia, a coluna e a árvore, símbolos idênticos aos de Dictyna. É o Profeta Jeremias quem o diz, clamando contra "altares e aseras junto de árvores frondosas, sobre colinas elevadas" (Jr 17,2).

Astarteia por fim recuou diante de Javé, como Dictyna diante de Zeus. O Deus-Pai torna-se a divindade absoluta no mundo ocidental. Passa a predominar o princípio paterno da discriminação de opostos essencial à estruturação da consciência, "o Logos, que eternamente luta para desprender-se do calor e escuridão primordiais do ventre materno, numa palavra, da inconsciência"[291].

A teologia judaica e a teologia cristã baniram o princípio feminino da alta esfera onde situam Deus, seja Javé, o Pai Criador para os judeus, ou a trindade masculina para os cristãos. Mas banir não significa eliminar. O eterno feminino persiste vivo e atuante na profundeza do inconsciente.

No Antigo Testamento, tão cioso do único Deus Pai Javé, vemos repontar o princípio feminino, no Livro dos Provérbios (8,22-30), como aspecto feminino do próprio Javé.

> Possuiu-me Deus como princípio de suas ações
> preâmbulo de suas obras, desde então
> Quando ele ainda não tinha criado a terra, nem os campos,
> nem os primeiros torrões do mundo
> Quando fixava os céus, eu lá estava;
> Quando colocava um arco sobre a face do abismo.
> Quando dava consistência às nuvens nas alturas.
> Quando dava forças às nascentes subterrâneas.
> Quando fixava os limites do mar,
> Para que as águas não transpusessem suas margens,
> Quando lançava os fundamentos da terra.
> Qual arquiteto eu estava ao lado dele;
> era toda complacência dia após dia,
> folgando na sua presença a cada instante.

Merece ser transcrito o comentário a estes versículos que aparece na tradução da Bíblia para a língua portuguesa, dirigida pelo Pontifício Instituto Bíblico de Roma.

O autor do Livro dos Provérbios "apresenta-nos a sabedoria numa concepção completamente nova e audaz. Para ele, ela não é uma abstração, e sim

---

291. JUNG, C.G. *C. W.*, 9, p. 96.

um ser concreto, vivente, que opera ao lado de Deus. Todavia não é uma criatura, é um ser divino, porque existiu antes que Deus criasse coisa alguma e concorreu para a criação de tudo. Dir-se-ia um atributo essencial de Deus, porém é personificado com relevo tão forte, que, para distinguir a pluralidade de pessoas em Deus, esta descrição não precisa mais do que um passo. E este passo foi dado quando a sabedoria divina se encarnou em Jesus Cristo".

O comentarista bíblico não explicita que este "ser concreto, vivente", todo complacência, que se encarnou em Jesus Cristo, seria de natureza feminina.

Nesse sentido, porém, Juliana de Norvich, mística inglesa do século XIV, católica, traz o testemunho de suas experiências internas. Juliana escreve nas *Revelações do amor divino:* "Eu vi a Santíssima Trindade atuando. Eu vi que na Trindade havia três atributos: paternidade, maternidade e magnificência – todos num só Deus". O atributo materno pertence ao Cristo: "Nós fomos redimidos e cumulados pela misericórdia e graça de nossa doce, amável e sempre amorosa Mãe Jesus"[292].

Outro místico católico, São Nicolau de Flue, que viveu na Suíça no século XV, narra uma visão na qual lhe aparecem Deus-Pai, Deus-Mãe e Deus-Filho, revestidos de igual esplendor. Deus-Mãe é a virgem Maria[293].

As experiências internas de Juliana de Norvich e de Nicolau de Flue são vivências pessoais. A Igreja Católica, como instituição, mantém-se estritamente fiel ao princípio masculino.

A Trindade cristã é masculina nas três pessoas que a constituem: Deus Pai, Deus Filho, Deus Espírito Santo, todos iguais em poder e glória. Decerto a Trindade não é uma "invenção" cristã. Paralelos históricos para essa concepção são encontrados na Babilônia, Egito, Grécia. Jung diz: "Os agrupamentos em tríades constituem um arquétipo na história das religiões que muito provavelmente formaram a base da Trindade cristã"[294].

A Trindade corresponde a uma determinada visão de Deus estreitamente correlacionada à evolução da consciência na nossa era. Como todo dogma,

---

292. NORVICH, J. *Revelations of Divine Love.* Londres: Pinguin Classics, 1973, p. 165.

293. von FRANZ, M.-L. *The Dreams and Visions of St. Niklaus von der Flue* – Lecture 8. [s.l.]: C.G. Jung Institute, 1957.

294. JUNG, C.G. *C.W.*, 11, p. 113.

exprime de maneira condensada a situação da vida psíquica coletiva numa época histórica[295].

Nos tempos presentes pressões internas revelam que ainda está faltando algo para que o processo de alargamento da consciência continue a desenvolver-se. O que estará faltando à Trindade? Está faltando o quatro. Que significação tem o quatro? Quem o representa? O quatro é o princípio feminino, é a mulher. "O três significa o masculino, o paterno, o espiritual; o quatro significa o feminino, o materno, o concreto"[296].

Nessa linha de pensamento, Jung interpreta o dogma da Assunção de Maria (translação ao céu do corpo da Virgem na ocasião de sua morte), proclamado em 1950, como expressão de um movimento que vem de raízes inconscientes, no sentido de aproximar o feminino da Trindade masculina.

Este dogma, conquistado após difíceis movimentos dentro da Igreja, iniciados já no século IV, certamente aproxima Maria da Trindade, eleva-a à dignidade de senhora do cosmos e de rainha de todas as coisas criadas[297]. Mas não a reconhece como deusa. O dogma não a situa em nível igual ao Pai, ao Filho, ao Espírito Santo.

A posição de Maria, representante do princípio feminino no mundo cristão, não parece ter dado satisfação completa às exigências do inconsciente, talvez porque Maria encarne somente o aspecto luminoso do feminino. O cristianismo venera, na Virgem, a imaculada, a luz puríssima. Ela não tem sombra.

Do ponto de vista da psicologia junguiana, o dogma da Assunção, além de exprimir aproximação entre o princípio masculino e o princípio feminino, encerra ainda outras consequências.

O dogma, ao estabelecer a translação de Maria ao céu, admite implicitamente que a matéria penetrou no reino do espírito. Embora o corpo da Virgem haja sido concebido sem mácula original, não deixa de ser um corpo humano constituído por elementos materiais e sujeito às leis da matéria. Acresce ainda que o arquétipo mãe, suporte psicológico da figura da grande mãe cristã,

295. Ibid., p. 107-200.

296. Ibid., 12, p. 26.

297. MARQUES DOS SANTOS, A. "Maria". *Quatérnio*, n. 3, 1973, p. 49. Rio de Janeiro.

está intrinsecamente correlacionado à matéria e à natureza. Santo Agostinho compara Maria à terra: "A verdade surgiu na terra porque Deus nasceu da Virgem". Com a assunção faz-se presente, junto à trindade masculina espiritual, o feminino, a mulher, a matéria. Os opostos masculino/feminino, matéria/espírito, que vêm dilacerando a era cristã e pareciam irreconciliáveis, aproximam-se enfim.

O novo dogma parece ser uma antecipação de processos psíquicos em curso no inconsciente que encontram na esfera religiosa mais propícias condições para sua configuração, uma vez que "a religião é um laço vital com os processos psíquicos, independente e para além da consciência nos territórios internos e escuros da psique"[298].

Depois de tantos séculos firmados sobre o patriarcalismo, a Igreja passou a interessar-se pelo feminino, atribuindo-lhe importância inesperada. O Papa João Paulo I chegou a afirmar: "Deus é Pai e, mais ainda, é Mãe". A literatura teológica referente ao assunto já é vasta. No Brasil, o franciscano Leonardo Boff publicou, no início de 1979, um excelente estudo sobre o feminino em seus aspectos religiosos e psicológicos, significativamente intitulado *O rosto materno de Deus*[299].

Os opostos masculino/feminino na alquimia

Enquanto só muito recentemente o cristianismo começa a abrir espaço para acolher o feminino, a alquimia há muitos séculos já trabalhava no sentido de unir o masculino ao seu oposto. "A alquimia é uma espécie de corrente subterrânea em relação ao cristianismo que governa sobre a superfície. É, para esta superfície, o que o sonho é para a consciência e, tal como o sonho compensa os conflitos da consciência, assim a alquimia esforça-se para preencher os vazios deixados pela tensão cristã de opostos"[300].

Na opinião de Jung, o opus alquímico traduz a existência de correntes inconscientes que se movem no sentido de aproximar opostos extremos: o mundo matriarcal ctônico e o mundo patriarcal, a matéria e o espírito.

---

298. JUNG, C.G. *C.W.*, 9, p. 154.

299. BOFF, L. *O Rosto Materno de Deus*. Petrópolis: Vozes, 1979.

300. JUNG, C.G. *C.W.*, 12, p. 23.

Quem primeiro se aventurou, sozinho, por esse obscuro território, foi Hebert Silberer, psicanalista do primeiro grupo que se reuniu em torno de Freud. Silberer apreendeu que os estranhos procedimentos da alquimia continham significação psicológica, vendo mesmo no *coniunctio* dos opostos masculino/feminino a meta do opus alquímico[301].

A tese de Jung é que o alquimista, não tendo conhecimentos objetivos referentes à matéria e às reações das substâncias químicas umas sobre as outras, projetava nos materiais manipulados conteúdos do próprio inconsciente. Essas projeções afiguravam-se ao alquimista propriedades da matéria, mas de fato no seu laboratório o que ele experienciava era o seu próprio mundo subjetivo.

As projeções psíquicas sobre a matéria continuam ocorrendo nas experiências científicas. O filósofo Gaston Bachelard desenvolveu amplamente a ideia de que, face à experiência inicial, ainda não trabalhada pela crítica, o investigador primeiro encontra seus próprios desejos inconscientes. Quando se pretende "ir ao coração das substâncias acaba-se por encontrar todas as imagens das paixões humanas. Assim se pode mostrar ao homem que vive suas imagens a *luta* dos álcalis e dos ácidos, e muito mais ainda. Sua imaginação material faz disso insensivelmente uma luta da água e do fogo, depois uma luta do feminino e do masculino"[302].

Jung verificou surpreendido que o "grande trabalho" dos alquimistas correspondia exatamente ao processo de individuação que ele descrevera. Opus alquímico e processo de individuação eram "fenômenos gêmeos". Os trâmites de ambos ajustavam-se passo a passo.

A primeira fase do trabalho alquímico denomina-se *nigredo*. É um estado caótico (massa confusa) no qual os diferentes elementos são separados e decompostos. Se ocorre união de opostos nesta fase, trata-se de identificação inconsciente, mistura de fatores heterogêneos em relações autônomas. Corresponde à situação do adepto ainda mergulhado no inconsciente. Em linguagem psicológica, diríamos encontro com a *sombra*.

O processo evolui no sentido de conseguir-se iluminar a escuridão, trazer à luz a precedente união de opostos realizada em nível inconsciente. Suce-

301. SILBERER, H. *Hidden Symbolism of Alchemy and the Occult Arts*. Nova York: Dover, 1971.

302. BACHELARD, G. *La Terre et les Revéries du Repôs*. Paris: José Corti, 1948, p. 64.

dem-se diversos métodos de lavagem que conduzem à segunda fase, ao *albedo* (embranquecimento). É então produzida a substância branca de natureza feminina, chamada esposa, prata e lua. Corresponde ao encontro do adepto com o princípio feminino sob forma diferenciada, ou seja, com a *anima*. Nesta fase surgem os símbolos do casamento sagrado, de irmã e irmão, mãe e filho.

Algumas vezes há referência a uma fase denominada *viriditas*, entre nigredo e albedo, mas isso é exceção. Em geral são aceitas apenas as três cores: negro, branco e vermelho, representativas das três fases do opus[303].

Por meio de intenso aquecimento, ao *albedo* sucede o *rubedo*, última etapa do trabalho alquímico. O vermelho e o branco correspondem ao rei e à rainha, ao sol e à lua.

O *rubedo* caracteriza-se por um "aumento de calor e luz, vindos do sol, consciência. Isso significa crescente participação da consciência, que agora começa a reagir emocionalmente aos conteúdos produzidos pelo inconsciente. A princípio o processo de integração é um conflito violento, mas gradualmente leva à síntese dos opostos. Os alquimistas denominavam *rubedo* a essa fase, na qual o casamento do homem vermelho e da mulher branca, sol e lua, é consumado"[304]. Os alquimistas admitem que a fase do *rubedo* dificilmente é atingida.

O *coniunctio* de sol e lua corresponde psicologicamente a uma projeção da qual o homem que já avançou bastante no desenvolvimento de sua personalidade poderá tomar consciência. Então ele descobre que se coloca no lugar do sol e une-se à lua, sua contraparte interna feminina.

Questão de importância primordial será saber se o alquimista estava consciente de uma possível correlação entre os fenômenos que aconteciam nos vasos de seu laboratório e transformações que se processassem nele mesmo. Provavelmente a maioria permanecia inconsciente dos conteúdos de sua psique projetados sobre as substâncias químicas. Mas outros viam na arte hermética um caminho de desenvolvimento, de completação da personalidade. Dentre os diferentes caminhos que o místico, de acordo com suas disposições psicológicas, pode escolher como itinerário para alcançar o Absoluto, diz E.

303. JUNG, C.G. *C.W.*, 12, p. 219-220.

304. Ibid., 14, p. 230.

Underhill, "nenhum é tão completo, tão vivo e colorido e tão pouco compreendido quanto o dos filósofos herméticos ou alquimistas espirituais"[305].

A meta dos trabalhos transformativos das substâncias químicas, ou seja, dos conteúdos do inconsciente sobre elas projetados, é obter a "pedra invisível" cuja unidade resulta da união de opostos extremos. A pedra (*lapis*) é símbolo do self, centro e totalidade da psique, indistinguível da imagem de Deus.

O alquimista, através de atento labor, realizaria a totalização da psique, isto é, seu processo de individuação.

A oposição masculino/feminino nas imagens do inconsciente

Quando, na condição psicótica, desabam as barreiras do ego, aparecem os lastros básicos da psique, sua estrutura e dinamismos constituídos fundamentalmente de pares de opostos. Entre esses pares de opostos avultam os contrários masculino/feminino que se apresentam em delírios e imagens pintadas sob a lupa de aumento da condição patológica.

"Entre o três e o quatro está a oposição primária do masculino e do feminino"[306].

É muito frequente que se revele, através das imagens do inconsciente, a oposição masculino/feminino sob o aspecto elementar de oposição entre o três e o quatro. Serão apresentadas aqui algumas pinturas, feitas por dois autores que exprimem esse jogo de opostos. Notar-se-á que o quatro, apesar de achar-se sempre representado em situação de inferioridade, traz à imagem uma conotação de totalidade, por imperfeita que seja.

Pinturas de Emygdio

• Círculo de estrutura ternária, com uma quarta divisão de proporção mínima (fig. 1). A divisão quaternária do círculo é expressão natural da totalidade. Nesta imagem o círculo tem estrutura ternária, mas uma de suas partes cede estreita faixa a uma quarta divisão. Isso significa que componente fundamental da totalidade acha-se comprimido, começando porém a forçar a tomada de posição que lhe cabe, o que implicaria uma estruturação quaternária do círculo.

---

305. UNDERHIIL, E. *Mysticism*. Londres: Methuen, 1960, p. 141.

306. JUNG, C.G. *C.W.*, 9, p. 234.

Figura 01
Emygdio de Barros, 06/07/1970, óleo e lápis de cera sobre papel, 33,2 x 48,2cm.

• Três círculos vermelhos; no ângulo inferior, à direita, quadrado de bordas marrons (fig. 2). A estrutura ternária, em vermelho, simboliza o masculi-

Figura 02
Emygdio de Barros, 29/08/1967, óleo e hidrocor sobre papel, 27,5 x 36,6cm.

no afirmando-se em posição prevalente. O quadrado equivale ao quatro, é expressão geométrica da quaternidade. Simboliza o feminino, a matéria, a terra (nesta pintura, as bordas do quadrado são cor de terra). Reforçando a função compensatória do quadrado face à estrutura ternária, vê-se um vaso com planta.

• Três círculos na parte superior da pintura. Círculo igual, isolado, na parte inferior. Linha curva tenta integrá-lo à composição ternária superior (fig. 3). Os três círculos superiores representam o masculino. O quarto círculo, em posição inferior, separado da tríade por forte barra, corresponde

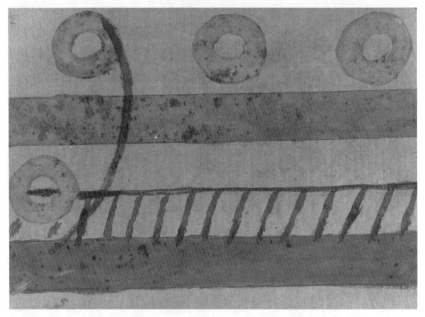

Figura 03
Emygdio de Barros, 19/01/1967, guache e hidrocor sobre papel, 22,5 x 30,0cm.

a um conteúdo inconsciente que provavelmente representa o elemento feminino, obscuro, perigoso. Mas a tríade não é uma expressão natural da totalidade psíquica. Daí forças instintivas, representadas pela linha curva, mobilizarem-se na tentativa de integrar o quarto círculo à estrutura ternária que se encontra na parte superior.

• Quatro estacas demarcam um quadrado. Uma delas está inclinada, pouco firme (fig. 4). Três elementos apresentam-se em disposição coerente e definida, enquanto o quarto elemento acha-se em posição insegura.

Figura 04
Emygdio de Barros, 21/05/1971, guache sobre papel, 27,5 x 36,5cm.

• Três flores dispostas triangularmente. Da flor situada no vértice superior nasce um botão (fig. 5). O quatro é representado pelo botão, ou seja, por potencialidades que começam a desabrochar.

Figura 05
Emygdio de Barros, 16/09/1969, guache sobre papel, 32,0 x 48,0cm.

• No centro da imagem, triângulo vermelho. Ao lado triângulo marrom sobre o qual se esboça uma figura de mulher (fig. 6). O triângulo vermelho simboliza o masculino. E sobre o triângulo marrom, cor da terra, o quatro, até então inferiorizado, personifica-se na forma de mulher.

Figura 06
Emygdio de Barros, 02/03/1971, óleo sobre papel, 36,5 x 55,3cm.

Pinturas de Octávio

• Círculo incompleto, sua quarta parte aberta. No interior do círculo cresce um vegetal (fig. 7). O círculo de estrutura quaternária, como se sabe, é expressão natural da totalidade. Nesta imagem falta a quarta parte do círculo, mas o vegetal em crescimento prenuncia que esta parte se desenvolverá para a completação do círculo.

• Triângulo vermelho e flores (fig. 8). O triângulo vermelho representa o masculino, e o elemento vegetal, que já apareceu no interior do círculo incompleto, ressurge aqui sob a forma de flores que simbolizam o feminino.

• Sobre fundo formado por dois triângulos de vértices invertidos ressalta a figura de Maria, com vestes azuis contornadas de marrom. Maria tem nas mãos uma cruz (fig. 9). O triângulo de vértice voltado para cima representa o masculino, e o triângulo de vértice voltado para baixo o feminino. Este simbolismo é encontrado no Cri-yantra dos indianos, diagrama formado por triângulos em oposição. Nesta imagem, o primeiro triângulo representa a Trindade

Figura 07
Octávio Ignácio, 08/06/1973, grafite e lápis de cor sobre papel, 36,5 x 55,0cm.

cristã e o segundo corresponde ao elemento feminino que vem completar a Trindade: Maria. As vestes azuis que caracterizam suas representações habituais, expressão de celestial pureza, estão nesta imagem contornadas de mar-

Figura 08
Octávio Ignácio, 25/02/1966, guache sobre papel, 33,2 x 47,5cm.

Figura 09
Octávio Ignácio, 02/08/1967, lápis de cor sobre papel, 27,5 x 36,5cm.

Figura 10
Octávio Ignácio, 03/04/1970, lápis de cera e grafite sobre papel, 32,3 x 48,0cm.

rom, cor que sugere conexão com a terra e a matéria, relacionamento inerente ao arquétipo mãe.

• Quadrado fechado nos quatro lados. Em três dos cantos do quadrado acha-se uma ave. O quarto canto está vazio. Fora do quadrado, em colocação correspondente às aves, veem-se três plantas de tamanhos diferentes, cada uma com quatro folhas (fig. 10). O quadrado, como se sabe, é expressão da totalidade. O fato de estarem ocupados três cantos e um estar vazio sugere que algo está faltando. O mesmo acontece em relação às plantas. Cabe aqui a pergunta: "Um, dois, três. Mas o quarto [...] onde está ele, amigo Timeu?" (PLATÃO. *Timeu*, I).

• Três pássaros e um ovo. Do interior do ovo emerge traço serpentino que sobe até o alto da pintura (fig. 11). O ovo vem preencher o quarto lugar junto à tríade de pássaros, configurando assim uma quaternidade, embora o conteúdo deste quarto elemento esteja ainda em estado potencial, isto é, as forças psíquicas que são representadas pelo ovo. A ativação do processo natural de desenvolvimento levará ao rompimento da casca do ovo para a saída do pássaro. Na mitologia egípcia, do grande ovo produzido pelo encontro dos deuses Seb e Nut surge o pássaro solar

Figura 11
Octávio Ignácio, 20/06/1974, grafite e lápis de cera sobre papel, 29,5 x 21,1cm.

Benu que corresponde ao Fênix grego. Ambos simbolizam o renascimento do homem através de um processo transformativo.

• Pássaro de asas abertas dentro de círculo. O coração do pássaro é o centro do círculo (fig. 12). O pássaro, com as asas abertas, divide o círculo em

Figura 12
Octávio Ignácio, 24/02/1972, grafite e lápis de cera sobre papel, 27,7 x 35,9cm.

quatro partes iguais. E a presença do coração, órgão central do ser no centro do círculo, traz conotações muito enriquecedoras.

Estudando o desenvolvimento do arquétipo do feminino, diz E. Neumann que, através de um processo natural, o caráter transformativo inerente a este arquétipo, depois de manifestar-se pelos símbolos-primordiais do ventre, útero, seios, evolui até que "um novo órgão torna-se visível, o coração", do qual nasce o mundo do espírito como produto da própria natureza criadora. Do coração brota a sabedoria do sentimento, não a sabedoria do intelecto[307]. O pássaro é um dos mais universais símbolos do espírito. E o pássaro desta imagem, trazendo o coração a descoberto, indica que sua sabedoria não é a sabedoria discriminativa do princípio masculino, mas a sabedoria feminina do sentimento. (Analogia impressionante com esta imagem encontra-se na ilustração 229, p. 398 do vol. 12 das *Obras Completas* de C.G. Jung.)

Seria impossível reproduzir aqui sequer a mínima parte das imagens do acervo do Museu de Imagens do Inconsciente que refletem a temática masculino/feminino sob o aspecto elementar da tríade e da quaternidade.

---

307. NEUMANN, E. *The Great Mother*. Londres: Routledge and Kegan Paul, 1955, p. 330.

Examine-se agora a oposição masculino/feminino noutro nível mais próximo da consciência, quando os opostos assumem forma humana. No caso de Octávio, por exemplo, a supremacia do feminino não é aceita, ao contrário do que aconteceu no caso Schreber. Raramente Octávio se rende. Sente-se ameaçado, percebe dentro de si mesmo a força do feminino ou projeta-a no mundo exterior, mas apesar disso luta para que o princípio masculino não seja completamente vencido (figs. 13 e 14).

Figura 13
Octávio Ignácio, 29/01/1968, grafite, lápis de cera e lápis de cor sobre papel, 32,0 x 48,0cm.

Figura 14
Octávio Ignácio, 26/03/1971, lápis de cera e grafite sobre papel, 36,0 x 55,0cm.

Em conversa com Vicente, estudante de psicologia, Octávio disse:

– Sabe, Vicente, a mulher é que está dominando tudo, é que está fazendo toda construção.

– Dominando como?

– Ora, toda essa estrutura e o serviço do hospital é feito por mulher. Os homens não podem fazer nada. Só usar a força. Sabe, você aqui é o único que consegue me aturar, pois isso é um serviço de mulher. Você é como uma mulher, consegue me entender. O hospital está caindo, está acabando. Tudo isso porque essas coisas são feitas por mulheres. Os homens estão parados.

– Tente dar forma no papel a essa construção feminina.

– Mas Vicente, faltam-me as ferramentas.

Vicente observou que as pinturas de Octávio feitas nesse dia foram abstratas. E notou que algumas de suas unhas estavam pintadas.

Noutra conversa, poucos dias depois, com a estudante de psicologia Elenice, Octávio reclamou por terem demorado a lhe comunicar a morte de sua mulher.

– Depois de tanto tempo vêm dizer que minha mulher está morta.

Ele tem certeza que sua mulher morreu apenas no corpo e não no espírito e continua castigando-o pelo mau casamento que fez. Fala sobre a morte e sobre seu casamento. Sobre as formigas saúvas que matam os machos e os levam para debaixo da terra, para as outras comerem. E acrescenta: "Mas as pessoas não deviam fazer assim".

Nessas pinturas e nas conversações com Octávio o princípio feminino apresenta-se forte e terrível.

O conflito masculino/feminino, demasiado sofrido, será expresso no símbolo da crucificação. Figura humana de perfil, com características masculinas e femininas, está crucificada. É o suplício daquele que está distendido entre opostos e tenta uni-los numa figura de hermafrodita (fig. 15).

Comentário de Octávio sobre a cruz: "Existem vários tipos de cruz. Cada um tem a sua cruz. A cruz de Cristo é chamada assim não porque ele foi pregado, mas sim porque ele quis a sua cruz de braços abertos. Existe a cruz do bem e do mal. Os próprios militares têm a sua cruz que é a do mal, ou seja, a espada que serve para matar".

A cruz do Cristo é o símbolo por excelência da distensão entre opostos. Tendo suspenso à cruz a figura do hermafrodita, fica definida na pintura de Octávio a problemática masculino/feminino na esfera instintiva.

Octávio já havia recorrido anteriormente ao hermafrodita para exprimir a união de opostos no símbolo do pássaro de duas cabeças (cap. 4, fig. 21), conhecido dos alquimistas nas etapas iniciais do opus. Entretanto deve-se notar que a imagem do hermafrodita "representa uma união demasiado precoce dos opostos". O trabalho alquímico terá ainda de atravessar várias outras etapas até que "os opostos interiores, sob a forma de um homem completo e de uma mulher completa, possam unir-se no casamento químico"[308].

A solução do conflito masculino/feminino em nível pessoal apresenta-se extremamente difícil. São mobilizadas então na profundeza do inconsciente imagens que tratam o problema em linguagem simbólica mais arcaica.

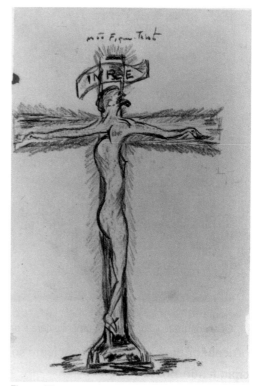

Figura 15
Octávio Ignácio, 04/09/1969, lápis de cor sobre papel, 47,8 x 32,2cm.

"Isto é um estudo da lua e uma lição de tecelagem" (fig. 16). O autor comenta: "É preciso ter conhecimento maior para entender esta pintura. Não é só ver. Tem que saber ver. É um tecido, é uma lição de tecelagem".

A maneira como Octávio representa a lua causa estranheza: o astro na sua plenitude tendo no interior o crescente. Entretanto a lua é representada sob essa forma em antigos tratados de alquimia. O self, por intermédio das forças ordenadoras que irradia, atrai os elementos díspares, opostos, que se movem no inconsciente à semelhança de uma aranha que captura materiais diversos e os incorpora no tecido de sua teia[309]. Esta pintura representaria um trabalho

308. von FRANZ, M.-L. *C.G. Jung his Myth in our Time*. Nova York: Putnam's Sons, 1975, p. 235.
309. JUNG, C.G. *C.W.*, 12, p. 207-208.

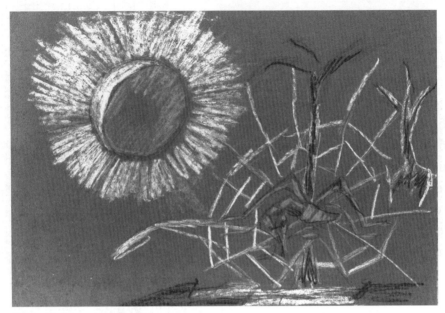

Figura 16
Octávio Ignácio, 26/12/1968, lápis de cera e grafite sobre papel, 33,0 x 47,0cm.

ordenador em curso no inconsciente sob a regência da lua, símbolo do princípio feminino.

Em termos de simbolismo alquímico poder-se-ia dizer que a luta, e depois a aproximação de opostos na escuridão da teia, são agora iluminadas, ainda a distância, pela lua, símbolo da fase denominada *albedo*, segunda etapa do processo alquímico.

Noutra pintura (fig. 17) vê-se grande vaso e, no seu interior, um vaso menor. No interior dos vasos, estilização de figura humana com duas pernas vermelhas e duas pernas azuis em posições opostas. As partes vermelhas representam o elemento masculino e as azuis o elemento feminino ou vice-versa. Estamos diante de uma tentativa de união desses opostos. É extremamente curioso que essa tentativa ocorra no interior de vasos, tal como acontece em muitas imagens do *coniunctio* no opus alquímico. Evidentemente não se poderia esperar que o processo em desdobramento na psique de Octávio desenvolva-se de maneira tão harmoniosa quanto na psique do alquimista. O corpo está desprovido de cabeça e os membros passam além das paredes dos dois vasos que não os retêm, fenômeno compreensível na condição esquizofrênica. "O vaso [diz Jung] é uma imagem arquetípica cuja finalidade é conter coisas, impedindo que elas se dispersem." E, referindo-se à pintura de um vaso feita

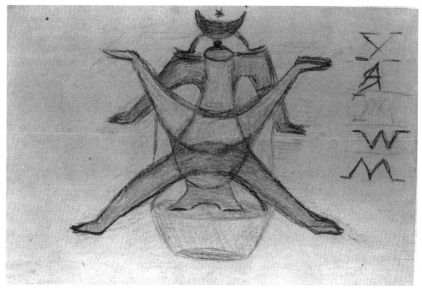

Figura 17
Octávio Ignácio, 15/07/1968, lápis de cera sobre papel, 23,5 x 34,8cm.

por um esquizofrênico, Jung continua: "O vaso significa o receptáculo para todo o seu ser, para todas as suas unidades incompatíveis"[310].

A pintura de nosso doente exprime uma tentativa de aproximação entre os opostos masculino/feminino que é sua problemática central. Mas a intrusão de forças do inconsciente é demasiado poderosa. É muito forte a contraparte feminina. Note-se que o vaso maior está fechado e dir-se-ia selado pelo crescente lunar encimado por uma estrela, indicando que todo o processo está sob o domínio da lua, símbolo do poderio feminino.

A exclusão da consciência não é total. No lado direito da pintura notam-se as letras M e W (graficamente opostas) e logo acima sua superposição, exprimindo procura de união de opostos por meio de sinais racionais (letras).

Duas mãos contornam um vaso, uma masculina e outra feminina (fig. 18). Seus dedos não se entrelaçam; a mão feminina, caracterizada pelas unhas longas e pontiagudas e pela pulseira provida de berloque, superpõe-se à mão masculina. Continua a busca de aproximação entre os opostos, persistindo porém a predominância do feminino. Enquanto na imagem anterior a lua, símbolo do princípio feminino, está situada no alto do vaso, aqui o sol (an-

---

310. Ibid., 18, p. 176-178.

tropomorfizado), símbolo do princípio masculino, acha-se sob o vaso. Sol e lua não aparecem lado a lado como no opus alquímico quando este atinge sua realização.

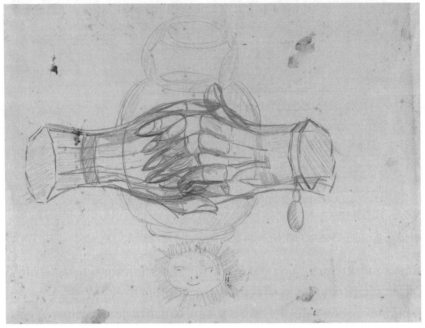

Figura 18
Octávio Ignácio, 24/02/1972, grafite sobre papel, 27,4 x 36,0cm.

O simbolismo alquímico constitui, como acabamos de ver, uma verdadeira linguagem do inconsciente. Eis outro exemplo no qual o curso do processo psicótico configurou-se em imagens extremamente enigmáticas que somente encontraram aproximada interpretação à luz do simbolismo alquímico.

Trata-se também de um homem que se debatia entre os opostos masculino/feminino. Mas aqui a luta e suas tentativas de solução ocorrem em níveis do inconsciente muito mais profundos que no caso descrito anteriormente. As imagens nos conduzem a regiões insuspeitadas.

Uma série de cinco imagens, todas pintadas no mesmo dia (06/05/59), desde logo denota intensa atividade do inconsciente.

Nas três pinturas (figs. 19, 20 e 21) vê-se um homem de pé, entre dois mundos, provavelmente terra e lua, os pés sobre a terra e a cabeça tocando a lua. Isso sugere que os fenômenos em curso operam-se numa escala cósmica, o que vale dizer, numa grande profundidade do inconsciente.

O homem está diante de um objeto cilíndrico, preto, espécie de turbina (?), aparelho que, por movimentos rotativos, produz transformações energéticas. Ele seria o *alquimista* e a turbina equivaleria ao *forno* dos alquimistas.

Na primeira figura as vestes da parte inferior do corpo são negras e brancas as da parte superior. As cores branco e negro são também percebidas no interior da *turbina* que parece estar funcionando em acelerados movimentos de rotação. Na segunda figura permanecem negras as vestes da parte inferior do corpo, mas as da parte superior

Figura 19
Carlos Pertuis, 06/05/1959, óleo sobre papel, 54,5 x 36,3cm.

são cor de ouro. E dentro da *turbina* aparecem tons amarelo-escuro. Na terceira, o homem inteiro (salvo os sapatos negros), bem como a *turbina*, tornam-se dourados. Intensas transformações aconteceram. A expressão da face do homem é séria na primeira imagem, de êxtase nas duas outras, sobretudo na última, como sob o impacto de uma visão extraordinária.

As vestes do homem, por suas cores, parecem espelhar os fenômenos que estariam acontecendo no interior do aparelho, ou seja, em sua própria psique. "Em geral as vestes

Figura 20
Carlos Pertuis, 06/05/1959, óleo e grafite sobre papel, 54,2 x 36,6cm.

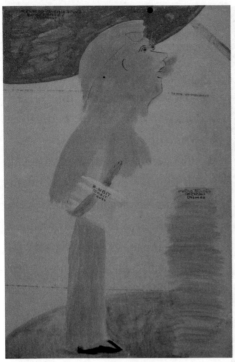

Figura 21
Carlos Pertuis, 06/05/1959, óleo e grafite
sobre papel, 54,4 x 36,1cm.

significam, psicologicamente, uma atitude interna que se torna manifesta [...]. As mudanças de roupas nas celebrações dos mistérios significam mudanças de atitude psíquica, por exemplo, o despojamento das vestes com o qual alguns deles se iniciam significa lançar fora atitudes anteriores agora inapropriadas, ou *persona* (máscara). E o *solificatio* das vestes significa uma nova atitude religiosa que foi encontrada em nível mais alto de consciência"[311].

Na história da alquimia encontram-se referências "a gravuras herméticas da Renascença e do século XVII, nas quais veem-se homens e mulheres revestidos de vestimentas simbólicas (solares e lunares, segundo o caso) e portando tal ou qual acessório"[312].

Dir-se-ia que esta sequência de imagens representa o desdobramento espantosamente rápido do opus alquímico nas suas faces básicas: *nigredo*, representado pela cor negra; *albedo* pela cor branca; e o fenômeno do *solificatio* pelo dourado flamejante, prenúncio do *rubedo*. Seria o momento de surgirem lua e sol para o casamento sagrado.

E, com efeito, na pintura de Carlos, emerge mulher toda branca, situada entre a terra e a lua, segurando o crescente lunar. Ao nível do centro do crescente, solta no espaço, destaca-se mancha negra onde está escrito: *Deus Minha Mãe* (fig. 22). Seria talvez lua, cujo aparecimento era tão almejado pelos alquimistas.

311. von FRANZ, M.-L. *Aurora Consurgens*. Nova York: Pantheon Books, 1966, p. 374.

312. HUTIN, S. *Histoire de l'Alchimie*. Paris: Marabout Université, 1971, p. 80.

Figura 22
Carlos Pertuis, 06/05/1959, grafite e guache sobre papel, 53,5 x 36,5cm.

A pintura seguinte representa, entre dois mundos, figura toda branca, difícil de identificar se homem, mulher ou hermafrodita, colocada no lado direito da pintura, enquanto as figuras das quatro pinturas anteriores achavam-se à esquerda. Esse personagem sustenta o crescente da lua ao qual faz imediata continuação semicírculo de cor dourada. Os dois semicírculos completam-se num círculo. E no centro desse círculo destaca-se mancha negra onde está escrito: *Deus Meu Pãe* (fig. 23).

Observe-se que nesta sequência de imagens não há representação de Deus Pai. O princípio masculino não se personificou. A última imagem é denominada, muito adequadamente, pelo neologismo Pãe, fusão das palavras pai e mãe, expressão de mescla dos princípios masculino e feminino. Não se poderia, portanto, realizar o casamento lua e sol, união que exige a personificação dos opostos interiores nas formas de uma mulher completa e de um homem completo.

O processo psíquico em desdobramento não teve possibilidades de alcançar a etapa superior da união

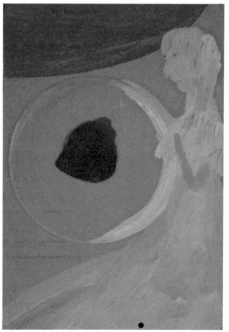

Figura 23
Carlos Pertuis, 06/05/1959, grafite e guache sobre papel, 54,3 x 36,3cm.

de opostos, cada um guardando sua individualidade. O poderio do inconsciente, isto é, do feminino, foi mais forte. Por trás da lua estavam as grandes deusas arcaicas. Revivificaram-se as deusas mães de poder supremo. O masculino, quando tentou com mais força impor-se, parece ter sido admitido, mas não conseguiu fazer valer o princípio paterno de discriminação de opostos essencial à estruturação da consciência.

Sem dúvida, por suas características, pelo nome Pãe, pela presença do círculo, esta imagem sugere totalidade. Referindo-se aos símbolos do círculo e do quatérnio, diz Jung: "Em regra geral estes são símbolos de união, representando a conjunção de um simples ou duplo par de opostos. Estas imagens surgem da colisão entre o consciente e o inconsciente e da confusão que essa colisão causa (conhecida em alquimia como 'caos' ou 'nigredo'). Empiricamente, tal confusão se traduz por inquietação e desorientação. Os símbolos do círculo e do quatérnio aparecem nessa oportunidade com um princípio compensatório de ordem, que apresenta a união de opostos em luta como se já estivesse realizada e assim facilitaria o caminho para um estado mais sadio e mais tranquilo. No momento presente a psicologia não pode fazer mais do que estabelecer correlação entre esses símbolos de totalidade e a totalidade do indivíduo"[313].

Infelizmente a antecipação da união de opostos masculino/feminino, configurada no círculo composto pelo semicírculo lunar e pelo semicírculo solar, não se efetivou. O processo psíquico retrocedeu e de novo mergulhou na profundeza do inconsciente.

Se, paralelamente ao estudo das imagens, examinarmos os escritos de Carlos, apesar das dificuldades de sua leitura, talvez seja possível avançar um pouco mais adentro no seu intrincadíssimo mundo interior. Os escritos constam de numerosos textos corridos e de poemas. Os poemas têm a estrutura de trovas, gênero poético ingênuo e acessível. Mas o poeta Carlos os torna misteriosos nas suas significações, no seu agramatismo, neologismos e peculiar ortografia. De vez em vez aparece uma frase mais explícita, mais próxima do pensar do homem comum, trazendo, porém, ainda maior espanto ao leitor.

> Oh, Pedras de deus esquecida
> hadimiradas do encergar ego
> Porque meu Pãe Celestial

---

313. JUNG, C.G. C.W., 9ii, p. 194-195.

Deste fantasias e não verdades
Oh meu Pãe de credo vermelho
De aviso de Faroletes
sou ha Pedra da vida
Em esmeralda caída

"Não caminho na mesma lus caminho na mesma trilha sou meu Filho sou meu Pãe sae fora ou mundo de iscuridão deixe que ciga ha flor nunca vista..."
"Não sou meu Pãe quer quera ou não quera as estrelas cintilantes..."

O neologismo Pãe, presente não só nos escritos, mas também no centro do círculo da última imagem, levanta interrogações.

Numa hipótese mais favorável, Pãe exprimiria a androginia de Deus, segundo escreveu a psicóloga Kuri. "Carlos, referindo-se a Deus, sempre escreve a palavra 'Pãe', que integra significativamente as palavras 'Pai e Mãe' e dá uma outra dimensão (mais ampla) ao Deus, que nós só conseguimos tirar-lhe a barba e os longos cabelos brancos"[314].

Se Carlos houvesse realizado essa integração entre os opostos Deus Pai e Deus Mãe, teria possivelmente conseguido a reestruturação da própria consciência.

Não foi isso o que aconteceu. Os poderes do inconsciente, exaltados, personificavam-se em deuses diversos ("deus do brejo", "deus dos insetos", "deus cachoeira"), em deusas, anjos, demônios, mortos, que se entrecruzavam e agiam. Nesse universo de revivescências arcaicas não só se fundiam os opostos masculino/feminino criando o Pãe, mas também se mesclavam os opostos bem/mal. Carlos se identifica ao Senhor do Bonfim, que é simultaneamente o demônio. "Carlos Senhor do Bonfim é o demônio."

O processo psíquico, que havia subido seguindo o mesmo itinerário do *opus* alquímico, recuou. Testemunho que bem confirma esse fenômeno regressivo é outra série de numerosas pinturas feitas em dias subsequentes, onde aparecem animais situados entre dois mundos tal como as personificações da primeira série de imagens.

Na mesma posição de "Deus minha Mãe" e de "Deus meu Pãe" figuram agora animais (fig. 24). E, quando divindades são representadas sob forma

---

314. KURI. "Poemas de Carlos". *Quatérnio*, n. 4, 1975, p. 85. Rio de Janeiro.

animal, isso significa, de acordo com Jung, que o animal encarna conteúdos do inconsciente coletivo ainda não integrados[315].

Atente-se para os quatro animais brancos, lunares (fig. 25), e os quatro animais amarelos, solares (fig. 26), que se dirigem dois a dois em sentidos opostos, formando estruturas quaternárias. E por fim um enorme sáurio, animal de sangue frio, incontactável, simbolizando os estratos mais profundos da psique (fig. 27).

Mas a descida a insondáveis profundezas não significa que tudo esteja perdido. O processo autocurativo, ascendente em direção à consciência, emergirá outra vez. No próximo capítulo o encontraremos.

O processo de individuação é um movimento natural, instintivo, de crescimento da personalidade que poderá ser conscientemente vivido por todo aquele que der atenta consideração à sua vida interna. Por exemplo: o *opus* alquímico reflete essas etapas de desenvolvimento através de símbolos impressionantes.

Figura 24
Carlos Pertuis, 18/05/1959, guache e grafite sobre papel, 54,3 x 36,5cm.

Quando a psique entra em estados de desordem e regressão, esse processo intensifica-se defensivamente. Assim acontece talvez em maior número de casos de esquizofrenia do que se possa esperar. Mas as dificuldades são enormes. Brechas sem pontes detêm as forças autocurativas e as obrigam a retroceder por caminhos perdidos que se afastam da meta central; "imagens tomam a alma da pessoa" (palavras de Fernando), perturbando, aterrorizando. O pro-

---

315. JUNG, C.G. *C.W.*, 9, p. 166.

Figura 25
Carlos Pertuis, 19/05/1959, grafite, óleo e guache sobre papel, 36,6 x 54,5cm.

Figura 26
Carlos Pertuis, 19/05/1959, óleo sobre papel, 36,0 x 54,5cm.

cesso defensivo fragmenta-se e perde-se no caos. Mas uma coisa comovedora é verificar que raramente deixam de mobilizar-se novas forças ordenadoras e símbolos que esboçam antecipações de etapas progressivas. Tudo poderá ser desintegrado. Mas parece que a psique possui uma incrível capacidade de lutar

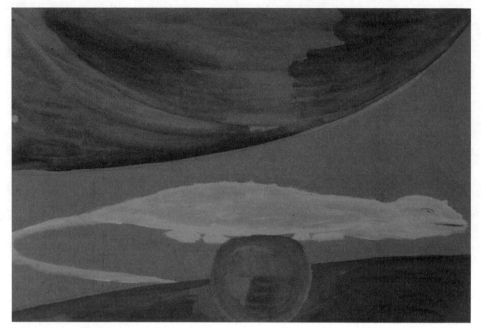

Figura 27
Carlos Pertuis, 12/05/1959, guache e grafite sobre papel, 36,5 x 54,3cm.

contra a doença e de suportar, sem anulação completa, a brutalidade da maioria dos tratamentos psiquiátricos.

10
O tema mítico do deus Sol

Carlos há vários anos vinha sendo dilacerado por conflitos pessoais. Esses conflitos sugavam a energia do ego que se ia enfraquecendo e já começava a vacilar. Certa manhã, raios de sol incidiram sobre o pequeno espelho de seu quarto. Brilho extraordinário deslumbrou-o e surgiu diante de seus olhos uma visão cósmica, o "planetário de Deus", segundo suas palavras. Gritou, chamou a família, queria que todos vissem também aquela maravilha que ele estava vendo. Foi internado no mesmo dia no velho hospital da Praia Vermelha. Isso aconteceu em setembro de 1939. Carlos tinha então 29 anos de idade.

Diferente foi a sorte de Jacob Boehme (1575-1624), sapateiro de profissão como também o era Carlos. Boehme vivia pobremente com sua mulher e muitos filhos, trabalhando para mantê-los. Um dia estava na sua modesta oficina quando por acaso seus olhos fixaram-se num prato de estanho brunido que refletia a luz do sol com grande brilho. Boehme caiu em êxtase, estado no qual "pareceu-lhe que havia penetrado nas origens e na mais profunda e básica estrutura das coisas"[316]. Depois desse êxtase, e de outros semelhantes, Boehme escrevia suas experiências, desenhava suas visões e... voltava a remendar sapatos. Era respeitado por seus contemporâneos como um homem religioso e um filósofo.

O mesmo não aconteceu a Carlos. Apenas proclamou em altos brados sua visão do "planetário de Deus" foi imediatamente internado. Caiu nas tenazes da ordem psiquiátrica. Sua observação clínica nem sequer menciona a visão

---

316. UNDERHILL, E. *Mysticism*. Londres: Methuen, 1960, p. 58.

da imagem vinda das profundezas da psique forte demais para o ego desamparado conseguir suportar. Cindiu-se o ego em pedaços, pensamentos e linguagem dissociaram-se, a realidade externa perdeu o sentido pragmático que tem para o comum dos homens.

As experiências imediatas que tocam o arquétipo da divindade representam impacto tão violento que o ego corre sempre o perigo de desintegrar-se.

A mitologia grega oferece, na figura de Sêmele, um paralelo para os possíveis efeitos catastróficos dessas experiências. Sêmele, uma princesa mortal, pede a Zeus que se revele diante dela no seu aspecto olímpico. Mas, quando o divino amante se manifesta, Sêmele é fulminada pelo fulgor do deus.

Seria necessário ter a psique fortemente estruturada para aguentar tão intenso encontro. Arjuna, exercitado na prática de ioga sob a orientação do próprio Vixnu, possuía condições para resistir intacto à vivência máxima: "É tal a luz deste corpo de Deus, que parece que milhões de sóis levantaram-se ao mesmo tempo no céu [...]. Arjuna vê Deus magnífico e belo e terrível [...] e, de deslumbramento e de alegria e de medo, ele se prosterna e adora, mãos juntas, com palavras de terror sagrado, a visão formidável" (*Bhagavad Ghita*, cap. XI).

Mesmo presenças que apenas prenunciam o divino produzem efeitos de alta intensidade. Assim é que o poeta Rilke exclama: "Quem, se eu gritasse, me ouviria na hierarquia dos anjos? E, supondo que um deles de súbito me tomasse de encontro ao coração, eu sucumbiria morto por sua existência mais forte" (1ª elegia de Duíno).

O temor dos efeitos perturbadores da experiência numinosa, a ânsia de melhor entendê-la, o desejo de comunicá-la a outros, têm levado os místicos a procurar traduzi-la nos termos usados para descrever as experiências que ocorrem no âmbito ordinário da percepção consciente. Esse trabalho requer enormes esforços. Daí as comparações, metáforas, símbolos, usados nas tentativas para exprimir o inexprimível. Assim trabalharam em seus escritos Santa Teresa d'Ávila, São João da Cruz, Mestre Eckhart.

São Nicolau de Flue descrevia a amigos suas visões. Diante, porém, da mais impressionante de todas, a visão da face irada de Deus, o eremita recorreu à pintura. Durante anos elaborou a visão terrificante. O processo de elaboração consciente teve de atravessar várias fases, chegando por fim à pintura da Trindade. Mas como essa imagem ainda o fazia estremecer, a ela superpôs seis círculos divididos por seis raios, tendo no centro uma face humana com longa barba. Esta mandala ainda hoje pode ser vista na Matriz de Sachseln. Nem sua vida de eremita, nem suas visões, impediram Nicolau de Flue de desempenhar papel importante na política suíça. Sua contribuição para a unificação daquele país fez dele um herói nacional.

Ninguém jamais saberá em quantas obras literárias, sobretudo nas poéticas, o núcleo essencial residirá em intensas experiências internas e na necessidade premente de elaborá-las. O mesmo poder-se-á supor em relação à música ou à pintura.

R. Piper fala de um tipo de arte que se origina quando o artista vivencia relacionamento significativo com poderosas forças internas, daí resultando intuições filosóficas, religiosas, psicológicas, que ele tentará exprimir por meio de pinturas ou de esculturas. R. Piper reuniu testemunhos de numerosos artistas contemporâneos que o levaram a criar a denominação de *arte cósmica*[317].

A visão do "Planetário de Deus" ficou para sempre gravada. Logo que teve oportunidade de pintar (1947), oito anos depois da incandescente visão, Carlos, movido por forte necessidade interna, tentou representá-la sobre o papel com os meios precários de que dispunha, ele um sapateiro que nunca havia pintado. Nessa ocasião ainda nada sabíamos sobre sua visão inicial. Só algum tempo depois, por informações de sua irmã, tivemos notícia de que essa visão motivara o internamento de Carlos.

O centro da imagem é uma flor cor de ouro, símbolo do sol e da divindade. Do gineceu da flor partem quatro longos filamentos vermelhos e, dentre dez pequenas pétalas, destacam-se quatro grandes pétalas dirigidas em sentidos opostos, ficando assim nitidamente marcada a estrutura quaternária dessa imagem. Embaixo cruzam-se duas serpentes negras, símbolos da escuridão e do mal (fig. 1). A visão de Carlos é uma espantosa mandala macrocósmica, uma imagem do universo.

A mandala não é unicamente expressão de forças ordenadoras mobilizadas quando a psique está em perigo de dissociar-se. Surge também marcando as etapas evolutivas do processo de individuação. Mas, se o simbolismo da mandala for aprofundado, e se forem pesquisados seus paralelos na filosofia antiga e na história das religiões, verificar-se-á que a mandala representa Deus

---

317. PIPER, R.F. *Cosmic Art*. Nova York: Hawthorn Books, 1975.

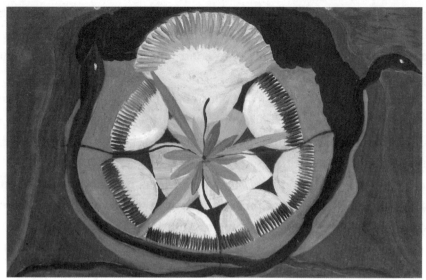

Figura 01
Carlos Pertuis, década de 1940, óleo sobre papel, 55,0 x 36,0cm.

e a unidade do cosmos subjacente à multiplicidade das coisas apreensíveis pelos sentidos.

Vivências semelhantes à experiência de Carlos acontecem com frequência nos estados esquizofrênicos. J.W. Perry[318] encontrou em nove dos doze casos de jovens esquizofrênicos, durante o curso do processo de renovação por ele estudado, visões alucinatórias mandálicas do mundo ("mundo quadrangular").

O sol e sua luz são motivos de constantes cogitações para Carlos. Mostra-se preocupado com "trabalhos" concernentes à luz do sol. Refere-se a um "aparelho da revelação que constitui o sol", e diz que "a Dulcinha do Cajueiro e a Lurdinha de São Cristóvão estão trabalhando com a luz do sol".

Há também "um aparelho de repetição que faz ele sumir em ponto pequeno e aparecer em ponto grande para o sol".

Fala da "rotação da consciência ao sol", e diz que "ele e o Ari estudam uns filmes da consciência".

Carlos procura entender os fenômenos perturbadores que lhe acontecem. São de tal modo estranhos que inventa os aparelhos da "revelação" e da "repetição" para tentar explicá-los. Estuda "filmes da consciência" em companhia

318. PERRY, J.W. *The Far Side of Madness*. Nova Jersey: Prentice Hall, 1974, p. 72.

de Ari (pessoa por quem sentira atração erótica). *Revelar* esses filmes será trazer imagens do inconsciente à luz do consciente, será confrontar conteúdos que haviam sido reprimidos.

Aqui se levanta um problema importante. O sol terá nas imagens de Carlos a significação de símbolo do consciente? Tratando-se de um esquizofrênico poder-se-ia hesitar em admitir essa interpretação. Mas as palavras de Carlos, apesar do delírio e da cisão psíquica, indicam procura da luz do consciente embora por meios inusuais. Partes bastante fortes do ego acham-se portanto em funcionamento. Isso se observa sobretudo enquanto estão em jogo conteúdos do inconsciente pessoal. Mas, na medida em que emergem conteúdos vindos das camadas mais profundas, da própria estrutura básica da psique, que constituem a matéria viva da grande maioria das pinturas de Carlos, então o sol e seus múltiplos símbolos representam o self na qualidade de centro situado no inconsciente coletivo. Entretanto, no caso de Carlos, nunca se rompe de todo a conexão arquetípica entre ego e self.

O sol simboliza, na psicologia junguiana, "o ego e seu campo de consciência". A personificação do ego sob a forma do "corpo refulgente do sol" decorre de ser o ego o ponto de referência central da consciência e de sua função criadora do mundo como objeto[319]. É assim que o sol, direta ou indiretamente, está presente em múltiplas versões do mito do herói, quando este, depois de vencer os monstros das trevas, saindo de uma condição de semi-inconsciência, consegue trazer a realidade para a luz da consciência, recriando o mundo.

No mesmo sentido pesa a opinião de Mircea Eliade que afirma a existência de paralelismo entre as hierofanias solares e o desenvolvimento do racionalismo. Somente no Egito, onde floresceu uma alta civilização, o culto do sol propriamente dito alcançou verdadeira predominância. E na América, foi no Peru e no México, isto é, entre os únicos povos desse continente que atingiram autêntica organização política, que o culto do sol chegou ao apogeu. Teria havido, pois, concordância entre a supremacia das hierofanias solares e o desenvolvimento histórico[320].

Mas acontece igualmente que o sol, pela magnitude de seus atributos específicos, impõe-se como símbolo do self, ou seja, do centro ordenador da

---

319. JUNG, C.G. *C.W.*, 14, p. 108.

320. ELIADE, M. *Traité d'Historie des Religions*. Paris: Payot, 1968, p. 115.

psique, bem como da totalidade psíquica. E "o self é uma imagem de Deus ou, pelo menos, não pode ser distinguido dessa imagem"[321]. Self, imagem de Deus, sol, acham-se em estreita correlação.

O sol aparece como símbolo da imagem de Deus, não só na antiguidade pagã, mas também no cristianismo. No Cântico das Criaturas de São Francisco de Assis, o sol é louvado: "Ele é belo, e irradiando com grande esplendor; de ti, Altíssimo, ele é a imagem". Para o cristianismo primitivo "Hélios é o Cristo"[322]. Cristo antes de nascer já era comparado ao sol no Cântico de Zacarias: "Há de visitar-nos do alto um sol que surge" (Lc 1,78).

Confusões e dúvidas podem aparecer pelo fato de o sol simbolizar o ego, que é apenas uma parcela do self, e simbolizar também o self que é a totalidade psíquica. Jung esclarece-as. Dada a importância essencial do ego como ponto central da consciência e suas peculiares funções, a parte (ego) poderá ser usada em lugar do todo (self). Mas, quando se trata de dar ênfase à totalidade psíquica em suas amplas implicações das quais a não menor é a de representar a imagem de Deus, tão comumente simbolizada pelo sol, dever-se-á usar o termo self. "Nisso não há contradição, mas meramente uma diferença de tomada de ponto de vista"[323].

O herói mitológico não representará um indivíduo específico, pois suas qualidades transbordam daquilo que é estritamente pessoal. Na sua figura pode-se discernir a conexão arquetípica do ego com o self[324].

De fato, o ego é estruturado a partir de impulsos originários do self, sendo sua função tornar-se instrumento de realização das potencialidades do self na vida real e no tempo. Este fenômeno psicológico assume dimensões máximas na figura do herói mitológico que representa tentativas do inconsciente para produzir um ego em concordância com as exigências totais da psique. Será um modelo ideal, "um instrumento de encarnação do self"[325].

No deus-sol Ra, dos egípcios, temos um exemplo da conexão entre self e ego em dimensões mitológicas, expressa através do simbolismo do sol. Na

321. JUNG, C.G. *C.W.*, 9ii, p. 22.

322. RAHNER, H. *Mythes Grecs et Mystère Chrétien*. Paris: Payot, 1954, p. 116.

323. JUNG, C.G. *C.W.*, 14, p. 110.

324. von FRANZ, M.-L. *Problems of the Feminine in Fairy Tales*. Nova York: Spring, 1972, p. 16.

325. Ibid., p. 19.

qualidade de *imago Dei*, Ra representa o self; na qualidade de batalhador pela preservação da luz da consciência, simboliza o ego ideal. Ra viaja cada dia através dos céus no seu barco diurno, irradiando vida, luz e calor; durante a noite, noutro barco, atravessa o mundo ctônico. É então que a viagem se torna perigosa mesmo para o mais poderoso dos deuses e criador de todas as coisas. No período noturno Ra sofre ataques de monstros que procuram impedir a passagem de seu barco, para evitar que o sol nascente de novo se erga no horizonte. O mais temível dentre os monstros é a serpente Apep, personificação da espessa escuridão que envolve o abismo das águas originais de onde o sol surgiu pela primeira vez e inexoravelmente, cada noite, tem ainda de percorrer numa difícil viagem. Ra vence Apep, mas não definitivamente. O dia é sempre precedido de uma noite de combates[326].

Entre os astecas onde o deus sol era também divindade máxima ocorria fenômeno semelhante. O deus sol fazia um percurso equivalente ao de Ra, com tremendas lutas. Mas sua vitória era incerta, temendo-se sempre que ele sucumbisse e sua luz se apagasse. O sol esgotava-se nas batalhas cotidianas contra os poderes das trevas. Urgia restaurar as forças do deus por meio de sacrifícios sangrentos e oferecendo-lhe corações recém-arrancados do peito de vítimas humanas, pois o povo asteca estava convicto da existência de uma relação afim entre a força solar e o sangue dos homens.

E mais tarde, quando já não havia sacrifícios humanos para nutrir o sol, eram as preces que ajudavam o grande deus a transpor os obstáculos terríveis na sua travessia noturna.

Ainda em 1925, C.G. Jung ouviu de um chefe dos índios pueblos estas palavras: "Somos um povo que habita o teto do mundo, somos os filhos de nosso Pai o Sol e, por intermédio de nossa religião, ajudamos cotidianamente nosso Pai a atravessar o céu. Não o fazemos apenas por nós, mas pelo mundo inteiro! Se cessássemos nossas práticas religiosas, dentro de dez anos o Sol não se ergueria mais. Seria noite para sempre"[327].

O sol, nas vivências de Antonin Artaud, é símbolo do ego consciente. Ele sabia, estava consciente que seu mal era "um desmembramento do ser"[328].

---

326. WALLIS BUDGE, E.A. *The Gods of the Egyptians*, I. Nova York: Dover, 1969, p. 322.

327. JUNG, C.G. *Memories, Dreams, Reflections*. Nova York: Pantheon Books, 1961, p. 251-252.

328. ARTAUD, A. *O.C.* XI. Paris: Gallimard, p. 125.

Partes intactas do ego permitiam o reconhecimento do ameaçador perigo de cisões mais profundas da psique. Daí a mobilização defensiva de forças em busca de reconstrução, de unidade. Daí seu fascínio pelo sol.

As figuras em conexão com o sol sempre o atraíram. Primeiro foi Montezuma, imperador dos astecas. Logo depois é Heliogábalo quem o seduz, jovem rei de Éfeso e sacerdote do sol, imperador romano durante o período 218-222 d.C. E no fim da vida outro homem solar o empolga: Van Gogh, o pintor dos sóis mais prodigiosos e seu irmão no sofrimento. Se em 1888 Van Gogh parte para Arles em busca do sol, "não de seus raios, mas do próprio sol"[329], Artaud em 1936 vai ao México com a meta de "ressuscitar os vestígios da antiga cultura solar"[330]. Quis conhecer o país dos astecas não na atitude de quem curiosamente pretende observar uma população exótica, mas na verdade o que interessava a Artaud era a secreta esperança de retemperar-se a si próprio.

Buscando cura ele transpõe montanhas do México até chegar à aldeia dos taraumaras. Sente que "a cabeça transbordante de ondas não domina mais seus turbilhões, a cabeça sente todos os turbilhões que estão debaixo da terra e a enlouquecem, e a impedem de manter-se erguida"[331].

Participa dos rituais taraumaras, sempre realizados entre o pôr e o nascer do sol. Impressiona-o sobretudo o rito solar Tutuguri, no qual é dramatizada a passagem do sol através de um círculo demarcado por seis cruzes que ali estão para barrar o caminho do astro[332].

Tomando parte nos rituais taraumaras, Artaud entra em contato ao vivo com uma religião arcaica. Religião que lhe propunha o culto do sol, a colaboração para a vitória do sol (do consciente) sobre os monstros da noite (conteúdos do inconsciente). Encontraria ele aí ajuda para amainar os turbilhões internos que poderiam rompê-lo em pedaços para sempre, talvez uma terapêutica eficaz? Visando fim idêntico, a reconstrução da personalidade, a psiquiatria escolheu aplicar-lhe séries de eletrochoques. Por que nos falta coragem para comparar os dois métodos?

---

329. REICHMANN, F.F. "Remarks on the Philosophy of Mental Disorders". *A Study on Interpersonal Relations*. Nova York: Grove Press, 1949, p. 175.

330. ARTAUD, A. *O.C.* VIII. Paris: Gallimard, Paris, p. 366.

331. Ibid., IX, p. 49.

332. Ibid., IX, p. 69.

Subjacente à tragédia que foi a vida de Artaud está o tema mítico do deus Sol. À sua maneira, no século XX, revive sofrimentos e trabalhos do deus sol ou dos heróis solares de muitos mitos. Mas ele se encontra particularmente próximo do deus sol dos astecas por afinidades estreitas de natureza inconsciente. Os combates do sol no mundo asteca são violentos. Assim também Artaud luta sem trégua para manter o pensamento claro, para defender o campo iluminado do consciente contra o assalto de forças obscuras do inconsciente, não menos aterradoras do que os monstros que tentam destruir o sol nas narrativas míticas. Artaud consegue sobrenadar no perigoso oceano.

Alguns dias antes de morrer, Artaud escreve a segunda versão de seu poema "Tutuguri", onde se juntam real e imaginário numa mescla prodigiosa. Tutuguri é o rito da noite negra e da morte *eterna* do sol"[333]. Artaud sublinha a palavra eterna.

O poema Tutuguri está datado de 16 de fevereiro. Antonin Artaud morreu no dia 4 de março do mesmo ano (1948). Morrem juntos o homem e o sol na qualidade de símbolo do ego consciente.

É impressionante encontrar reflexos da face do deus Sol dos astecas na pintura de Carlos. Veja-se a imagem onde o sol lança cruzes no espaço (fig. 2) e paralelamente leia-se o seguinte texto de Artaud: "Um dia, dizem os sacerdotes do Tutuguri, o Grande Médico Celeste apareceu como se nascesse dos lábios abertos do Sol, *Aquele que Deseja,* seu Pai na Eternidade. E Ele mesmo era este sol, tendo nas mãos a Cruz Primeira, e Ele a brandia, e outras cruzes solares e duplos de sóis nasciam dele e surgiam de cada sílaba que esta Boca de Cruzes Celestes, em hóstias de luz, imprimia na imensidade"[334].

Sol e tartaruga (fig. 3). Segundo versão arcaica da mitologia mexicana, quando o sol se põe no ocidente é devorado pela terra, monstro insaciável semelhante a uma tartaruga. Também no Egito a tartaruga, relacionada à terra e à lua, está em oposição ao sol[335]. "Ra vivo, a tartaruga morta" (*Livro dos mortos,* cap. CLXI).

---

333. Ibid., p. 69.

334. Ibid., p. 105.

335. NEUMANN, E. *The Great Mother.* Londres: Routledge & Kegan Paul, 1955, p. 183 e 301.

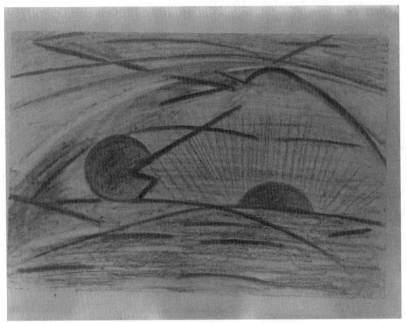

Figura 02
Carlos Pertuis, 22/10/1965, lápis de cera sobre papel, 32,9 x 45,9cm.

Figura 03
Carlos Pertuis, 17/11/1975, lápis de cera sobre papel, 42,8 x 50,5cm.

Figura 04
Emygdio de Barros, 26/06/1970, óleo sobre papel, 33,0 x 48,2cm.

Figura 05
Adelina Gomes, 03/07/1978, óleo sobre cartolina
55,2 x 36,8cm.

A presença dos astros é frequente nos delírios dos esquizofrênicos e em sua produção plástica.

Jung refere o caso de um jovem esquizofrênico cujos primeiros sintomas da doença consistiram na convicção de que ele tinha uma relação especial com o sol e as estrelas. As estrelas tornaram-se plenas de significações, sentia-as ligadas a si, e o sol transmitia-lhe ideias as mais estranhas. O sentimento de interligação cósmica não é raro na esquizofrenia[336].

Muitas pinturas do acervo do Museu de Imagens do Inconsciente ilustram este fenômeno. São aqui reproduzidas duas imagens nas quais o sol é cultuado, uma

336. JUNG, C.G. *C.W.*, 5, p. 402.

Figura 06
Carlos Pertuis, 22/10/1976, lápis de cera sobre papel, 50,5 x 40,0cm.

pintada por Emygdio, outra por Adelina (figs. 4 e 5).

Sol e Deus sempre se apresentaram ao homem estreitamente vinculados. Jung acrescenta a esses dois termos um terceiro – a energia psíquica ou libido, igualmente fonte de vida. O sol, diz Jung, representa muito adequadamente o poder criador da psique, ou seja, a libido. O depoimento dos místicos é eloquente: "Quando descem na profundeza do próprio ser, eles encontram *em seus corações* a imagem do sol, encontram a própria força vital que chamam o *sol*. Há nisso uma ra-

zão legítima, eu diria mesmo física, pois nossa fonte de energia e vida é realmente o sol. Nossa vida fisiológica, encarada como um processo energético, é inteiramente solar"[337].

Uma pintura de Carlos apreende a conexão entre o sol e a vida fisiológica. – Grande figura coroada carrega às costas o sol do qual partem muitos raios. Do umbigo, região do *plexo solar*, saem raios (fig. 6).

Predomina no caso de Carlos um constante sentimento de interligação cósmica.

– Ele é um andarilho de espaço cósmico (fig. 7).

Figura 07
Carlos Pertuis, 12/12/1961, guache sobre papel, 66,0 x 47,5cm.

---

337. Ibid., p. 121-122.

– Viaja em navios entre as estrelas (fig. 8).

– Constrói naves para viagens cósmicas: Dentro de cápsula alongada, um homem observa o exterior por meio de um aparelho de ótica. A cápsula está provida de cinco hélices, aparelhos de propulsão (fig. 9). Um foguete espacial parece que vai ser acionado pela energia emanante dos olhos do sol ou da lua (fig. 10). Somente esta última nave foi pintada depois do lançamento do primeiro Sputinik, em outubro de 1957.

Figura 08
Carlos Pertuis, sem data, óleo sobre papel, 76,0 x 51,5cm.

Figura 09
Carlos Pertuis, 10/04/1956, óleo sobre tela, 65,0 x 54,2cm.

Vejam-se agora alguns flashes de visões cósmicas de Carlos.

O deus sol tem uma face sombria e destrutiva que várias religiões puseram em relevo. No *Rig Veda*, além de seu aspecto resplandecente, o Sol possui também um aspecto tenebroso[338]. O deus sol Apolo é o deus dos lobos, animais noturnos e ferozes; ele próprio metamorfoseia-se em lobo para derrotar seus inimigos[339]. O aspecto negativo do sol é enfatizado nos países quentes, onde

338. ELIADE, M. *Traité d' Historie des Religions*. Paris: Payot, 1968, p. 131.

339. KERÉNYI, C. *La Mythologie des Grecs*. Paris: Payot, 1952, p. 136.

o ardente sol do meio-dia destrói a vegetação. No Egito era cultuado o deus Menthu ou Menthu-Ra que personifica o calor destrutivo do sol[340].

O sol teria mesmo componentes demoníacos. Nesta pintura (fig. 11) vê-se uma mulher negra, curvada diante do sol. O autor disse: "O sol representa o demônio e um vulto de mulher está tentando o sol".

Um homem escuro, sentado frente a um sol negro (fig. 12). O homem terá força para confrontar sua própria *sombra* projetada sobre a *sombra* do sol? Ou aqui o sol negro "significará extinção provisória do

Figura 10
Carlos Pertuis, 17/07/1959, óleo e grafite sobre papel, 48,2 x 32,9cm.

Figura 11
Carlos Pertuis, 30/06/1959, lápis de cera, guache e grafite sobre papel, 36,5 x 55,0cm.

340. WALLIS BUDGE, E.A. *The Gods of the Egyptians*, II. Nova York: Dover, 1969, p. 24.

consciente devido a uma invasão do inconsciente"?[341]

O sol negro ameaça o pequeno barco que poderá soçobrar, isto é, desaparecer na escuridão do inconsciente (fig. 13).

Navegando através da totalidade universal, entre astros, sobre a terra, no fundo do mar, Carlos vai configurando as mais variadas imagens originárias dos arquétipos constelados pelo dinamismo do processo psicótico.

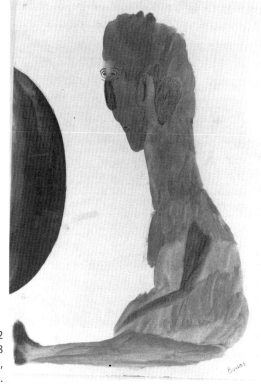

Figura 12
Carlos Pertuis, 22/05/1958
guache e grafite sobre papel,
48,7 x 33,0cm.

Figura 13
Carlos Pertuis, 26/08/1970, guache sobre papel, 34,4 x 46,1cm.

341. JUNG, C.G. *C.W.*, 14, p. 98n.

Agora estamos diante do peixe redondo, tantas vezes mencionado pelos alquimistas (fig. 14), "estranho peixe, o peixe redondo que habita o mar, des-

Figura 14
Carlos Pertuis, 12/07/1973, lápis de cera sobre papel, 37,0 x 55,0cm.

provido de ossos e pele, simboliza o *elemento redondo,* o germe da *pedra animada,* do *filius philosophorum*"[342]. O peixe redondo, segundo os alquimistas, deverá ser aquecido até que comece a brilhar, até que "o calor já existente nele torne-se visível como luz"[343]. O peixe redondo, dourado, é um símbolo do self imerso nas escuras águas do inconsciente.

Se o mar, com seus misteriosos conteúdos, é adequada imagem do inconsciente, também o inconsciente poderá ser comparado a um firmamento interior. O firmamento exterior facilmente tornar-se-ia "o livro aberto de projeções cósmicas, o espelho de imagens mitológicas, isto é, de arquétipos"[344]. Em estrelas e grupos de estrelas, o homem arcaico, e mesmo o homem de civilizações antigas, via a forma de animais: constelações do carneiro, touro, leão, peixes etc. Esses animais, que pareciam configurados pelas estrelas, seriam projeções de conteúdos arquetípicos.

342. Ibid., 9i, p. 140.

343. Ibid., 9ii, p. 128.

344. Ibid., 8, p. 195.

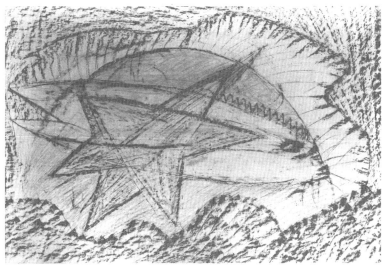

Figura 15
Carlos Pertuis, 18/05/1976, lápis de cera sobre papel, 36,6 x 55,0cm.

Veem-se nesta pintura (fig. 15) sol, peixe e estrela superpostos, estreitamente unidos. Sol e estrela têm conexões mitológicas com o peixe. "Quando o sol renasce e de novo se ergue, o peixe que habita na escuridão, cercado por todos os temores da noite e da morte, torna-se a brilhante estrela da manhã"[345].

Agora é o touro que surge junto à estrela (fig. 16).

Figura 16
Carlos Pertuis, 27/04/1967, óleo sobre papel, 37,0 x 55,0cm.

345. Ibid., 5, p. 199-200.

Segundo os egípcios, o touro Mesketi, deus-estrela, aparece perto do Polo Norte correspondendo à Grande Ursa[346]. Mas é sobretudo o deus persa Mithra que está simultaneamente em conexão com a estrela e o touro. Esta imagem prenuncia o tema que virá tomar relevo em meio à extraordinária riqueza de símbolos solares da pintura de Carlos.

No curso de 1975, 1976 e janeiro de 1977, último período da vida de Carlos, falecido em março de 1977, suas pinturas giraram cada vez mais em torno do tema mítico do sol. Estas últimas pinturas foram todas configuradas com lápis cera, embora ele dispusesse de outros materiais, e trabalhadas sempre de pé, intensamente, como se houvesse um veemente diálogo entre o pintor e as imagens pintadas.

Ressaltam, entre essas imagens, figuras masculinas de grandes proporções providas de coroa e outros atributos divinos bastante próximos de descrições de Mithra, deus indo-persa, dadas por seus adeptos. Estas imagens surpreendentes levaram-nos, a mim e a meus colaboradores, à procura de paralelos mitológicos com o objetivo de esclarecer o problema insólito que nos desafiava. Logo foi lembrado que a temática mitraica já havia aparecido muitos anos em pinturas nas quais se vê o sol provido de um longo tubo, tal como é descrito em visões de adeptos de Mithra (cap. V).

Estudemos algumas imagens recentes.

A religião persa não dava forma material a suas divindades, nem a Ormuzd, o bem, ou a Ahriman, o mal, nem a Mithra, o deus da luz pura.

Se originariamente na religião mitraica não eram cultuadas estátuas do deus, seus adeptos, que o adoravam em confrarias secretas de exaltado misticismo, visualizavam o deus da luz e davam descrições das imagens que os deslumbravam. Em textos da liturgia mitraica reunidos por Dietrich, citados por C.G. Jung[347], encontra-se a seguinte descrição de Mithra: "Ver-se-á um deus de imenso poder, face brilhante, jovem, cabelos dourados, vestindo túnica branca e portando uma coroa de ouro, usando amplas calças [...]. Ver-se-ão raios de luz saltarem de seus olhos e estrelas de seu corpo". Há evidentes analogias entre a visão desses místicos e a visão de Carlos (fig. 17). Decerto existem

346. WALLIS BUDGE, E.A. Op. cit., II, p. 312.

347. JUNG, C.G. C.W., 5, p. 103.

diferenças. Em vez de coroa, aqui a divindade traz cornos, provável indicação da força do touro, o animal com quem Mithra frequentemente se identifica. Mas os cabelos dourados, os raios saindo dos olhos e a profusão de estrelas em torno de todo o corpo acham-se presentes. As vestes estão algo modernizadas, com bolsos na túnica.

As experiências místicas dos adeptos de Mithra os levavam a identificar-se com estrelas, manifestações daquele deus ou seus atributos. Um texto da liturgia mitraica diz: "Eu sou uma estrela vagando contigo e brilhando na profundeza". E, flutuando em direção ao iniciado, vindas do disco do sol descem estrelas de cinco pontas em grande número enchendo todo o espaço[348]. Eis uma

Figura 17
Carlos Pertuis, 01/04/1973, lápis de cera sobre cartolina, 55,7 x 36,4cm.

pintura de Carlos que se aproxima bastante deste texto (fig. 18).

Sendo Mithra, na sua origem, uma divindade cósmica, suas relações com o Sol são muito estreitas. Segundo narra o mito, foi Mithra quem instituiu Sol governador do mundo entregando-lhe o globo, símbolo do poder que ele próprio trazia na mão direita desde o instante de seu nascimento. Uma pintura de Carlos mostra majestosa figura com coroa de raios, sustentando grande globo (fig. 19). Esta pintura tem analogia impressionante com uma representação do deus sol reproduzida por F. Cumont[349]. Mithra e Sol aparecem sempre unidos na religião mitraica. Possuindo atributos semelhantes, suas imagens são intermutáveis.

348. Ibid., p. 88n-89.

349. CUMONT, F. *The Mysteries of Mithra*. Nova York: Dover, 1956, p. 186.

Figura 18
Carlos Pertuis, 20/07/1972, lápis de cera sobre cartolina, 36,6 x 55,4cm.

Por que Mithra emergeria, de tão longínquas distâncias, na pintura de Carlos?

No capítulo anterior foi visto que o processo psíquico em busca do deus Pai, do deus Sol, regrediu quando já parecia aproximar-se de sua meta. A busca porém continua. Agora, pela primeira vez, o princípio masculino personifica-se. E essa personificação assume muito significativamente traços de Mithra, deus solar e herói, cujo mito narra a dolorosa procura da consciência que o homem de todos os tempos vem representando sob mil faces.

Ainda uma vez tão tenaz esforço instintivo corre o risco de derrota devido ao movimento oposto de outras forças igualmente instintivas que tendem a arrastar todo o processo de volta ao mundo da mãe. Um indício de que novamente está ocorrendo introversão da libido para estratos mais profundos do inconsciente é o fenômeno de virem acrescentar-se às figuras divinas marcadas características animais.

Figura majestosa, provida de cornos, face leonina. As mãos e os pés são garras. Longa cauda. Com uma das garras sustenta um cajado. E sobre o peito traz uma estrela azul de cinco pontas (fig. 20).

Outra figura, com face animal, uma estrela do lado da cabeça, raios saindo dos olhos; as mãos são garras (fig. 21).

Figura 19
Carlos Pertuis, 13/11/1975, lápis de cera sobre papel, 51,0 x 40,0cm.

O ataque por animais, por ameaçadores monstros, é uma constante no curso das viagens em demanda da consciência, segundo as narrações míticas de todos os povos. O viajante será devorado ou vencerá os terríveis animais antes de alcançar seu alvo. Na condição psicótica esta trajetória é particularmente difícil. As forças que buscam a consciência são fracas. E os poderosos emissários dos abismos onde habita a Grande Mãe, senhora dos animais, ora são ameaçadores ora fascinam por um poder mágico.

O sacrifício do touro é o ato heroico que centraliza o mito do deus persa. Mithra tauróctono é representado nos baixos-relevos do altar principal dos templos dedicados a este deus, construídos depois que a religião mitraica estendeu-se para o Ocidente, descobertos graças a pesquisas arqueológicas. Parece certo, segundo os especialistas, que nesses templos não era praticada a morte ritual do touro. O sacrifício sangrento havia sido necessário ao homem arcaico, que precisava concretizar seus esforços para domar o brutal touro existente dentro dele mesmo. Mas, já muito tempo

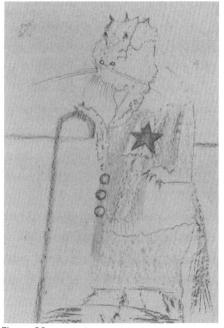

Figura 20
Carlos Pertuis, 14/04/1975, lápis de cera sobre papel, 55,6 x 38,0cm.

327

antes de Cristo, o mitraísmo havia atingido outro nível de desenvolvimento. A imolação incruenta do touro bastava como representação simbólica do sacrifício da parte animal inerente ao homem.

A renúncia à instintividade livre tem custado ao homem enormes sofrimentos. Em todas as épocas e lugares o homem vivenciou, em graus diferentes, esse conflito básico, origem do desenvolvimento da consciência. Nas mais típicas esculturas que representam Mithra esse conflito se reflete. Mithra mata o touro "voluntária e involuntariamente ao mesmo tempo, daí a particular expressão de sua face encontrada em certos monumentos"[350]. E Cumont assinala "a singular

Figura 21
Carlos Pertuis, 31/03/1975, lápis de cera sobre papel, 55,1 x 36,8cm.

mescla de exaltação e remorso estampada na face do matador do touro"[351].

O adepto de Mithra aspira ultrapassar a submissão à instintividade animal, porém vai mais longe.

O mitraísmo era uma religião que reunia seus adeptos em confrarias exclusivamente masculinas e os obrigava a disciplina rigorosa. Os sete graus de iniciação aos mistérios mitraicos bem o revelam. Por exemplo, o candidato ao terceiro grau, denominado *soldado*, deveria conquistar uma coroa em provas perigosas, arriscando a própria vida. Mas, se vitorioso, quando a coroa ia ser colocada sobre sua cabeça ele a recusava veementemente dizendo que não de-

350. JUNG, C.G. *C.W.*, 5, p. 427-428.

351. CUMONT, F. Op. cit., p. 211.

sejava outra coroa a não ser Mithra, seu deus[352]. A glória e o poder representados pela coroa eram rejeitados.

Há afinidades estreitas entre a religião de Mithra e o cristianismo, não só no que se refere à ética mas igualmente à liturgia. Na missa é imolado o cordeiro de Deus, isto é, o próprio Cristo; no ritual mitraico é imolado o touro, ou seja, o deus Mithra ele mesmo. "No mistério cristão é sacrificado o cordeiro [...]. No mitraísmo o símbolo central do culto era o sacrifício do touro [...]. Há portanto uma conexão histórica muito próxima entre o cristianismo e o sacrifício do touro"[353].

Na ceia ritual dos mistérios mitraicos eram consumidos vinho e pães marcados com cruzes, fato que muito impressionou o teólogo cristão Tertuliano (160-220 d.C.) levando-o a afirmar que a oblação do pão havia sido introduzida pelo demônio no culto de Mithra com a maléfica finalidade de, por antecipação, injuriar a Santa Ceia cristã[354].

Cristianismo e mitraísmo coexistiram nos primeiros séculos de nossa era até o édito de Constantino, que fez do cristianismo a religião oficial do império. Os templos de Mithra foram então depredados e incorporados a terrenos onde foram levantadas igrejas cristãs. Assim aconteceu na construção da basílica de Santa Prisca, sobre o Aventino, e na de São Clemente, perto do Coliseu. Escavações iniciadas em 1870 revelaram, sob a atual basílica de São Clemente, construída no século XII, a basílica original edificada no século IV, em cima dos escombros do palácio pertencente à família do Cônsul Titus Flavius Clemens e de um antigo templo de Mithra que ficava defronte do palácio, separados por uma rua estreita. As pesquisas arqueológicas nesse terceiro nível descobriram, bastante bem conservado, o altar de Mithra com o baixo-relevo representativo do sacrifício do touro, tendo de cada lado as figuras de Cautes, sustentando uma tocha voltada para o alto, que simboliza o nascer do sol, a Cautopates sustentando uma tocha voltada para baixo que simboliza o pôr do sol. Mithra ao centro simboliza o sol no esplendor do meio-dia[355]. A basílica dedicada a São Clemente, terceiro papa na sucessão de São Pedro, está

352. LOISY, A. *Los Misterios Paganos y el Misterio Cristiano*. Buenos Aires: Paidós, 1967, p. 131.

353. JUNG, C.G. *C.W.*, 10, p. 21.

354. LOISY, A. Op. cit., p. 144.

355. VERMASERER, M. *Mythra ce Dieu Mysterieux*. Paris: Sequoia, 1960, p. 61.

na superfície. Mas seus alicerces fundam-se sobre um templo de Mithra, divindade solar pagã.

O estudo das imagens que se originam nas matrizes arquetípicas do inconsciente coletivo é uma verdadeira pesquisa arqueológica. Mas a arqueologia da psique é ciência muito peculiar. Enquanto os achados da arqueologia propriamente dita mantêm-se sempre iguais, os conteúdos do inconsciente coletivo estão em constante movimento: agrupam-se e reagrupam-se, interpenetram-se e mesmo são suscetíveis de transformações. Esta é a concepção junguiana de inconsciente coletivo, concepção essencialmente dinâmica.

De início foram mostradas

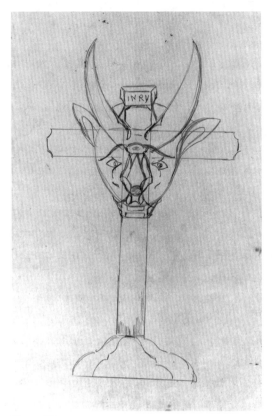

Figura 22
Octávio Ignácio, 06/04/1972, grafite sobre papel, 55,5 x 36,5cm.

analogias entre imagens de Carlos e representações de Mithra na qualidade de divindade cósmica. Entretanto qualquer alusão ao ato heroico que centraliza o mito do deus persa – o sacrifício do touro – está ausente. Entre as imagens de Carlos, nas quais é frequente a representação de animais diversos, nunca se vê traço de sacrifício animal. Ao contrário, nos desenhos de Octávio, outro frequentador do mesmo atelier de pintura, repete-se muitas vezes o sacrifício do cavalo e encontra-se mesmo a crucificação do touro (fig. 22). Ao sacrificar o cavalo ou o touro, Octávio tenta subjugar o impetuoso animal existente em si próprio.

Este sacrifício é parcial, sacrifício da instintividade, necessário para que o homem conquiste energia psíquica para atividades conscientes.

Outra visão de sacrifício seria dada no sacrifício total do homem natural. Este é o sacrifício de Carlos que se processa em dimensões cósmicas – o homem crucificado flutuando entre as estrelas (fig. 23), talvez símbolos do homem cósmico primordial divino, sob o aspecto do Cristo crucificado, como representação do Antropos (Cristo cósmico). "A cruz [...] à semelhança do círculo, como símbolo de completação e ser perfeito, é uma difundida expressão para o céu, sol e Deus; também exprime a imagem primordial do homem e da alma. O mínimo número plural quatro (figurado pela cruz) representa o estado plural do homem que ainda não atingiu a unidade interna, daí o estado de servidão e desunião, de desinte-

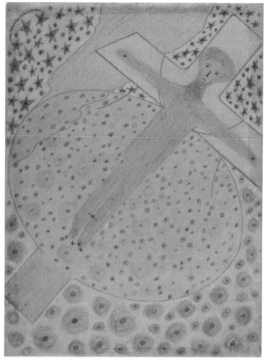

Figura 23
Carlos Pertuis, 05/08/1952, lápis de cera e grafite sobre papel, 38,0 x 28,5cm.

Figura 24
Carlos Pertuis, 04/09/1975, lápis de cera sobre papel, 32,0 x 48,5cm.

gração, e de ser dilacerado em diferentes direções – um estado angustiante e irresgatado que aspira a união, reconciliação, redenção, cura e totalidade"[356].

É apaixonante acompanhar através das imagens pintadas por Carlos o trabalho de forças emergentes do fundo escuro da psique tentando atingir zonas mais próximas do consciente.

Condição preliminar nesse caminho será a discriminação entre o princípio feminino e o princípio masculino. No capítulo precedente vimos como esses princípios, personificados em seres divinos, não alcançaram a necessária diferenciação (Deus meu Pãe). Mas, ainda que o indivíduo tenha sido arrastado às maiores profundezas do inconsciente, nele nunca se estingue de todo a ânsia por consciência. É o que demonstra a última série de imagens pintadas por Carlos, permitindo-se visualizar um processo em desdobramento no inconsciente que, a partir de Mithra, divindade arcaica masculina, ascende em direção ao Cristo, já muito próximo da área consciente do homem ocidental.

A temática mitraica na pintura do operário brasileiro não era tão estranha quanto parecia à primeira vista. Com efeito, o deus solar Mithra é uma divindade muito afim a Cristo, segundo já foi frisado acima. Nas imagens de Carlos, símbolos mitraicos e símbolos cristãos coexistem, para progressivamente acentuarem-se marcas cristãs bem caracterizadas. Assim, os achados da arqueologia psíquica superpõem-se aos achados da arqueologia propriamente dita.

• Grande estrela, desenhada a lápis muito tenuemente, dentro da qual se esboça uma figura humana que se confunde com a estrela. Ao lado da estrela percebe-se a entrada de uma cidade. Sobre o muro da cidade, à esquerda, uma cruz (fig. 24).

Esta imagem faz pensar nas analogias, tantas vezes assinaladas, entre o nascimento de Mithra e o de Cristo. "Uma obra cristã primitiva refere-se aos Magos da Pérsia que se dirigiam cada ano a uma gruta natural para aí orar em silêncio. Eles esperavam que a estrela da sorte se erguesse e era necessário que ela encerrasse a forma de uma criança. Graças à profecia de Zoroastro sobre o nascimento do Redentor, sabemos que a estrela é o Grande Rei prometido pelos oráculos, o qual era de certo modo uma reencarnação de Mithra, visto como

---

356. JUNG, C.G. *C.W.*, 16, p. 208.

deus solar. Zoroastro teria assim revelado o surpreendente mistério do Grande Rei que deverá vir ao mundo. 'Quando chegarem os tempos, no instante da dissolução que deverá pôr termo aos tempos, uma criança será concebida e formada completamente no seio de uma virgem, sem que um homem tenha dela se aproximado.' Lendo nas entrelinhas da *Crônica de Zuqnin*, obra cristã em língua síria, G. Widengren pôde reconstituir o tema original iraniano. 'O rei e salvador do mundo sobe, sob a forma de uma estrela de fogo, a montanha da vitória e aí nasce, numa caverna, um ser luminoso. É o Grande Rei que vem ao mundo no fim dos tempos. Nascido de uma mulher e entretanto trazido à terra pela estrela e pelo fogo do relâmpago,

Figura 25
Carlos Pertuis, 13/10/1975, lápis de cera sobre papel, 55,2 x 36,7cm.

este rei é Mithra reencarnado, que nasce constantemente na caverna. Cada ano, os Magos esperam durante três dias o nascimento do rei redentor e sondam o céu para ali descobrir seu sinal, a estrela brilhante. Quando ele nasce, os Magos entram na Caverna do Tesouro e lhe oferecem como homenagem suas coroas que depositam a seus pés"[357].

• Duas figuras de face animalesca. A figura à esquerda tem cornos, uma estrela sobre o peito e, abaixo da estrela, grande cruz. Estrela e cruz estão ligadas por um fio. A figura à direita tem sobre o peito uma estrela e traz dois cajados de curvaturas opostas que sugerem a formação de uma cruz. Estrela e cajados acham-se ligados por um fio. Enxame de estrelas, ligadas entre si, enche o espaço (fig. 25).

357. JOBÉ, J. *Le Grand Livre du Soleil*. Lausana: Denoël, 1973, p. 33.

Figura 26
Carlos Pertuis, 07/05/1975, lápis de cera sobre papel, 55,4 x 35,8cm.

• Grande figura inclinada para a direita, com olhos de onde partem raios. O raio que sai do olho esquerdo vem ter a uma cruz e, descendo mais, atinge uma estrela. O raio que parte do olho direito vem ter a uma estrela, também ligada à cruz por meio de um fio. Ao fundo, grande triângulo (fig. 26).

A mescla de elementos mitraicos e cristãos acentua-se em muitas imagens. Eis alguns exemplos.

• Grande figura carregando volumoso fardo está ajoelhada diante de uma cruz. De seus olhos partem raios em direção à cruz (fig. 27).

• Grande figura carrega às costas estrela amarela. Na cauda da estrela veem-se oito pequenas estrelas (fig. 28).

No contexto destas imagens muitas coisas estão amalgamadas. O divino, o humano, o animal. Símbolos mitraicos e símbolos cristãos.

Vinculamos a estrela particularmente a Mithra, embora o Cristo tenha também conexões muito próximas com a estrela. Foi uma estrela que conduziu os Reis Magos do Oriente até à gruta de Belém. E no Livro do Apocalipse (22,16) Cristo diz: "Eu sou o rebento e o filho de Davi, e a estrela brilhante da manhã". A cruz é interpretada aqui como símbolo cristão, apesar de ter passado antiquíssimo e figurar mesmo nos rituais mitraicos. Isso porque a presença do cristianismo afirma-se nesta série de pinturas não só pela cruz, mas pelo aparecimento em algumas delas da inscrição INRI (Jesus Nazareno, Rei dos Judeus) colocada, por ordem de Pilatos, no alto da cruz na qual morreu o Cristo.

• Grande figura coroada reclinada num barco. Sobre o peito, três estrelas. De sua boca sai a palavra *equador*. Por trás, o Sol (que no Equador atinge maior proximidade da Terra). Sob o barco, três estrelas. À direita, imediatamente acima do barco e acompanhando seu contorno, as letras INRI (fig. 29).

A inscrição INRI é um conhecimento individual (bem como a noção de equador), é um elemento proveniente do consciente que vem se encontrar com conteúdos originados nos estratos mais profundos do inconsciente.

Figura 27
Carlos Pertuis, 02/06/1975, lápis de cera sobre papel, 48,2 x 33,0cm.

Figura 28
Carlos Pertuis, 16/07/1975, lápis de cera sobre papel, 55,5 x 36,7cm.

A presença de conteúdos tão diversos resultará de mero acaso? O inconsciente reativado, em ebulição, os misturaria e os derramaria nas imagens pintadas pelo esquizofrênico, fosse material emergente das profundezas da psique, fossem elementos vindos das franjas do consciente?

Mas, se examinarmos atentamente essas imagens, aliás como acontece a qualquer produção do inconsciente, poder-se-á apreender significações.

Apesar dos complexíssimos movimentos de circunvolução do processo psicótico e da enorme quantidade de

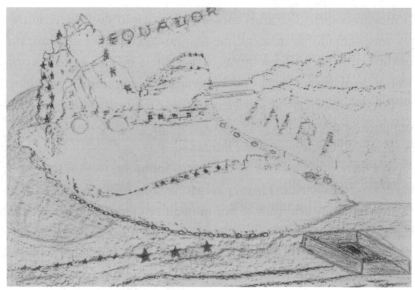

Figura 29
Carlos Pertuis, década de 1970, lápis de cera sobre papel, 33,0 x 48,3cm.

Figura 30
Carlos Pertuis, 02/12/1976, lápis de cera sobre papel, 33,0 x 48,0cm.

conteúdos envolvidos, a significação predominante aqui nos parece ser uma persistente busca de consciência.

O itinerário solar de Carlos começa com a visão do Planetário de Deus (1939), representado na imagem que tem no centro a flor de ouro, símbolo do sol (fig. 1). A partir dessa intensa experiência inicial, a energia psíquica, introvertendo-se mais e mais, veio reativar toda uma trama de mitologemas solares que deram origem ao aparecimento de multiformes imagens. Mais tarde configura-se de maneira mais consistente a figura do deus solar Mithra a quem alusões ao Cristo vêm sobreajuntar-se.

E por fim surge a barca do Sol, presente em numerosos mitos (fig. 30). A face do Sol é serena e triste. Ele vai navegar na noite e lutar contra os monstros que incessantemente esforçam-se por impedir seu renascimento. Esta pintura está datada de 2 de dezembro de 1976. Carlos morreu a 21 de março de 1977.

Através de todo esse percurso na escuridão do inconsciente, como um fio condutor, fio tênue que às vezes parece ter se partido e ter sido tragado pelo abismo, está presente o *princípio de Horus*, isto é, o impulso para emergir das trevas originais até alcançar a experiência essencial da tomada de consciência.

O *princípio de Horus* rege todo o desenvolvimento psicológico do homem e é tão forte, na sua aparente fraqueza, que se mantém vivo mesmo dentro do tumulto da psique cindida, por mais grave que seja sua dissociação.

Esta afirmação resume toda a minha experiência no hospital psiquiátrico.

C.G. JUNG – Uma biografia em livros
Sonu Shamdasani

Ricamente ilustrado, principalmente com fotografias de manuscritos nunca antes vistos, primeiras edições raras e livros anotados de autores que vão desde Homero, Ovídio, Mestre Eckhart e Dante até Wiliam Blake, Goethe, Hölderlin, Nietzsche e James Joyce, este livro apresenta a biografia intelectual de Jung, seguindo seus encontros essenciais com os livros e mostra como ele, através de seu envolvimento com eles, criou uma nova concepção de natureza humana.

Começando o estudo dos clássicos da literatura ocidental, por parte de Jung, este livro mostra como ele tentou transformar a compreensão da mitologia e da religião através da psicologia. Reconstrói a autoinvestigação que resultou num experimento literário: um volume caligráfico com ricas iluminuras, conhecido como *Livro Vermelho*. Situando-o na história da escrita, o presente livro estuda como as fontes literárias utilizadas por Jung informaram suas fantasias e como, ao refletir sobre elas, ele destilou ideias que levaram a uma nova psicologia, através da qual ele procurou iluminar a história do pensamento humano.

Através de um estudo dos seus cadernos alquímicos, este livro mostra como Jung chegou a entender o sentido simbólico da alquimia como autodesenvolvimento e como ele procurou criar uma psicologia intercultural de evolução superior em colaboração com eruditos de primeira linha, entre os quais Mircea Eliade, Karl Kerényi, D.T. Suzuki, Walter Evans-Wentz e Richard Wilhelm, que iriam revivificar as tradições religiosas e superar a ruptura entre ciência e religião nos tempos modernos.

Sonu Shamdasani é professor da cátedra Philemon de História de Jung, no Centro para a História das Disciplinas Psicológicas, no University College de Londres. Trabalha sobre a história da psicologia e da psiquiatria e é amplamente considerado o principal historiador de Jung em atividade hoje. Entre numerosos livros, ele é o autor de Jung and the Making of Modern Psychology: The Dream of a Science, *e editor e cotradutor do Livro Vermelho de Jung.*

Nietzsche
O humano como memória e promessa
Oswaldo Giacoia Junior

O pensamento genealógico de Nietzsche percorre um arco que se estende entre a pré-história da hominização e a formação de unidades complexas de relações sociopolíticas de poder e dominação, com suas esferas de vida material e espiritual, os domínios da produção e reprodução de bens materiais, assim como o âmbito espiritual dos valores culturais. A dinâmica desse processo é determinada pela interiorização e sublimação da potência telúrica das pulsões, num multifacetado jogo de oposição e aliança entre forças no interior do qual advém as diferentes configurações que o ser humano dá a si mesmo no curso da história.

O homem é, para Nietzsche, o animal não fixado. Sua natureza não pode ser definida por nenhuma fórmula metafísica e supra-histórica, do tipo "animal racional", senão que a *conditio humana* radica na plasticidade inesgotável das pulsões. A partir da energia de suas correntes pulsionais, o homem esforça-se por estabilizar-se no tempo e circunscrever espaços ordenados de existência sociopolítica, numa aventura de autoconstituição que se desenrola na história, por meio dos processos complexos que denominamos civilização e cultura.

Oswaldo Giacoia Junior é professor titular de Ética e História da Filosofia Contemporânea da Universidade Estadual de Campinas, bacharel em Direito pela USP, mestre em Filosofia pela PUC-SP, doutor em Filosofia pela Universidade Livre de Berlim, pós-doutorado em Berlim, Viena e Lecce; é autor, entre outros de, Heidegger urgente; Nietzsche X Kant; Freud: Além do Princípio do Prazer; Um dualismo incontornável; Nietzsche (Coleção Folha Explica); Nietzsche & Para além de bem e mal; Labirintos da alma; Sonhos e pesadelos da razão esclarecida; Nietzsche como psicólogo.

CULTURAL

Administração
Antropologia
Biografias
Comunicação
Dinâmicas e Jogos
Ecologia e Meio Ambiente
Educação e Pedagogia
Filosofia
História
Letras e Literatura
Obras de referência
Política
Psicologia
Saúde e Nutrição
Serviço Social e Trabalho
Sociologia

CATEQUÉTICO PASTORAL

Catequese
Geral
Crisma
Primeira Eucaristia

Pastoral
Geral
Sacramental
Familiar
Social
Ensino Religioso Escolar

TEOLÓGICO ESPIRITUAL

Biografias
Devocionários
Espiritualidade e Mística
Espiritualidade Mariana
Franciscanismo
Autoconhecimento
Liturgia
Obras de referência
Sagrada Escritura e Livros Apócrifos

Teologia
Bíblica
Histórica
Prática
Sistemática

VOZES NOBILIS

Uma linha editorial especial, com importantes autores, alto valor agregado e qualidade superior.

REVISTAS

Concilium
Estudos Bíblicos
Grande Sinal
REB (Revista Eclesiástica Brasileira)
SEDOC (Serviço de Documentação)

VOZES DE BOLSO

Obras clássicas de Ciências Humanas em formato de bolso.

PRODUTOS SAZONAIS

Folhinha do Sagrado Coração de Jesus
Calendário de mesa do Sagrado Coração de Jesus
Agenda do Sagrado Coração de Jesus
Almanaque Santo Antônio
Agendinha
Diário Vozes
Meditações para o dia a dia
Encontro diário com Deus
Guia Litúrgico

CADASTRE-SE
www.vozes.com.br

EDITORA VOZES LTDA.
Rua Frei Luís, 100 – Centro – Cep 25689-900 – Petrópolis, RJ
Tel.: (24) 2233-9000 – Fax: (24) 2231-4676 – E-mail: vendas@vozes.com.br

UNIDADES NO BRASIL: Belo Horizonte, MG – Brasília, DF – Campinas, SP – Cuiabá, MT
Curitiba, PR – Florianópolis, SC – Fortaleza, CE – Goiânia, GO – Juiz de Fora, MG
Manaus, AM – Petrópolis, RJ – Porto Alegre, RS – Recife, PE – Rio de Janeiro, RJ
Salvador, BA – São Paulo, SP